Antonio TARI

Estetica ideale. Trattato in libre tre

Antonio TARI

Estetica ideale. Trattato in libre tre

ISBN/EAN: 9783742839213

Manufactured in Europe, USA, Canada, Australia, Japa

Cover: Foto ©Andreas Hilbeck / pixelio.de

Manufactured and distributed by brebook publishing software (www.brebook.com)

Antonio TARI

Estetica ideale. Trattato in libre tre

ESTETICA IDEALE

TRATTATO

IN LIBRI TRE

PER

ANTONIO TARI

NAPOLI
STAMPERIA DEL FIBRENO
1863

PREFAZIONE

Il libro, che con animo dubbioso sottoponiamo al giudizio del lettore, è il frutto di un corso di lezioni, il meno possibilmente incompiute, nella misura delle nostre forze, su'principii e sull'organico esplicarsi della scienza della bellezza. Questa scienza seguì, con costante parallellismo, la fase ultima del sapere filosofico in Alemagna; e quando i risultamenti di quello cominciano a ceder terreno dinanzi a ciò, che altravolta superbamente condannavasi come critica eterodossia, essa pure accenna ad una crisi, che compromette metodi e teorie, tenutisi sicuri, fino a qui, di una quasi dommatica inviolabilità. Si parla, con crescente insistenza, di riforme; e alle riforme s'osa prescrivere le dimensioni di una ricostruzione totale del già filosofato: dimensioni, che dichiarerà favolose chiunque non istimi nugatorio affatto il lavorio di tutto un secolo del pensiero umano. Nè la riscossa de'campioni del vecchio simbolo scolastico è sempre felice incontro all'assalto de'novatori; nè riesce agevol cosa lo sceverare, in tanto tramestio, la fruttuosa impersonale polemica dallo spirito di setta, che annebbia, non elucida le quistioni, e sa rendere improduttive le più magistrali ricerche.

Tuttavolta, una cosa parci vittoriosamente provata dal contemporaneo dissidio degli strenui rappresentanti della scienza estetica; ed è la necessità di un investigare mediano, che sanamente, cioè filosoficamente estetico, cansi, tra le belligeranti vedute, ogni lateralità e conseguente esclusività nella valutazione del vero. Le esclusività, a non tener conto d'insignificanti gradazioni scientifiche, vanno ridotte a due principalissime: a quella de' neohegeliani, o idealisti assoluti, ed a quella degli Herbartiani, che, quasi a rimbecco, si preconizzano col vanitoso appellativo di realisti. Redarguisce di errore i primi, che trasmodano ostinandosi a voler logicare il Bello, il semplice buon senso, che non disconosca in fondo ad ogni fatto davvero artistico, la originalità di un incoato, invitto agli sforzi della meccanicità, e solo in misterioso commercio col trasumanarsi della mente nelle geniali visioni. Confuta i secondi il riflesso dell'inammissibilità della negazione del sapere nel sapere, cui condurrebbe il postulato estetico esperimentare a oltranza, e l'autocrazia monadica del formoso di là da ogni costruzione, anzi intellezione; chè, nella scienza, intendere è, di un modo o di un altro, sempre ed inalterabilmente costruire. Or la mediatrice investigazione, che invochiamo, o, meglio, alto reclama l'antitetica postura, cui la disputa va riducendosi; solo può accettare dagli uni il metodo, vero loro vanto. Peraltro non sarà una fatata Durlindana, di mitologica memoria; sibbene una fallibile arma di questo basso mondo, su cui leggasi scritto

« non ti fidar di me, se il genio manca »: genio, requisito al combaciare de'vacillanti criterii dialettici dell'individuo filosofo con la ferrea dialettica delle cose; secondochè impongono i dati più tassativi del problema della verità. E può ricevere, manodotta dagli altri, la bella originalità; ma, non che preformata alla guisa di un'Idea platonica, allo stato di estetica impellenza in sulla frontiera della Psiche; di quà dalla quale governa intelletto ed intelligente l'interminata catena di secondi, che addimandiamo conseguenza raziocinale. —

L'autore del seguente trattato adoperò, secondo il suo potere, a mettersi deliberatamente e tenersi per la via intermedia, purora tracciata. Aderendo a un sistema di principii metafisici, non al tutto all'unisono con quelli nè dell'una, nè dell'altra delle due soprammentovate scuole, potè, forse meno difficilmente che altri non potrebbe, tenersi discosto dai disorganici aggregati del sincretismo, filosofando tra opposti estremi. La salda convinzione che il pensiero sia immanente limite, cioè dato, a sè stesso, e quindi l'assolutezza del conoscere non importi più che un *umano* simbolismo dell'INNOMINABILE; imponevagli a un tempo e l'accettare della natura le estetiche primalità, e l'elaborarne in modo dialettico la vita ideale nella mente. Verificherà tale situazione ogni discreto, che ponderi come l'originalità del Bello, in ogni libro ed in ogni sezione di libro, è ciò che dà l'abbrivo al movimento metodico; che così avvivasi dell'intuizione, testè chiamata geniale. Che sc, come pur troppo abbiamo ragion di temere, appunto farà difetto alla investigazione la genialità costruttiva, postulata a fruttuosamente ordinarla; certo néssuno vorrà inferirne che sia claudicante un principio, meritevole almanco di esser prima sottoposto al martello di una seria revisione dottrinale. Il nostro incespicare e cader tra via incoraggerà anzi i nobili ingegni a correre più fortunatamente l'aringo, loro aperto.

Non dissimuleremo, del resto, una circostanza poco piacevole, perchè capace, se non di neutralizzare tutti i vantaggi, certo d'indefinitamente attenuare il carattere popolare del vedere centrale, cui aspiriamo. Parliamo della terminologia, ch'è da temere non ci si rabbui tra mani a misura, che ci sarà giuoco forza uscire delle significazioni quasi canoniche, cui il lettore dee essere abituato. Non è già che reputassimo possibile, o desiderabile lo spogliare la nostra scienza di ogni tecnicismo, e ridurla (come tanti non rifinano di pretendere), all'incolore e polisenso confabulare delle brigate. Ma, con tutto ciò, è dura cosa il dovere, non rade volte, rincarire sul goticismo scolastico più obsoleto, senza molta probabilità che nell'eloquio echeggi comechessia un'accentuazione di pensiero non nota, e quindi facilmente fraintesa. Bene l'autore faceva opera di ovviare al male, annettendo dichiarazioni dottrinali a dilungo ad ogni punto, ove potesse temere equivocazioni; ed intrepidamente affrontando, con tale fuor di opera, il *non erat hic locus* de' rigoristi. Non ignora, peraltro, che una oscurità relativa non suole dileguarsi al tutto che a fronte di una relativa acuzie visuale: cioè di una duplicata attenzione del lettore; sulla quale, quindi, osa credersi autorizzato a fondare dalle eccezionali condizioni del suo lavoro. Amadeo Fichte, in un accesso di mal umore, provocato dalla interminabile seccaggine appunto dell'accusa d'incomprensibilità, umoristicamente scriveva in fronte a un suo libro; « opera destinata a fare che il lettore capisca a forza! ». Noi, che non abbiamo nerbo o ardimento da sfide cosiffatte, crediamo, pur tuttavolta, di dovere inscrivere sulle seguenti pagine: « tentativo ad ottenere che all'autore non sia negato il benefizio di una seconda lettura! »

Ci rimane una breve avvertenza a fare in ordine alle annotazioni. Ne avremmo facilmente potuto produrre di molte, a dimostrazione delle varie citazioni del testo, ed a convalidamento delle teorie. Ma, oltrechè di rado ci allontanammo da' classici nell'esemplificare; noi non crediamo, col Sarpi, che sia da appoggiare un libro ad un altro; epperò siam certi che non perdasi, eliminando al tutto rinvii e glosse, che un ingombro inutile appiè di pagina, ovvero un vano e puerile sfoggio di erudizione. Chi avesse vaghezza cronica di verificare e rettificare, può fornire la bisogna per proprio conto, senza che il lettore abbia perciò ad essere indugiato per cosa, che non compromette o debilita menomamente il tessuto scienziale dell'esposta disciplina.

PROPEDEUTICA

La scienza, che imprendiamo a trattare, è quella, che ha per obbietto il Bello, riguardato sì nello Spirito conoscitore, che nella natura e nelle arti.

Tale scienza fa parte delle discipline filosofiche. Stantechè spetta alla filosofia appunto il definire le origini, e determinare l'uso delle funzioni dell'animo; ed, in ispecie, delle ideali, precipue fra tutte. Il metodo filosofico rigoroso, per conseguenza, quello è che meglio ci può manodurre nelle investigazioni, cui siamo per por mano. Ma prima di volgerci con tutta la serietà, di che siamo capaci, al nostro argomento, stimiamo conducente il premettere alcune considerazioni, che appresso ci potremmo pentire di non aver fatte. Parleremo alla buona e popolarmente de'varii rispetti, che reputiamo utili allo studio dell'Estetica, e di altri, che stimiamo doversi evitare. E quando ci saremo accordati plausibilmente su tali quistioni in via extrascientifica, questa prima parte potrà riguardarsi come una PROPEDEUTICA della scienza nostra, da essere, col tempo, meglio svolta ed approfondita.

Non vi ha parte della filosofia, e, diremo anche, dello scibile in genere, che non abbisogni di propedeutica. Il vantaggio, che si trae da codeste protasi, o cominciamenti espositivi, è manifesto. Primamente, si eliminano molti pregiudizii, o vedute inesatte, che potrebbero ottenebrare i criterii della scienza in quistione. Poi si ha, come in un prologo di commedia, sott'occhio, sino dal bel principio, il sentiero, che si dee trascorrere in tutta la estensione. Finalmente tra lettore ed autore si roga una specie di compromesso filosofico, in effetto del quale le vedute dell'uno e dell'altro s'incontrano in un certo numero di principii comuni, che sono necessarii, come promesse, alle seguenti discettazioni.

Noi, per parte nostra, supponendo ne'lettori una sufficiente coltura logica, non dubitiamo punto d'intendercela facilmente con loro intorno agli anzidetti principii regolatori. In conseguenza di che, chiameremo la prima sezione della nostra propedeutica » Delle quistioni preliminari ». A cui succederanno » La topica della scienza estetica »; e » La divisione della Estetica ». La quale ultima sezione esaurita, e con lei fatto fine ad ogni proemiale riguardo, entreremo in materia.

SEZIONE I

QUISTIONI PRELIMINARI.

Ridurremo le quistioni, ch'è bene assodare anticipatamente a tre: a quelle, cioè

A) che riguardano la denominazione, e la definizione dell'attuale scienza;

B) che discutono il metodo, a lei proprio;

C) che determinano il limite di essa con le omogenee discipline.

A) E cominciando dalla denominazione, facciamo osservare che la voce *Estetica*, suonava pe'Wolfiani, che primi la usarono: trattato della sensibilità. In tal senso fu accettata da Kant nella *critica della ragion pura*. L'insufficienza è qui manifesta. Non è esatto il presupporre che i fatti estetici si riferiscano alla sola sensibilità; e con tale teoria non sarebbe possibile comprenderne uno solo. Avvegnachè la sensibilità non *comprenda*, ma *subisca* i suoi obbietti.

Piacque ad alcuni trattatisti, perciò, mutar nome alla loro disciplina. Chi la chiamò *Callistica*, o *Callosofia* (filosofia del Bello); chi la disse " Scienza del giudizio riflesso " con Kant; chi, infine, " Scienza del gusto " come Krug; o " Scienza delle arti belle " come Solger ec. ec. Denominazioni tutte, più o meno inesatte. Imperocchè, o accennano troppo esclusivamente, come fa Kant, all'elemento subbiettivo nel fatto del Bello; o danno troppa generalità alla nozione di gusto, che non comprende i riguardi sensibili, necessarii all'estetico non meno de'razionali; o, finalmente, isolano troppo la considerazione delle arti, che non è unica in questa scienza, ma ultima e corona delle altre.

Non è, del resto, necessità indeclinabile il nominare una branca dello scibile con matematica precisione. A rigor di termini, questo battesimo dovrebbe venir dopo la definizione, ed esprimere ciò, che in essa è contenuto.

Or chi ignora, per poco che sia pratico di filosofia, che la definizione, quando non sia nominale ed arbitraria, dee seguire e non precedere le investigazioni? In fatto, il pensiero non può essere compiutamente conscio di un obbietto, epperò capace di definirlo, se non quando ne abbia considerato, come voleva la scuola, genere e differenza specifica. Ciò si riduce a dire niente di meno che: è necessario avere acquistata una *nozione* generale (generica), la quale sia *specificata*, cioè talmente modificata in un gruppo di note esistenziali, che nasca il *concetto* della cosa, che abbiamo dinanzi. Mettiamo da banda le varie e sottili vedute, cui può dar luogo codesta genesi: chè non fanno punto al proposito attuale. Quello, ch'è ovvio, è che non definiremo bene se avremo trascurata alcuna delle anzidette note del definibile; il che torna a dire che definiremo sol bene quando avremo la scienza di esso. Chi ci desse una definizione, buona per lui, se conobbe scientificamente prima, ma inutile per noi: ci direbbe implicitamente " credetemi su parola fino a che non abbiavi mostrata la ragionevolezza del mio definire " In verità, stando la cosa in tali termini, e' poteva risparmiarsi l'incomodo di parlare.

Nella impossibilità, pertanto, di definire l'Estetica anticipatamente, e nella superfluità di denominarla di un modo, anzichè di un altro, stimiamo di tenercene al suo nome vulgato. Esso ha per sè l'uso, ch'esercita una specie di prescrizione, ingiusta forse nella scienza non meno che nella vita, ma appoggiata a convenienze, che non si può preterire.

B) Tocchiamo ora del metodo, che si vuole seguire nella *metafisica della bellezza*.

Per far ciò plausibilmente è mestieri premettere alcune avvertenze sulla metodologia in genere: ad indi venirne a discutere i due metodi fondamentali, cioè l'*empirico* e l'*aprioristico*. Dalla loro unione sintetica si vedrà sorgere la *dialettica*, che avvisiamo sol propria alle indagini filosofiche; e quindi alle nostre.

Laonde, cominciamo per osservare che un metodo solo per tutte le parti dello scibile, un metodo, che, riguardata la scienza come la medela degli errori, sarebbe una specie di panacea metodica, *ad usum* dei dotti: è cosa inconcepibile affatto. Ben la vollero codesta pietra filosofale molti antichi e moderni. Gli Scolastici la ricercarono nella *sillogistica*, i Baconiani nell'*esperimentare sistematico*. Ma il frutto di tali sforzi fu sempre un vuoto formalismo. Non di rado avvenne, ed avviene tuttavia a parecchi, che, dopo aver creduto bonariamente di sapere qualcosa, un bel mattino scoprirono nell'obbietto determinazioni cotali, che convertiron loro tra mani la scienza in ignoranza. E come non dovrebbe avvenir questo? A negare alla obbiettività ogni diritto ad essere valutata secondo le proprie categorie: ad essere, a certo modo, visitata a casa propria, converrebbesi tanto assorbirla nel pensiero, che non rimanesse traccia di lei. Così il pensiero, profondato in sè, sarebbe perduto e naufrago in sè. La sua vita, come ogni vita, non è puro *negare*, che distrugga sè in tutto; ma *negar del negare*, che organizza le determinazioni senza sopprimerle.

Nè giova, dall'altra parte, assottigliare la diversità obbiettiva, quando non si ha lo scettico sangue freddo di spegnerla e suicidarsi seco. Se rimane un'ombra di lei, dalla evanescente, capillare dimensione nel pensiero, diremo sempre che quell'infinitesimale alterità ha il diritto di essere trattata da noi secondo le sue leggi e non secondo le nostre. Qual maniera di sapere a ciò consegua, ha a deciderlo la Metafisica, e non ci riguarda in questo luogo. Certo è, per ciò che si riferisce al metodo, che non havvi via di mezzo nella seguente alternativa. O l'investigatore dee accontentarsi a navigare nel vuoto sul remigio di riflessioni, che non toccano nulla e non muovono nulla; o dee condiscendere a farcisi incontro, se non da discepolo, non al certo al tutto da maestro. Modificherà, in somma, il metodo a norma delle discipline, che avrà alla mano.

Or gli estremi di ogni modificazione metodica possibile sono: il metodo empirico, e l'aprioristico puro.

Il primo è cosiffatto che, anzichè un metodo, dovrebbe addimandarsi non-entità metodica. Usarlo a rigore riesce, per la sua stessa futilità, di una malagevolezza disperata. Avvegnachè si tratti di osservare tanto passivamente, che la cognizione ne divenga automatica affatto; postulandosi astenenza, pura di ogni pensar proprio, nel pensiero. Que'fisici, che s'immaginano bonariamente di essersi emancipati dalle categorie della mente, perchè fecero fermo proposito di solo vedere e toccare, resterebbero trasecolati al sentirsi dimostrare che vista e tatto, e tutto che pare percezione e non più, ha innanzi a sè edificazioni logiche incoscienti, in effetto delle quali soltanto il subbietto può gratificarsi dello spettacolo di un obbietto, e della supposizione, che spetti a lui di analizzarlo, se vuole conoscerlo. Essi ordinano, classificano, instituiscono esperimenti artifiziosi, in conformità a'consigli di Bacone. I dabbenuomini avvisano che possano aver fatto ciò all'insciente della tiranna subbiettività, il dispotismo della quale, a ragione, vorrebbero rovesciare. Non v'ha schiavi più compiuti di quelli, che ignorano la loro schiavitù!

Il perchè noi ripetiamo, parerci il puro empirismo una pretensione, piuttosto che una realtà. Forse, nell'infanzia dell'individuo, non meno che in quella della civil comunanza, è qualcosa, che si approssima a una ricettività pura. Ma tale stato, se pure ha luogo, è tanto transitorio, che non porta il pregio di occuparsene.

Il secondo de'due metodi estremi è l'*aprioristico* puro.

Questo balza al polo opposto all'empirismo; e ciò conseguentemente alla opposizione diametrale degli obbietti ideali ed empirici. La geometria, che se ne serve, non va in busca nella natura esterna degli schemi obbiettivi, di che si occupa. Gli trae dall'eterno viridario della mente; di modo che essi sono la più gran prova che la natura, *nella cognizione*, non signoreggia l'intelligenza, sibbene ne è non di rado signoreggiata.

Or il metodo aprioristico si comporta, inverso l'obbietto, che gli appartiene in proprio, con autorità e libertà compiuta. Lo analizza senza temer di equivocare; lo compone, senza pericolo di essere redarguito d'inesattezza da alcun tipo esterno. In somma, lo studia con tali criterii infallibili, che converrebbe essere uscito di senno a non percepire immediatamente o gli errori, o la giustezza delle dimostrazioni. Il segreto di codesti vantati prodigii si riduce, del resto, alla molto triviale circostanza, che bene il pensiero può ripensare e dirci ciò, che un bel giorno si avvisò di pensare liberamente. Quando le taumaturghe dell'astratto schematismo, le matematiche, condiscendono a farsi applicate, e ad entrare in collisione con le libere esistenze, perdono in gran parte il prestigio del loro metodo. Se si limitano a misurare e pesare, cioè se hanno l'accorgimento di non varcar la soglia della loro categoria: ci danno approssimazioni utilissime. Ma se si avventurano, povere farfalle, nel foco della vita; sono perdute. In tal caso il loro lodato metodo geometrico si riduce a vanità ed impotenza.

I due metodi esaminati peccavano di esclusività: il primo supponendo una natura priva di pensiero, il secondo un pensiero privo di natura. Ma è egli poi vero che, in fondo a tutte cose, ed indomito a petto della estrema astrazione, sia questo dualismo di Natura e Spirito, necessità e libertà? I filosofi unitarii lo negano: gli atomisti lo affermano pertinacemente.

Avremmo a scrivere un trattato a indicare il modo, che stimiamo conducente a superare l'antinomia sopradescritta. Per fortuna, la difficoltà è attenuata di molto nelle indagini estetiche. Avendo esse ad obbietto il Bello, che innegabilmente appoggiasi, se non mira, ad un *dato sensibile*; si può senza inconvenienti seguire una via mediana tra l'esperimentare e l'*a-priori*. Ammettendo degli *incoati di Bello*, incostruibili come *primalità*, pur costruirassi il loro organarsi a giudizio estetico nella coscienza; al modo medesimo che, al dire del Lotze, si può *studiare la legge di rotazione di un vortice, tutto che si rinunzii a conoscere il libero affluire in esso delle onde del fiume.*

E poichè quella legge di rotazione è il metodo dialettico, *come noi lo concepiamo*; facciamoci a tratteggiarlo in breve; lasciando alla indagine il compito di mostrarlo in azione, e quindi giustificarlo.

L'obbietto, *in quanto obbietto del pensiero*, dimostrasegli identico: almeno in codesto appartenergli primitivo. Il dialettico parte da tal punto a far vivere a'fenomeni la vita, a lor propria. Esperimentatore dapprima, registra le vicissitudini della dualità della coscienza. Avvedesi, poscia, che i termini di essa erano momenti di una superiore unità; e che, quindi, il comprendere fu legittimo, poichè s'identificò col compreso. In altre parole, si avvede che, *nella comprensione, pensato e pensante* sono TRASCENDENTALMENTE *una sol cosa*.

Ora, la scienza non solo ha a dirsi, ma a *farsi* questo. Perciò comincerà per ammettere una sembianza empirica quale è nella percezione. Criticherà, poi, l'ammetterla, che fece. Trovatolo contradittorio, lo emenderà, infine, in modo *che riducasi a un* OBBIETTIVARSI, *sempre più compiuto, della cognizione*.

È manifesto che l'indicato movimento occuperà successivamente tre stazioni, cioè: I° L'*immediazione*, o accettazione pura dell'apparenza; II° La *mediazione*, o approfondimento critico di essa; III° La *Sintesi*, o il passare dalla inconsapevolezza sensibile alla consapevolezza conoscitiva, che, nell'obbietto, importa *la sua* OBBIETTIVITÀ *verace*. Comprendesi pure come solo a questa guisa si possa esser certi che il sapere non riesca illusorio, sendo non più esterno al conoscibile, ma il conoscibile stesso, che si esplica ed espone.

Dal detto fin qui apparisce, essere il metodo dialettico la sintesi dell'*empirico* e dell'*aprioristico*. Apprensivo, ma non servile, come il primo, presenzia la vita, dove quello studia la morte. Ideale, ma non astratto, a mo'del secondo, non riesce a un formalismo quasi tautologico; ma è fattivo, cioè s'identifica con le esistenze.

Speriamo che, ciò premesso, nessuno neghi alle discipline filosofiche, e quindi alla Estetica nostra, i vantaggi di una dialettica elaborazione; almeno ne'discrezionali termini soprammentovati.

C) Rimane ora, a compimento delle considerazioni preliminari, il tener discorso de'limiti dell'Estetica.

Essi vanno riguardati o in rapporto al sistema delle scienze filosofiche, o in ordine all'artistica vita. E diciamo *in rapporto* restringendo l'attenzione al solo nesso, che implichi comunanza di scopo e destini, senza perdersi in una relatività lata e poco importante. P. E. l'Estetica viene pure talvolta in relazione con l'Etica, dal lato dello Spirito, e con le Scienze Fisiche dal lato della natura. Ma il fissare rigorosamente codesti limiti, che possono bene dar luogo a particolari problemi, non ha alcuno interesse generale per noi. La cosa sta altrimenti in proposito della Metafisica, direttrice, e dell'Arte, esecutrice dell'Idea del Bello. Esse hanno troppa solidarietà nell'azienda delle cose del gusto per essere impunemente trascurate. Il perchè ci restringeremo a diffinire, e quasi tracciare la frontiera della nostra scienza, di rincontro a cotali due discipline.

E cominciando dalla Metafisica, diciamo che se in Estetica ne supponiamo la cognizione, ne accettiamo il metodo ed alcuni fondamentali risultamenti, non ne dobbiamo riprodurre l'esplicazione in modo sommario ed abborracciato. La Metafisica è cosa, che o si dà tutta e bene, o non si ha a dare in modo veruno. Cotali rapsodie nocciono all'una dottrina ed all'altra. Ed alla seconda, cioè alla Estetica, fanno soprattutto il mal giuoco di trasformarla in cattivo strumento di un'altra scienza, che, *nella sua giurisdizione*, ella avrebbe a riguardare come strumento suo. In somma, l'estetico, quantunque teorista anch'egli, non dee ignorare che i giardini delle arti non sono già Accademie e Licei. Non si vergognerà, quindi, di ricorrere a *presupposti*, che, in una applicazione del vedere filosofico al fatto del Bello, stanno al luogo loro. Nè converrebbegli aver ritegno di riferirsi, per alcune difficoltà capitali, ad un sapere esterno e superiore al sapere proprio. Autonomia scientifica l'ha bene egli. Ma tale autonomia comincia e finisce con la sua specialità. E notisi che, supponendo sempre innanzi a sè una Metafisica bella e fatta, non può uscire del limite, che gli abbiamo prescritto, senza, o ripetere ciò ch'è stato assodato, o, se ha qualcosa di nuovo a dire, senza costruire una scienza, diversa dalla sua. In somma, il limite dell'Estetica, dal lato della pura filosofia, è quello che separa il sapere implicito dall'esplicito. Sia latente tutta la logica, e ne circoli la vita in tutto l'organismo estetico. Badisi, peraltro, che non si esplichi per sè; chè ciò importerebbe la decomposizione della scienza nostra.

Il secondo limite, di che ci proponemmo ragionare, è quello, che separa l'estetico sapere dal fare artistico.

La scienza può bene, a sua posta, anzi dee, esplorare le fonti, misurare la profondità, seguire le sinuosità, e studiare le fertilizzanti inondazioni del regal fiume dell'arte. Ma sarebbe meglio che di ciò l'arte non ne sapesse nulla. Essa vive vita propria ed estatica accanto a Giove; dove la colloca il bell'epigramma di Schiller. Nessun filosofo al mondo seppe educare un artista vero; e guai all'alunno delle muse, che scambiasse le impervie falde del Parnaso con gli ambulatorii comodissimi dell'Accademia! Eppure vediamo a'nostri tempi uno strano spettacolo. Da una parte sta un accigliato Minosse, dall'altra una di quelle anime nocenti, o innocenti artistiche, che attendono da lui che sentenzii

» Quantunque gradi vuol che giù sia messa »
nella bolgia critica, che le appartiene. Non fu mai maggiore confusione d'idee. Che un sapiente possa, non meno che di tante cose, conoscersi del mestiero di rivendugliolo di quadri, o di *cicerone* di monumenti, non lo neghiamo. Quello, che crediamo aver diritto di negare è, che tale dilettantismo faccia menomamente parte del suo sapere. E reclamiamo dall'Estetica, che smetta alfine da'suoi abiti critici, o dal volere determinare i pregi de'singoli prodotti di arte, che vogliono essere gustati e non sillogizzati. Il peggio di codesta torta relazione è che gli artisti, credendo sopra parola agli uffiziosi loro maestri, cominciano oggidì a lambiccarsi il cervello con tante e tali astrattezze, che la loro ingenua intuizione, non solo somiglia alle fanciulle del secolo passato, cui la moda imponeva il vestirsi da vecchie; ma imita le famose Gee della favola, che nascevano sdentate e rimbambite.

Di ciò ha colpa l'Estetica quando sconosce il suo limite. E specialmente ne incriminiamo l'attuale Estetica alemanna, ch'ama tanto a sfoggiare in finezze di gusto ed in pretensiose ricerche da amatore. Molti trattati solenni ci riducono a mente il motto di Apelle a colui, che avea dipinta una Venere, mediocremente bella, ma sontuosamente abbigliata: » Amico » — esclamò il gran pittore; — » tu non potendola fare bella, l'hai almeno fatta ricca! »

In conclusione, il limite dell'Estetica dal lato del fare artistico, è definito dalla *critica specialista*, ch'è arte e non scienza; epperò, non che parte, non è che in un ristrettissimo senso, derivazione della Metafisica della bellezza.

Così, con la circoscrizione dell'ambito scientifico, che ci occupa, abbiamo dato termine alla sezione prima della estetica *Propedeutica,* ed alle *quistioni preliminari,* che proponevasi. Possiamo ora passare alla seconda, che discute la *topica,* ossia il luogo, che hanno nella Enciclopedia filosofica le estetiche investigazioni.

SEZIONE II

DELLA TOPICA DELL'ESTETICA.

A determinare convenientemente il posto dello speciale sapere, che trattiamo, nel sistema dello scibile, vuolsi indicare le più famose divisioni, che prevalsero in quest'ultimo; ed il luogo, che alla Estetica toccò in ciascuna.

Limitandoci alle più importanti, e riguardandole in

grandi masse, riduciamo le anzidette divisioni a tre : cioè

A) a quella, stata in uso ne'tempi antikantiani;

B) a quella, che accreditò il kantismo;

C) a quella, infine, che ha radice nell'Idealismo assoluto.

Soggiungeremo, in poche parole, con quale restrizione e come modificata ammettiamo la classificazione ultima. Faremo fine discutendo, in questa, la controversia circa il rapporto del momento estetico co' momenti affini.

A) Potremo esser brevi nell'indicare il risultamento della filosofia antikantiana, transrenana o cisrenana che fosse.

In que'tempi classici dell' intendimento, e del suo *illuminismo*, i sensisti francesi ed i moralisti di Scozia non sapevano gran fatto di teorie sul Bello e sulle arti belle. Per giunta, non eransi punto innalzati al concetto della genesi, e della organica compagine della cognizione speculativa. Testimone la crassa tripartizione del sapere, che gli Enciclopedisti usavano, in sapere *matematico*, *fisico*, e *morale;* secondo la quale, o non v'ha seggio per l'Estetica nell'anfiteatro enciclopedico, o la male arrivata ha ad adagiarsi in grembo alla religione ed alla filosofia, non troppo sue buone amiche.

Il piú, che sapessero fare que'vecchi, era il dettar trattati in buon dato sul tipo della poetica di Orazio; cioè il farsi manodurre dal puro buon senso. Le indagini più alte di Home, di Burke, di Hutcheson, non disdegnavano considerarsi quali escursioni a sollazzo ne' fioriti campi della fantasia, di messere intendimento, che profittava così di qualche momento fuggevole del suo scioperio. I Wolfiani stessi, più serii, registravano l'Estetica tra le parti della Logica, che era la sfera teorica del loro sistema, a rincontro della pratica. Dal quale vedere la nostra scienza, organo della sensibilità per essi, buscava un modesto cantuccio accanto alla Psicologia.

Tutto ciò, come ognun vede, non era un gran sistematizzare, e conveniva proceder oltre.

B) Il Kantismo esprime tale decisivo processo. Il bisogno di ordinare in un tutto organico le varie, e spesso antitetiche, conclusioni della sua speculazione; e più che altro il suo genio che avea bisogno di farsi largo nel suo sistema, sospinse Kant a quell'architettonica delle facoltà, ch'è stata tanto censurata; e che pure la prima pose l'Estetica in luogo di onore, cioè al centro delle altre discipline.

Suppongo nota la disposizione sistematica del Kantismo. Certo, scavando un incolmabile abisso tra le funzioni teoriche e le pratiche dell'animo, non si potea senza contraddizione supporre che esse si stringano la mano nel giudizio riflesso. Eppure cotale contraddizione sublime è forse il massimo de' vanti del filosofo di Koënisberga. Il quale sforzandosi di comprimere nella vuota subbiettività la mediazione geniale, ed a tal uopo essendo obbligato a tirare l'obbietto dalle viscere del subbietto, prova fortunatamente troppo. Egli prova che la mediazione, se sussiste, è assoluta, e quindi la funzione estetica ha a dirsi verità delle altre due. Ma i Kantiani non seguirono l'impulso, o fecondarono l'idea del maestro. Alcuni collocarono l'Estetica tra le pratiche discipline, ed errarono falsandone il carattere dottrinale. Altri la coordinarono al conoscere teorico, e s'ingannarono a lor volta, sconoscendone le tendenze fattive. Il solo Schiller, maraviglioso intelletto, riguardò la *esteticità* come un equilibrio di forze; e nello scioperio (*ludus* dei latini, *spiel* de' tedeschi) ravvisò le origini dell'arte, che così potè dichiarare la più grande educatrice della nostra specie.

L'Estetica, insignita di tanto magisterio, non avea che ad organarsi come sfera di tutto lo Spirito. Ciò fece nelle filosofie della Identità, la speculativa compagine delle quali passiamo ad esaminare.

C) Tale compagine, che va studiosamente meditata nelle opere, che la espongono, può solo tratteggiarsi qui per sommi capi. Ma la cosa riuscirà sufficiente ad orientarci nel caso nostro.

Le filosofie della Identità partono da un lavoro fenomenologico, che è la Propedeutica, o il viaggio di scoperta ad ignoti mondi. Si giunge, al termine della esplorazione, a comprendere l'identità dell'obbietto e del subbietto, dell'essere e del pensiero nella cognizione; e fatto l'acquisto di codesto vello d'oro, ponsi mano alla fondazione del tempio di Sofia, o della Logica. Qui veggiamo l'*essere*, compreso che sia, trasformarsi in *esistente;* l'*esistente*, compreso, divenire il *finito;* il *finito*, compreso, farsi la *cosa;* e poi l'*essenza;* e poi la *sostanza;* e poi la *causa*, ed infine il *concetto;* che una volta avvedutosi, nella sua libertà, di avere appo sè l'obbietto, passa a contrapporsegli come vita, o *subbietto;* ed infine, trasfigurato in *Idea*, a dominarlo in forma di *Scienza* primamente, in forma di *Bene* poi, e da ultimo a perdersi nell'oceano dello Spirito vivo come *Religione*, come *Arte*, come *Sapere*.

Ecco la nostra disciplina, sublimata al vertice del più stupendo, e forse più superbo obelisco, che innalzasse a sua glorificazione il pensiero dell'uomo. Eccola uno dei momenti del sapere assoluto, in quanto riguarda il mondo mediano dello Spirito, ovvero l'Arte.

Non pretendendo nè di censurare qui, nè di subire passivamente l'azione fantasmagorica della dialettica enunciata, ci affrettiamo a far osservare che il più degli estetici moderni, anche i contraddittori acerrimi di lei, non contrastano punto al Bello ed alla sua Metafisica la partecipazione alla triade dello Spirito concreto, attribuitagli. Nè noi, minimi tra tutti, che pure con inalterabile proposito, tuttochè con parvità di forze, adoperiamo a comprendere libere dall'aristocratismo dell'Idea Assoluta le primigenie efficienze umane; possiamo, per questo lato, sottrarci alla indeclinabile dominazione del vero.

Infine una quistione d'importanza più esagerata che reale sembraci quella, recata in mezzo ultimamente fra gli estetici alemanni, intorno alla precedenza nell'esplicazione, e quindi al posto corrispettivo della religione e dell'arte.

V'ha chi avvisa, il posto mediano appartenersi alla prima e non alla seconda, che, tuttavia contaminata di sensibile, siccom'è, dovrebbe appresentarsi innanzi. Ma altri ottimamente rispondono, lo Spirito essere libertà assoluta; e conseguentemente la religione, in che nessun elemento è libero coscientemente ancora, precedere l'arte, in che è libero almeno l'elemento dell'inventiva.

Con la quale considerazione sia fatta fine alla topica della scienza nostra.

SEZIONE III

DELLA DIVISIONE DELL'ESTETICA

Passando, in ultimo, ad indicare le parti di ogni possibile estetica investigazione, diciamo non poter essere che tre di numero, cioè:

A) L' ESTETICA IDEALE, che espone la Metafisica dell'Idea bella;

B) L'ESTETICA ESISTENZIALE, che segue quell'Idea nella natura e nella fantasia;

C) L' ESTETICA REALE, che la studia allo stato di *ideale concretezza*, nelle varie arti.

Delle quali tre discipline il seguente trattato non avventurasi che ad elaborare, il meno male che si possa per noi, la sola prima. Manifestamente costituisce una totalità scienziale, indipendente dalle altre. Del resto, il tempo e l'incoraggiamento, che potessero meritar i nostri sforzi, condizioneranno ogni ulteriore ricerca.

—

LIBRO I.

Dell' astratta idealità

DEL BELLO

Lo Spirito, nell'insufficienza di ogni eloquio a bene esprimerlo, va simboleggiato col dichiararlo ciò, CHE NON PUÒ NON ESSERE. Si bestemmierebbe denominandolo *un puro ente*: cioè designando col più basso dei predicati, col predicato dell'*entità*, che nella sua inopia risolvesi nel puro nulla; la *totalità* di lui. Sarebbe eziandio abusivo il dare alla negatività riflessiva il carattere dell'assolutezza, e l'ufficio di determinare ciò, che repelle da sè vittoriosamente ogni determinazione, sendo l'alfa e l'omega di tutto. Ma se uniamo le due indicate parzialità ; se disposiamo al vuoto *ente* l'astratta *attività* del riflettere; se, in somma, profferiamo la proposizione infinita, che di sopra profferimmo, avremo quel tanto di nominale approssimazione all'obbietto, ch'è dato alla parola di effettuare. Così ridotto l'*ente* alla sua verità, cioè compreso come *non ente*; ed oltre a ciò, negata tal prima negazione; — il che riducesi, dopo esserci sbarazzati dell'inerte finito, a sbarazzarci del posticcio infinito dell'intendimento bensì ; — noi giungiamo alla sola affermazione, che adombri l'affermazione assoluta. NON PUÒ NON ESSERE è, perciò, la formola, da cui prendiamo le mosse. La legittima speculazione di tutti i tempi, più o meno esplicitamente, non riusciva, in fondo, che alla intellezione, che codesta frase include. Il perchè, lei uscendo dalle viscere stesse del pensiero, siamo nel diritto di vederla a trasformarsi in esplicazioni, sempre più compiute. Il quale processo non sarà *deduttivo*, cioè formalmente analitico; sibbene *costruttivo*; cioè esperimentale e deduttivo a un tempo.

Dall'enunciato vedere emergono nella speculazione tre momenti.

Essi sono:

I° La cognizione;
II° La vita;
III° Lo Spirito.

E siffatta triplicità, ben degna di essere esposta in capi distinti, passiamo a considerare più da vicino

CAPO I

DELLA COGNIZIONE

Anche qui il movimento del pensiero si tripartisce. Chiameremo i suoi incisi:
A) Il monismo;
B) L'infinità;
C) L'effettività.

A) Non potremmo conoscere negando, se conoscendo, non negassimo il negare; se, cioè, non affermassimo. Or negare val determinare; determinare torna a distinguere cosa da cosa. Il negare, adunque, la negazione, nega la distinzione e pone l'*unità*.

Siaci lecito il far osservare, a mo' di parentesi, in questo luogo, due cose.

La prima è che il *monismo*, di cui ragioniamo, non si riferisce già all'uno quantitativo, primo termine nella esplicazione del *quantum* nella coscienza; al quale *uno* contrapponsi il *più*. Troppo bassa unità riesce questa perchè basti ad esprimere i fondamentali caratteri dell'effettuarsi. L'unificarsi è *suisufficienza*, che non esclude, ma organizza; non sopprime, ma vivifica la diversificazione. In altre parole, intendiamo parlare del nesso concreto e non dell'astratto; poichè supponiamo fatta la Metafisica, e studiamo l'internità dell'Idea, a comprendere in essa prima la nozione e poi il fatto del Bello.

La seconda osservazione, che avvisavamo mandar dietro all'attuale disamina, è la seguente.

La speculazione, che diciamo *monistica*, rinunziando a tutto e spogliandosi di ogni preoccupazione intellettiva, non rinunzia alla unità, che considera come il pensiero stesso, e non quale suprema categoria del pensiero. Or tanta indomita pertinacia, avuta dalle più alte intelligenze antiche e moderne, come vedesi, s'inradica profondamente nella cognizione. Che se ne ha a conchiudere? Se l'inconcepibilità del contrario è, in conclusione, il criterio della irrecusabilità dell'Uno; non pare implicitamente detto che, solo nel pensiero, e secondo il pensiero, saremo *monisti*; e quindi NEL PENSIERO stesso avremo il limite di codesta monistica prosuntuosa? Non affermiamo alcuna trascendenza, alcun monadismo. Ma manteniamo, essere l'inconcepibilità suddetta, sola guarentigia dell'Uno, *un' affermazione in sè limitata*.

B) Passiamo ora alla disamina della *infinità*.

L'Uno assoluto non può ch'essere totalità; poichè se fosse parziale, sarebbe il concetto, che investe il finito, e non abbraccia la realtà. L'Uno, adunque, diversificasi da sè in quanto identificasi col *tutto*, che contrapponsegli. Or diversificarsi val limitarsi. L'unità concreta, conseguentemente, limitasi nell'essere totale, ossia nel limitarsi è illimitata; ossia, finalmente, è *Infinita*.

Anche a questo punto raccomandiamo il non perdere di vista il senso lato, che s'ha a dare alla *Infinitezza*, non meno che si desse al *Monismo*. L'*infinito* dell'intendimento (la *schlechte unendlichkeit* di Hegel), venne in tal discredito, che non può occuparci il pensiero, quando gli attribuiamo integralità nel sapere. Il nostro *Infinito*—lo sdoppiarsi in sè dell'Uno, non tirasi dietro il tre ec., come nella serie de'numeri; ma conchiude la numerazione a un tratto. In altri termini lo sdoppiarsi condiziona la sintesi della *effettività*, che passiamo ad esaminare.

C) Che implica il dire l'Uno essere Infinito? o meglio, e senza equivoci, che cosa pone lo Spirito comprendendosi infinito nella unità?

Contraddettosi scindendosi, non può ripossedersi che contraddicendo alla sua contradizione; o, in altre parole, *unificando* meglio che prima non avesse fatto; ed internandosi nel monismo tanto, che riesca, a certo modo, all'unità della unità. Siffatto movimento mena alla *effettività:* ed è il seguente.

L'*unità infinita* sovrabbonda per modo, che può anche straniarsi senza perdersi. Codesto straniarsi, che non può non aver luogo, perchè organico, importa distacco dalla negatività, di cui l'unificarsi è, come sopra dichiarammo, espressione. Per conseguenza l'Uno, concrescendo in sè, ponsi come fuori di sè ad essere più sè stesso; ovvero ponsi *Effettività*. Ed intendiamo per *Effettività* la realtà extraintellettiva, CHE CONCEPIAMO NEGANDOLA; e che riferiamo alla obbiettività assoluta, allo stato di negazion della negazione.

Dall'indicato svolgimento raccogliesi, che lo Spirito non afferma davvero l'obbietto, che riconoscendo l'indipendenza da sè di una VITA, principio libero di posizioni, antitetiche a quelle dell'obbietto, non più che percepito. La fenomenia transitoria di quest'ultimo, dunque, è altutto ignota nella regione, ove ci troviamo.

CAPO II

DELLA VITA

Stimiamo non inutile il ripetere, che la *natura naturans*, di che sarà discorso, è, per noi, sempre quella che *il pensiero pone originale e creatrice*. Che sia cosiffatta qual *cosa in sè* fu risolutamente contraddetto nell'ultimo movimento filosofico, da poche eccezioni in fuora. Che sia cosiffatta in infinite monadi, riguardate qual multiplo primitivo dell'intuito, parci punto tuttavia controverso. Che, infine, sia cosiffatta ne'soli *incoati* obbiettivi cosmici e psichici: libera solo *a parte ante*, ed incatenata dipoi in tutte le necessità categoriche della cognizione, costituisce ciò, di cui andiamo sempre più persuadendoci, e che forse dimostreremo un giorno. Ora rimanga indefinita la contestazione, non propria di questo luogo.

Ed entrando ad esporre la seconda fase dello Spirto, diciamo, lei contenere tre momenti; che sono:

A) Il *genere*, ovvero l'universale naturante;

B) La *specie*, ovvero il particolare naturante;

C) L'*individuo*, in cui la nozione di Vita compiesi appieno.

A) E cominciando a dire del *genere*, facciamo osservare, lui essere manifestamente l'*Effettività viva*, contaminata tuttavia dalle tracce della cognizione, onde sòrge. In effetto, da'un lato abbiamo nelle generiche circoscrizioni de'gruppi esistenziali, un innegabile variare di tipi nella indiscontinuità della natura: variare, che ci sospinge a distinguere. Dall'altro lato, le classificazioni versano in tanta incertezza, che reputeresti problema quasi insolubile l'indicare i veri limiti de'generi. I naturalisti, p. e., passando dall'empirismo de'caratteri esterni a quello delle diversità notomiche; e da queste sospingendosi, alfine, con l'Oken, a dedurre la ripartizione dalle Idee; mostrano, se non altro, il bisogno di verace *Effettività*, la quale ne'*generi* non stanzia che potenzialmente.

Codesto riguardo stimiamo illustrare meglio nel seguente modo.

L'Effettività sendo l'Uno, che si proietta fuori di sè, tal movimento dee *appresentarsi* qual proiezione dell'Uno e dall'Uno. Ma proiezione val discursione, o incipienza di multiplo; e l'unità, ch'esprime, le è interna; perchè è nella vita, che interviene, e non nella cognizione. L'Effettività, quindi, si discrimina in *uni interni*, che sono i *generi*. Che essi, del resto, vacillino, sino a far dubitare degli obbiettivi incoati, che adombrano; provviene dalla partecipazione di questo momento alla idealità conoscitiva.

B) Ma la *genericità* non può bastarci, in quanto non è peranco davvero effettiva, ossia non ha tutta l'originalità caratteristica della vita. Dee, dunque, *tendere* a sbarazzarsi dell'intelligibile, ed a contradirsi ponendosi di nuovo sovrabbondante: in una parola, dee tendere a SPECIFICARSI. E diciamo a disegno che *tende* a ciò; perchè l'eterno problema del contrapporsi del fatto alla propria intelligibilità, è nella SPECIFICAZIONE per primo enunciato; dove che nel *genere* presumevasi e non più: problema, che vedremo fra poco risolvere a suo modo l'INDIVIDUO.

In conclusione, il movimento, in virtù del quale lo Spirito fa passaggio dalla *genericità* alla *specificazione*, è il seguente.

Genere importa effettività, intelletta, e non più che potenziale. Esso, perciò, si diversifica in sè, si sdoppia in un *dover essere*, ed in un *non essere*. Il dover essere risponde alla originalità della vita allo stato di problema, in contraddizione al puro intelligibile generico. Ecco la *Specie*.

E qui notiamo come, attribuendo estensione più ampla al *genere* e, per contrario, comprensione maggiore alla *specie*, esprimasi il risultamento, che testè ottenemmo. In effetti, comprensione riferendosi a contenuto; ogni aumento dell'una vale aumento dell'altra, o di *originalità*. Or codesto risultamento quantitativo non è insignificante; stantechè accenna alla effettività non raggiunta. E di vero la *Specie* non esibisce che il *genere* più ristretto; il che torna a dire che bene la *specificazione* assunse di trascendere la *genericità*, ma non riuscì; o solo *riusciva a proporre l'intento come problema*. Il che appunto di sopra determinavamo.

C) Passando ora alla sintesi de' due estremi della *originalità* e della *intelligibilità*, che hannosi a compiere reciprocamente, perchè compongasi ogni dissidio, compromissivo della *Effettività;* diciamo che siffatta sintesi dà l'INDIVIDUAZIONE, e con lei la *singolarità*, punto compiutamente caratteristico della vita. Il quale ritorno alla unità, inizio dell'assoluto conoscere, pone alfine il pensiero, compote di sè, nella imperturbazione conoscitiva e fattiva insiememente, che addimandiamo il CONCRETO.

In fatto, che l'INDIVIDUAZIONE sia tale, e che, risultando dall'unione di genere e specie, vinca la diremsione di cognizione e vita, e riesca al concreto, può raccogliersi dalle seguenti considerazioni sulla *singolarità*.

Il *singolo* risolve il problema della originalità, in quanto lo concepiamo singolo appunto perchè gli concediamo la pienezza di quella. Se lo pensassimo singolarità intelletta, cadremmo nel più flagrante assurdo. Avvegnachè la funzione intellettiva, che vedemmo arena delle prove della negatività, non abbia che determinati e determinanti, e quindi non singolarità mai, la cui indimensione non comporta la latitudine, inseparabile dal determinare. Eppure *concepiamo quel singolo;* poichè la cognizione, straniatasi nella vita, quella era, che affermavalo nel più caratteristico suo momento! Diremo, dunque, giungere lo Spirito a pensarsi, anzi a farsi l'assurdo in atto: strana scienza, sol degna della stranissima fede del *credo quia absurdum?* Diremo piuttosto, la posizione della *singolarità* segnare, nella dialettica dello Spirito, il punto, ove egli fa di disimpacciarsi dal *simbolismo conoscitivo;* e, travalicando di là dalle prime sue stazioni, possedersi in elemento più puro come assolutamente suigenito ed originale.

In somma, l'*Individuo*, puntualità metafisica, ci rimena con la singolarità all'Uno, onde movevamo. Tale Uno, peraltro, duplicasi, e *fassi più unico*, se potessimo così esprimerci; a simiglianza del punto, al quale la circonferenza ritorna, primo ed ultimo a un tempo. Il singolo, quindi, realizza l'Uno primigenio intellettivo. E dappoichè concretezza vale realtà concentrata, bene ne inferiremo che il singolo, con la originalità, apre le porte al Concreto.

Al quale vedere giova mandar dietro osservazioni correlative all'argomento. Crediamo abbiano il duplice vantaggio di dileguare le difficoltà, e di detendere, a quando a quando, l'arco dell'attenzione.

OSSERVAZIONE 1.ª

La prima osservazione toccherà dell'intuito ontologico —

Anselmo da Kanterbury divinava, Cartesio primo formolava, Leibnitz sillogizzava non altra cosa, che un *intuito intellettivo* della necessità. Lo Spirito, *lumen e lumine* dell'INNOMINABILE, non è solo, ma vedesi necessario; ossia *essenza esistente*, e possibilità realizzata. Si può col pensiero fare ogni cosa, da una in fuora; ed è il non pensare. Implicita obbiettività ed innegabile fatto, esso rifulge da ogni punto intellettivo e pratico, ed occupa il mondo cieco degli *esseri* ed il chiaroveggente delle *Idee*. Ciò costituisce l'irresistibile evidenza dell'intuito ontologico. Ora, appunto perchè appartenente alla intimità dello Spirito, codesta legge della necessità, che contempera *ente ed esistente*, ed articolasi di ambedue; non poteva non presentarcisi spontanea, se davvero l'aracne dell'intelligenza era in noi. Ed in effetti, son già due volte che dominavaci. La prima quando ponevamo la Vita come ciò, *ch' è di là da ogni porre*. La seconda quando, nella Vita, l'*Individuo* appresentavacisi qual *Singolo*, ossia autogenesi di nuovo pensata. Speriamo che il nostro intendere non isfugga alla salutare dominazione, e non ci abbandoni alla vicenda opinativa, o, ch'è peggio, al sistematico petrificarsi.

OSSERVAZIONE 2.ª

La seconda osservazione desumeremo in parte da Hegel.

Deesi a Leibnitz la proposizione della differenza, ch'è questa: » Non si dà due cose, che sieno l'una all'altra eguali ». E narrano che, trovandosi a corte al cospetto di alcune dame, maraviglianti di codesto vedere, egli, disfrondato un fiore, le sfidò a mostrargli due foglie compiutamente simili; e così le convinse. Al quale proposito Hegel piacevolmente esclama: » Felici tempi per la Metafisica, quando anche a corte brigavansi di lei; e quando, a provare filosofemi, non era mestieri di altro sforzo che di paragonare due foglie! » Or l'aforisma anzidetto, se si applichi a'*singoli*, quali si appresentano in sulla soglia dello Spirito, nel senso esposto di sopra, sarebbe indubitatamente vero; chè appunto così pensiamo l'originalità. Che se il pronunziato Leibnitziano si applicasse a'*singoli empirici*, come pare indichi l'esempio delle foglie; sarebbe, come Hegel bene osserva, una inutile tautologia, in ordine al *multiplo astratto*; ed errore manifesto in ordine alla determinazione ultima del multiplo medesimo, non *percepibile*, ma *pensata*.

Con che poniamo termine alla trattazione della Vita, e facciamo finalmente passaggio alla *concretezza*.

CAPO III

DELLO SPIRITO.

Entrando a parlare dello Spirito, giova premettere che converrebbe usar parole, non esclusivamente determinanti; avvegnachè egli sia emancipazione da tutte esclusività. Non possedendo, tuttavolta, un eloquio così elastico, non disperiamo già della trattazione. Il rimedio, che raccomandiamo al lettore, a canzare la letteralità, sia quel medesimo, usato dagli astronomi, quando detraggono da' risultamenti dei loro calcoli qualcosa, che pongono a conto delle allucinazioni e della imperfezione degli strumenti. Basterà aver presente ch'è della più alta sintesi intellettiva, di che tiensi discorso; e che però deesi e discrezionalmente dire, ed intendere in senso lato, spiritualizzando, a certo modo, segno ed Idea.

L'*indifferente differenziarsi* costituisce quella intimità, che chiamiamo Spirito. Qui non parleremmo più con proprietà di moti, di derivazioni, di passaggi, e via così: espressioni, che pure adombravano l'organarsi della Cognizione e della Vita. Lo Spirito è immoto motore, è insidenza nella imperturbazione di olimpica serenità. E se pure la speculazione, riguardandolo da diversi punti, crede di scoprire atteggiamenti diversi, non obblii la simultaneità e compenetrazione compiuta di quegli aspetti. I quali volendo *significar per verba,* come dice il Dante, gli riduciamo a tre; e sono:

A) Perfezione in IDEA;

B) Perfezione qual termine di un processo infinito, o quale PERFETTIBILITÀ;

C) Perfezione a mo' di singolo sensibile, o come BELLEZZA.

A) E ad esordire dalla *perfezione in Idea*, avvisiamo lei potersi acconciamente nominare, come Fichte nominava l'Io assoluto: » Un occhio, che vede sè stesso ». In tal suivisione risolvesi l'indifferenza elementare di un *obbietto* ed un *subbietto*, i quali, inviscerandosi al tutto, divengono *conoscere e vita a un tempo*; cioè il Concreto, o l'identificarsi nel *maximum* della indipendenza. In fatto, lo Spirito perfetto in Idea è lucentezza perfetta; e quindi assume la prima delle anzidette sembianze. Ma, conoscendosi totalità, adeguasi intimamente; e quindi è la seconda sembianza, o la Vita. In somma, la perfezione limitasi di sè nella *Suivisione;* la quale non sarebbe atto, se non si *vedesse vedere*, e quindi non si determinasse. La *medesimezza* delle cose finite è suppositizia, e riducesi al porsi di un universale. Ma la *medesimezza* dell'universale, che torni a sè dalla specialità, è non intelletta, non nuncupata, ma fattiva *medesimezza*, che limitasi di sè in sè. Se fosse nulla, non avrebbe nemmeno l'allucinazione, il sogno sognato della fenomenia, onde pretende destarsi. Se fosse la verità di siffatto sogno, non avrebbe, per certo, l'ebbrezza, che la travolge in vertigine totale. È, dunque, lo Spirito, limite a sè, *compreso limite nel diafano etere dell'Idea*. Qui non è tempo, non singolo di apparizione finita; eppure qui solo il tempo e la finitezza giungono a transfigurarsi, non ispogliandosi del loro carattere, non deponendo la loro carne ; come vedremo più sotto nel *Processo infinito*, e nel *Bello*.

Ai quali è tempo di procedere.

B) Come dicevamo, il tempo e la discursività fenomenale non si nullificano, ma transfiguransi in Ispirito. Ed in vero, se al cacciarsi l'un l'altro di nido dei fatti transitorii; se a codesta volgare prestigiazione sostituiscasi la verità, cioè dire la coesistenza de' momenti nella Idea; non potremo non tener conto della successione idealizzata, e, come tale, immobilizzata quasi. Codesto tempo, così concepito, sarà il fine dell'indefinita mobilità storica; sarà ciò, ch'è saldo qual perennità di scopo in essa, tuttochè non mai attuale compiutamente. Se, per impossibile, l'attualità si esaurisse: il tempo, come serpe ferito, che si crogiola in sè e muore, contrarrebbesi ed abolirebbesi in un istante solo. Ma la verità del tempo, repugnante alla inerzia del nulla, ponsi nell'attuosa inalterabilità del divenire. Assunto nello Spirito come *progresso*, compie la sua missione complessionandosi a totalità nella Idea. Chè se il *Buono* è lo stampo, di che contrassegnasi la progressiva perfettibilità delle forme; ciò non causa che anche nelle regioni del *Vero* e del *Bello*, non si abbia potuto parlare di successivo perfezionamento, e di tipi, cui la natura e la mente non facciano che approssimarsi, senza aggiungerli appieno mai. Le gradazioni, per cui passano la bellezza e l'organicità naturale, occasionano in parte tal vedere. Il che, al postutto, ci giustifica nel riguardar che facciamo qual modalità di perfezione il *Processo*, che l'empirismo specializza a sommazione ascendente de' momenti del Bene. L'equivoco nasce dalla manifesta idoneità de'tipi inferiori a farsi tagliuzzare e iustaporre: cosa, cui ripugnano le dignità del *Santo*, del *Bello*, del *Vero*, immote, perchè riflettenti il Divino. In conclusione, la successività, o, come profana, non ha accesso nel tempio dello Spirito; o vi accede come *insuccessiva ed ideale*.

Ed in verità, chi giudica la perfezione in Idea, giudica, cioè decompone *(ur-theilt)* in unico pensiero, *totalità* e semplice *intelligibilità:* epperò implicitamente identifica allo stesso il diverso, alla insuccessione la successione. Il che, improntato dell'Idea, diviene appunto la PERFETTIBILITÀ, ossia perfezione qual termine di un processo infinito.

Innanzi di sospingerci oltre, siaci lecito aggiungere un cenno sullo Schellinghianismo.

Si appose al filosofare di Schelling, che non trascenda l'Assolutezza, postulata e non effettiva, del *Processo infinito*. Il vostro Assoluto, hannogli obbiettato, — non è mai attuale; quindi in alcun modo non è. Or direbbesi che codesti controvertisti parlino della empiricità, nella quale non trovi mai atto, per la semplice ragione che, in caso contrario, sarebbero reali le vanità ed il nulla. Ma potrebbe Schelling, come pare indubitato, avere avuto in mente l'IMMANENZA DELLA PERFEZIONE NELLA IMPERFEZIONE DEL PROCESSO, alla guisa che sopra notammo; ed in tal caso non comprendiamo una obbiezione, che non vede, o non vuol vedere l'onnipresenza spirituale nella serie dei fenomeni, *occupati tutti, se negati tutti*, e così trasformanti la problematicità in attualità. Simigliante vedere non perde mai di mira le esistenze; ma perde di logica categoricità. Per contrario, l'Idealismo assoluto, che piramideggia nello Spirito, vantaggiasi di maggior vigore sistematico; in quella che scapita di valore esistenziale. I quali due vertici speculativi considerando noi come coordinati, ci si farà abilità a riguardare la bellezza senza esclusivismo, *quale esistenza e quale Idea;* come *processo d'incoati naturali e come Ideale*, che realizzi in essi un astratto tipo della mente.

C) Passiamo ora a studiare la perfezione a mo' di singolo sensibile.

 Che cosa risulta dalla sintesi de'precedenti riguardi? Quale sarà il compenetrarsi della Perfezione in Idea, e della Perfezione, in quanto processo infinito? La *presenza ineffettiva* dell'una, disposata alla *effettiva latenza* dell'altra; ossia due contraddizioni conciliate in diverse sfere, che prodotto daranno elleno conciliando le loro conciliazioni? Ognuno vede, la risposta dipendere dall'attenta considerazione di termini, che non hanno a perdere il loro carattere; ma a mantenersi incolumi nella compagine nuova, tuttochè purificati in lei. Or contrassegno di ciò, che contempla l'Idea è l'*Intelligibilità;* e, per converso, contrassegno delle forme, ovvie nel processo naturale, l'*originalità*. Ecco due attitudini, adunque, che incontreremo nella nostra sintesi. Ciò torna a dire che il prodotto *sarà Idea e singolo sensibile ad una:* cioè in tanto Idea in quanto singolo, e viceversa: in una parola, ciò che chiamiamo il *Bello*. —

In effetti, il Bello, o si riguardi con subbiettiva esclusività quale giudizio, o adorisi con obbiettiva esclusività quale angelo esulante nella natura: contempera sempre un'Idea ed una forma. Le percezioni, dati dell'intendimento, che gli analizza, gli deduce, gli classifica; non hanno indipendenza verace. Ma ecco appresentarsi qualcosa *sui generis*; qualcosa, che, a simiglianza dell'Iside egiziana, dice *Ego sum quae sum*; e l'intendimento abbagliato abdica la sua signoria, e rende omaggio alla nuova forma. La spiegazione del fatto presentasi da sè. È la Idea, che ora veste la sensibilità a sua consacrazione. Non havvi molecola del marmo, atomo de'colori, vibrazione dei suoni, onde non baleni un raggio della luce di lei. L'osservatore non ha più quesiti a proporre all'obbietto, non più appetito nemmeno del materiale possesso, che viola la indipendenza obbiettiva: la curiosità convertesi in estatica maraviglia, e l'impulso all'aggressione distruggitrice in rispetto. L'enimma della vita e della cognizione, l'incalzante enimma di libertà e destino, proposto alfine dalla Sfinge immortale del sentimento, ha soluzione in una bella creatura; che, tra le imperfezioni del prodursi naturale, schematizza almeno il Perfetto, e nell'Ideale artistico lo realizza. Così personificasi la bilaterale totalità; ed il singolo di bellezza addimostrasi un microcosmo, ch'epiloga la fenomenica esplicazione.

In altre parole, il *processo in infinito* implica l'Idea, cioè esibisce *presenza* e *consapevolezza* in guisa *latente* ed *inconscia*. Ciò occasiona un duplice vedere. Per primo comprendesi il diversificarsi in processo senza alienarsi e perdersi. Secondamente scorgesi inevitabile il ritorno a sè, e la memoria della scissura nella composizione medesima, che se ne effettua. Questo importa che il risultamento conterrà un singolo di percezione, come traccia del processo de'singoli, ed un Ideale, traccia della Idea: contemperati in apparizione unica. Abbiamo pensato, in somma, la bellezza in atto.

Alla quale considerazione, prima di andare innanzi, ci piace di aggiungere un'avvertenza sulla personalità, testè mentovata.

Che la persona sia ben altra forma che l'individuo, non è chi nol sappia. Una cosa, peraltro, parci spesso dimenticata; cioè la diversità qualitativa delle due categorie. In fatto, parlasi di *persona* a mo' di cosa empirica col volgo; e della famiglia, dello stato, della Società, quasi d'individuati enti di ragione. Ciò nasce, per nostro credere, dall'abito riflessivo di realizzare individuando, che la *realità personale* non può non porre ripetizione della empirica; e non sa modalizzarsi nella ragione, ch'è pure empiria capovolta. Noi, per contrario, considerando il personificarsi qual carattere della totalità: carattere epitome, e non isolamento di percezioni e determinazioni; siamo posti nel caso di dare al complesso di tutto, ch'è umano, o alla *concreta umanità*, comprensiva e non esclusiva degl'individui, l'appellativo insigne di *persona*. E per tal guisa canziamo empirismo ed astrattezza. Chè pensando qualcosa che non nasce, vive, e muore; e nemmanco una stella, dalla incerta scintillazione nelle teorie de' filosofi; ma qualcosa, che testifica di sè *facendosi non essendo*; abbiamo tempo e singoli, e, ciò non pertanto, nel loro totalizzarsi nel processo, LA IMMANENTE PERSONIFICAZIONE DELLA IDEA.

Giunti a vedere la Idea del Bello nella sua razionalità, non obbliamo che ci brilla dinanzi un astro, che
» Guida dritto altrui per ogni calle! »

Ciò importa che dobbiamo attenderci a un principio regolativo. Il quale se non è una morta rappresentazione, ma una viva efficienza, dee organarsi in triplicità di aspetti, secondo il ritmo fin qui seguito. Ora i tre momenti della esplicazione nel caso attuale, sono:

a) Il Bello, pura Idea;
b) Il Bello, puro fatto naturale;
c) Il Bello, qual Ideale nell'opera di arte.

a) E collocandoci, innanzi tutto, nella pura Idea della bellezza, non possiamo non avvederci, la plenitudine stessa di luce, non che pregio, essere grave pecca della contemplazione. Al modo medesimo che si stimò, i colori generarsi della mistura di luce e tenebre, i puri apici delle quali, cioè candore totale e buiore totale, son nulla per la virtù visiva; così nel vedere superiore, se pure vuol riferirsi a sè in sè; hannosi ad intercalare tra'raggi luminosi alcuni offuscamenti, che gli temperino e permettano l'apparizione. Bene codesto chiaroscuro rivelatore ha, e dee avere, diversi gradi d'intensità; sendo incipiente nel velame, che permette al filosofo di fissare l'occhio nel vero, e tanto predominante nella natura, da giungere a farne traboccare nel deforme i tipi. Ma nel Bello è intesto per modo, che la pura idealità di lui, nella stessa perfezione, scarseggia di perfezione. Che l'artista, in una specie di partenogenesi della fantasia, possa creare modelli di venustà non mai veduta tra le creature del basso mondo; non è di questo luogo il negare. Che il filosofo, in estasi plotiniane, beisi di visioni archetipe anch'egli: non par molto probabile. Ma nessuno ci contraddirà ciò, che prova la nostra tesi; val dire l'impossibilità per l'artista e pel filosofo di fermarsi a mezza via, caso che pure intervenissero quelle iniziali concezioni. Colui reputerebbesi frustrato delle più genuine speranze, se non potesse convertire in opera di arte le leggiadre fantasmagorie del genio. Costui terrebbesi visionario a sua volta, se non riuscisse ad appoggiare al reale i prodotti della solitaria speculazione. Non parci esatto, ma esagerato il motto di Lessing : " Raffaello sarebbe riuscito non meno gran pittore se fosse nato senza mani ! " Raffaello non cominciò e non finì di esser Raffaello che co'mille suoi dipinti. Que'germi di capilavori sarebbero rimasti un nonnulla se le maravigliose mani dell' Urbinate non gli avessero giovati di assidua ed amorosa coltura.

La stessa purezza, adunque, nella Idea del Bello, ci sospinge a passare alla esternità naturale. Cio è tanto manifestamente organico, che ci esporremmo a vane tautologie tentando formularlo più oltre. Il perchè facciamo passaggio alla posteriore considerazione.

b) Ed ecco l'etereo auriga della mitica platonica, degradato ad errare nelle basse sfere del mondo in aspirazione dell'Olimpo: ecco la vedovata Psiche nel suo espiatorio pellegrinaggio, a riconquista della beatitudine perduta. Traveduto nella materia inorganica; sorridente infantilmente nel mondo vegetale; libero, ma offeso da bizzarre anomalie nell'animalità inferiore; appariscente nelle specie più alte; dignitoso nell'uomo; noi seguiamo il Bello nella sua ascensione ora convergente, or divergente con la perfezione naturale; ora esagerantesi di là dal Sublime, or vilificantesi di qua dal Comico: fino a che giunga appiè della fantasia, " medica sua pietosa ", che lo sani dalle ferite della lunga pugna terrena. A questo punto, esauritosi il secondo periodo della vita estetica, hassi già in potenza la sintesi redentrice. In fatto, se l'incompitezza del puro essere conoscitivo obbligava l'Idea ad alienarsi, la compitezza dell'alienazione l'obbligherà a retrocedere appo sè. Alla bellezza della natura conseguendo, dunque, il raccoglimento ideale, ci affrettiamo alla indagine di esso.

c) Come *processo infinito ed Idea* davano a risultamento ciò, ch'è bello nel singolo sensibile; così l'attuale movimento riesce a ciò, ch'è Bello nel Bello medesimo ; ossia all'IDEALE. In esso la naturalità cessa dalle esperimentazioni, che davanle equivocità di meriti, ed una titubanza tra la speciosità e la bruttezza. In esso, dall'altro lato, l'intuito del Divino, come l'Egioco della favola, spoglia i raggi a rendersi possibili gli amori della Semele formale. E queste due astensioni, questi due grandi rifiuti, non fatti per viltade, ma per maturità di ardimento, si equilibrano tanto e compensano reciprocamente in un capolavoro artistico, che la materia, in lui, ha a più doppi, nell'infinita idealità, che acquista, un surrogato alla evoluzione, che perde; e l'Idea moltiplica ed arricchisce, nella palpabilità della forma, l'illusoria trasparenza primitiva. Il che compie nell'Ideale l'immobilità, che vedemmo signoreggiare in tutto l'orbe dello *Spirito*. Ed in vero, l'opera d'arte, tuttochè storicamente avvinta alla catena del tempo e delle scuole, tanto è più perfetta, quanto meno partecipa alla rapida vicenda, che le affatica. Allora non al passaggiero individuo, ma dirigesi alla imperitura umanità; tuttochè collocata nello spazio, dove incastonasi al serto volgare delle specialità consuetudinarie : e spicca su quel fondo come la perla dalla conca, o dal sordido mollusco, tra cui nacque. L'olimpica gioventù eterna, in atto e non fantasticata da'poeti, è appunto codesta tranquillità, codesta atarassia ideale, che basta a sè stessa, e si pasce dell'ambrosia della sua perfezione, sì che l'umana » miseria non *la* tange ! » Anche quando esprime la tempesta delle passioni e de'dolori, l'agonia di Lacoonte, il supplizio di Ugolino, la frenesia di Lear; essa dà loro la posa monumentale, e fa bella la torbida agitazione nella immutabilità più calma e serena.

E qui finalmente, a conclusione della indagine, possiamo formulare, non più in guisa nominale, la definizione del nostro obbietto ; che, in brevi termini, è la seguente:

IL BELLO È IL PRODURSI DI UN SINGOLO SENSIBILE, CHE IN OGNI SUA PARTE SIA ESPRESSIONE DI UNA IDEA ; PER GUISA CHE IN ESSO SI REALIZZI E COMPIACCIA LO SPIRITO, NELLA CONCILIAZIONE, CHE ALFINE COMPIE TRA LA VISIBILITÀ DEL SAPERE, LA ORIGINALITÀ DELLA VITA, E LA SODDISFAZIONE DEL SENTIMENTO.

Dopo di che, ed innanzi di spacciarci, come siamo in procinto di fare, del primo libro; giova aggiungere un cenno sulla subbiettività ed obbiettività del fare artistico, e del vario modo di esteticamente giudicarle. Seguiranno due osservazioni più importanti, che stimiamo meritare speciale considerazione.

Una grande controversia causò sempre fra gli estetici, sì antichi che moderni, il determinare appuntino qual de' due fattori, Idea e forma, abbia, o deggia avere predominanza nella vita artistica. Alcuni, magnificando l'eccellenza della Idea, giunsero a piaggiar tanto la subbiettività produttiva, che un romantico, fortunatamente più poeta che filosofo, sospingevasi a desiderare che la parola non fosse, perchè il muto interpetre delle muse potesse pensare, o almanaccare a sua posta senza l'impaccio della loquela! Come inorridirebbe un moderno filologo a tal voto blasfemo! Ma non meno strana, e, diremo pure, ridicola cosa sembraci, dal lato opposto, ne' naturalisti; — p. e. della scuola francese, ed in Diderot, loro capo; — il fastidire ogni artifizio anche innocente, anche inevitabile, perchè improntato dell'arbitrio del subbietto: il verso, cioè, che predicavasi men naturale della prosa, i soliloquii, i cambiamenti di scena, e sino il belletto ed i posticci de'commedianti. La gara, intanto, sostenuta con acerrima ostinazione da ambo i partiti, non poteva avere risultamento plausibile a prò di alcuno di loro; stantechè, con esemplare fraternità, aveano equiparato il vero ed il falso reciproco: come quegli scrupolosi duellanti di altra volta, che dividevano il sole ed il vento, e pesavano e misuravano le armi offensive e difensive. Sarebbe curioso seguire l'altalena dell'indicata quistione, vero *perpetuum mobile* estetico, da Platone ed Aristotile, che facevano predominare l'uno l'idealità, l'altro la realtà nella bellezza, giù giù agli Hegeliani ed Herbartiani moderni, che si arrovellano tanto pel pomo da offrire o alla obbiettività, o alla subbiettività artistica. Eppure potevasi facilmente dedurre dal concetto stesso dell'opera bella, che gl'ingredienti, di che si disputa, deggiano inevitabilmente essere contenuti a dosi eguali in lei, chemismo ideale, epperò fusione compiuta di ambedue. In fatto, la sordida ed amorfa materia non dirai *bella* che quando animala il soffio della Idea, e non prima; e l'Idea *effettiva* se non quando nel prodotto di arte compie la sua incarnazione. Il che dimostra, l'una e l'altra, insignificanti nell'isolamento, acquistare la profonda significanza estetica nella unione; nella quale, quindi, la predominanza,—cioè ciò, che non si unificò appieno nella unificazione, — riuscirebbe al falso e al deforme. Se non che parci inutile di qui avvertire, che, a simiglianza di ciò, che canta l'Alighieri del color misto ed evanescente,

" Che non è nero ancora e il bianco muore ",
possiamo concepire, in composizioni compiute bensì, il caratteristico accento di uno de' componenti. Questo matrizzare o patrizzare della bella creatura non è un *predominare materiale*, ossia una perturbatrice riproduzione del tipo de'genitori; sibbene una reminiscenza spiccata dell'attività di lui; epperò non nuoce all'armonica compagine della bellezza. Per tal foggia la storia del più legittimo fare artistico di tutti i tempi, ci mostra la prevalenza della colorazione, obbiettiva e subbiettiva dell'intuito. Laonde veggiamo la plastica greca, non naturalista per nulla, pure, con inconsapevole predilezione, *naturalizzante* l'*Ideale;* dove, per contrario, nel romantismo moderno, appresentacisi accanto alla riproduzione quasi fotografica della realtà, con tutte le anomalie, con tutti gli sgorbii eziandio;—l'*espressione* più intimamente subbiettiva, atteggiata a predominio. Non diciamo già che codesta nutazione non faccia talvolta traboccare nel brutto, nello sgraziato, nel bislacco, dal suo bilico faticoso qualche dozzinale acrobate artistico. Diciamo solo e

sosteniamo che ciò non nuoce il più delle volte alla bellezza in Byron : che ciò non nuoce mai, o rarissimamente, alla bellezza in quello stupendo prestigiatore Shakespeare, che sa rendere vago e venusto ogni disadorno sembiante della natura. Conchiuderemo, adunque, essere equipollenza di forma ed Idea in un vero prodotto magistrale delle muse; e che la effettiva e sensibile prevalenza di una delle forze costitutive generi eteronomia e difformità. Tuttavolta non neghiamo un diversificarsi fisiognomico anche alle unità più compiute; il quale non alteri, nell'alterarsi delle scuole e del genio de'tempi e delle nazioni, l'*organica concordia degli elementi del Bello*.
Passiamo ora, a compimento del libro, alle osservazioni di sopra promesse.

OSSERVAZIONE 1ª

Non è senza interesse il considerare un po' più attentamente la relazione dell'Ideale con la ragion teorica, e con le potenze pratiche dell'animo.
Quanto alla prima, mettiamo, innanzi tutto, da banda la discussione, non di questo luogo, de'due gravi problemi: I. Fino a che punto, nel vero artista, in periodo storico di grande civiltà, può precedere al concepimento dell'opera, una convinzione dottrinale, un filosofema, ch'egli pensi incarnare in quella?; e II. Fino a qual punto la scienza riesce ad assumere le insegne dell'arte, senza violazione dell'autonomia di lei, nel *genere didascalico*? Restringiàmoci, piuttosto, a notare che la frase, tanto vulgata dal dilettantismo estetico, cioè: *l'opera bella parla alla fantasia e non*

alla intelligenza; va compresa discrezionalmente e non accettata alla cieca. Se intendesi che un capolavoro non sia già un trattato scienziale, non una dimostrazione di un teorema qualunque; non abbiamo obbiezione a fare a simigliante trivialità dommatica. Se poi intendasi di affermare che il prodotto geniale non insegni nulla, che le vergini figlie della Mnemosine divina non occasionino alcuna delle reminiscenze, che Platone dichiarava vero sapere, o non sieno maestre in senso veruno; dissentiamo risolutamente da tal paradosso. S'impara in varie guise; e tuttochè l'esplicita categoricità del discorso sia la più perfetta forma conoscitiva, pure non è sempre la più ricca di contenuto. Ciò prova la fede, indistruttibile aspirazione dell'animo a convincimenti, spesso antitetici co'convincimenti scienziali. Ciò provano i presentimenti, spesso misteriosamente addottrinanti. Ciò prova, infine, l'educarsi incosciente ed indefinibile, che ha luogo nel commercio con persone gentili, che senza esser dotte, o catechizzanti, ci agevolano l'ascensione sulla scala della coltura. In somma, l'Ideale effettuato non ha uopo di convertirsi in raziocinazione ad essere fruttuoso magisterio; e quando Schiller affidava alle arti la soluzione dell'immenso problema della educazione dell'umanità, non designava certo deputarle alla composizione di un trattato di Pedagogica. Nè parliamo qui delle nuove teorie, che un capolavoro artistico può insegnare al filosofo contemplatore: come p. e. il *gruppo del Laocoonte* faceva all'acutissimo Lessing. Parliamo del miglioramento e perfezionamento ideale, che opera negl'ingegni bennati lo spettacolo del Bello in atto; e che nessuno negherà essere altamente istruttivo in questo, che agevola il comprendimento totale del vero, arricchendo lo scheletro delle forme delle polpe di un libero contenuto.

Quanto alla seconda relazione dell'Ideale con la volontà, che ci proponemmo di esaminare nella presente nota, stimiamo conducente di suddividere l'argomento in due parti. Esse sono:

I. Della relazione dell'Ideale con l'appetito;

II. Della relazione dell'Ideale con lo scopo supremo del Bene.

I. Abbiamo di sopra toccato della prima relazione, ed accennato come il Bello sia pudico, a simiglianza della mimosa, virginale al pari delle muse; il mito delle quali mirava appunto a significare purezza. Da essa, intanto, si originano non poche secondarie attinenze, poco onorevoli alla umana equità, distributrice distratta de' premii della vita. Esempligrazia, la proverbiale povertà de'poeti, la mendicità gentilizia ai grandi eliconidi da Omero a Camoens, non provviene che dalla soprammentovata purità del loro sacerdozio. Non lenone d'invereconde cortigiane, di lusinghiere Armide, che vengano, perfidamente sorridenti, a sottrarre all'aspra cavalleria de' doveri sociali gli animi giovanili; ma casto educatore di austere bellezze, e sacrificola assiduo all'incontaminata Venere Urania; il vero artista non può contar sull'ebbrezza de' sensi, sul delirio delle passioni, sulla prodigalità e sull'impuro mecenatismo del vizio. Bene l'ammirazione delle presenti e future età piove abbondante come la manna sulle opere immortali di lui. Ma come la manna appunto, quella magra ammirazione non ha che nell'immaginativa il sapore delle vivande, nè salva dalla fame, nè dà al cadente Parini di che guarentirsi dalla pioggia e dal verno importuno. Aristotile solea vantare della filosofia, che la inutilità compiuta la dimostrasse nobile, e l'assumesse al principato di tutte le intellettuali discipline. Se ciò è vero, come è verissimo, noi possiamo aggiungere sul tenore aristotelico, l'*inappetibilità* essere il diploma, che prova il patriziato dell'opera di arte tra la plebe delle meccaniche fatture umane; e di cuore facciamo voti che la deplorabile inopia di veri musageti non ispaventi alcuno de'nostri giovani lettori siffattamente, che ammirino la venale arte, che veggiamo oggidì in voga in que'ghetti giganteschi, che si chiamano Parigi, e Londra; dove si trecca e si falsa, dove si ha il segreto di pesare e salariare il genio, imponderabile e senza prezzo. Bene a simiglianza del sacerdote, che dee vivere dell'altare, ragion vorrebbe che il vate vivesse del suo canto. Ma come ciò abbia a conciliarsi col disinteresse, requisito essenzialissimo alla genuinità geniale delle produzioni; a'posteri, ed alla loro più socializzante coltura l'ardua sentenza.

Una cosa, peraltro, che vorremmo si distinguesse circa il proposito nostro, è l'*appetire spirituale;* se lice così chiamare il contrapposto della materiale concupiscenza, e della libidine del possesso. Se costei è madre di basse e volgari tendenze, colui genera ed alimenta l'impulso all'imitare, nobile aspirazione ad appropriarsi il segreto inventivo, il misterioso plasma nell'eseguire. L'imitatore, che non sia un automatico copista, un dagherrotipo umanato, al cospetto della classicità monumentale proverà bensì la sacra fame dell'oro altrui, l'impulso al furto; ma alla guisa sublime di Prometeo, che rubava al sole il segreto della luce. Il che giustifica appieno i grandi epici moderni, i quali, alla maniera di Milton e Torquato nostro, rapirono, ma non per bassa voluttà, e soventi meglio addobbarono le Veneri degli antichi. De' quali due grandi cantori l'italiano, sempre infelice, fu infelice anche in questo, che gl'ipercritici alemanni, come Federico Schlegel, non avendo saputo, o potuto, comprendere il suo genio, ne vituperarono mattamente una delle potenze principali, cioè l'*imitare inventivo*.

II. La seconda relazione, di che ci proponemmo tenere discorso, versa tra *Ideale* e scopo supremo del *Bene*.

Ognuno comprende che parliamo della moralità, e della vulgatissima convinzione, che le opere belle abbiano ad essere *moralizzatrici*. Non vi ha più torto giudizio di codesto. Non vogliamo qui disputare della possibilità di alcuna aprioristica determinazione di un canone, categoricamente imperativo alla ragione pratica, come astrattamente affermava Kant, e come concretamente, non a torto, negava Jacobi con altri molti. Se la casuistica dell'insegnamento teologico-morale, o se l'arte combinatoria del semi-esperimentalismo scozzese, riuscissero alla codificazione del Buono, che intrapresero; e non piuttosto (pari al *multorum camelorum onus* delle antiche leggi, che inretiva la giustizia) non valessero che ad inretire la probità;—non è di questo luogo il diffinirlo. Una sol cosa sappiamo e diciamo; ed è che, laddove le sorti dell'ammaestramento morale dell'uman genere potessero e dovessero *direttamente ed in guisa esplicita* dipendere da'quadri e da'drammi, per tacere degli screditati romanzi educatori ; — sarebbe veramente disperato il caso dell'immegliamento della volontà. La mala prova di tante arcadiche virtù trionfatrici, favoleggiate dalla pedagogia poetica del passato secolo: la peggiore e più deplorabile prova, che fanno sotto a' nostri occhi le impure faci de' moderni Erostrati del tempio del costume; mostrano, da un lato, l'abbrivo al male nel nostro cuore, assai più potente di codesto debole artistico remigio inverso la virtù, e, dall'altro, l'assoluta incapacità di un'opera bella a catechizzare chicchessia. Ma più sopra parlavamo a disegno di *diretta* ed *esplicita* considerazione del Bene qual teleologia del Bello. Per l'opposito, è innegabile una *indiretta* ed *implicita* virtù emendatrice della fralezza, nello spettacolo di sfoggiata beltà, che, a simiglianza dell'introspetto nell'Eliso della Peri esulante, fortifica l'umana creatura nella lotta terrena (contuttochè, anche in siffatto senso ristretto dell'efficacia artistico-morale, siaci sempre paruto incomprensibile come il carnefice Robespierre potesse musicare nel più idillico tenore, che conosca la Euterpe francese). Del resto, l'azione purificatrice non ha a provvenire da alcuno premeditato disegno didattico nell'Ideale, che semplicemente e puramente appresentarsi dee grandeggiante alla foggia delle opere della creazione, nella totale indifferenza della bontà o malvagità de'suoi ammiratori. Così la lotta di destino e libertà, espressa dalla tragedia greca, e l'onnipotenza del fortuito (destino comico ed ironia della vita moderna), significata dal dramma Shakespeariano e dal suo sarcastico *forse (perhaps)*, non definiscono *ex cathedra* di nulla, non teorizzano, non moralizzano, ma migliorano sublimando gli animi, fino al veder chiaro ne'più profondi problemi, sino a bere alle eterne fonti, occulte a' *penitenzieri morali* della scienza del bene e del male.

OSSERVAZIONE 2ª

La nostra definizione del Bello è eclettica; se lice di reclamare per lo screditato appellativo la filosofica accezione, di che parci pure capace e meritevole. In essa intendemmo ad esprimere l'organico nesso della obbiettività e subbiettività, quale appunto contienlo la bellezza; ma che, sconosciuto dalle definizioni più famose antiche e moderne, le rende, a parer nostro, unilaterali e difettive. Toccheremo di quattro delle più famose; rimandando i curiosi di tali archeologiche ricerche alla Estetica di G. Paolo, che, con singolare acume, tutte le cribra ed affina a dilungo.

Che il Bello esprima l'apparire dell'Infinito nel finito, è ciò che può desumersi, a un bel circa, dall'antico filosofare accademico e peripatetico. Ora comprendesi che, con passaporto cosiffatto, valevole a bastanza nel reame delle Idee, si viaggia poco oltre la frontiera nel reame finitimo della natura, dove l'Infinito è sconosciuto ed incerto legislatore. In altri termini, non desumesi dalla definizione anzidetta il Bello naturale; che, in fatto, i greci poco conobbero e pochissimo pregiarono. In opposizione, e quasi ammenda, del primo determinare astratto, i Neoplatonici alessandrini, e Plotino loro caposcuola, misero innanzi la seguente seconda definizione. " Il Bello è la perfezione di una creatura sensibile, rispondente in guisa compiuta allo scopo, tracciato nella Mente Divina ". Ora il concetto di scopo, che dà a codesta seconda circoscrizione dottrinale la capacità di abbracciare l'essere estetico della natura, ha due gravi pecche. La prima sembraci la disconvenienza manifesta di ogni teleologismo con le dignità assolute, tra le quali va assunto l'Ideale: disconvenienza, che facemmo rilevare di sopra diligentemente. La seconda pecca è che, nell'ambito stesso naturale, la definizione neo-platonica non aiuta a distinguere il Bello dal brutto; il quale spesso risponde a capello al suo scopo, ch'è la tipica genericità. In somma le due soprammentovate dichiarazioni dell'obbietto componsi a vicenda, e ci obbligano alla sintesi, che tentammo di sopra.

Nè più soddisfacenti paionci le vedute de' moderni. Scegliamo parimenti due formole, che epilogano le divergenze delle più rinomate scuole. L'idealità alemanna trincerasi dietro un ammirato motto di Winkelmann, che dichiara la bellezza: " Una scaturigine della Mente Divina, che riconoscesi nelle creature della natura e dell'arte al contrassegno della purità della forma, imperturbata *come l'acqua chiara.* " Ciò dirai bastantemente mistico quanto al primo inciso; e bastantemente vago quanto al compimento della frase, che con la limpidezza esclude troppo la multiforme *drammaticità* del fare moderno. Alla quale unicolore plasticità contrapponsi diametralmente l'empirismo perplesso degl'inglesi, che, per l'organo di Hogarth, di Home, di Burke, sentenzia: " essere il Bello una simmetrica disposizione di parti, un sistema armonico di linee nelle figure " E Burke giunge sino a determinare quali elementi dell'Idea bella la *picciolezza, liscezza, delicatezza:* come se si trattasse di ciondoli e balocchi da bimbi, e non dell'immortale Urania della umanità, cioè della Idea. Vedesi, quindi, che, non meno degli antichi, i moderni non risparmiarono eccentricità ad esaurire l'inventario delle note logiche del Bello, affin di tracciarne una adeguata definizione.

Noi trasanderemo i riflessi, più o meno dommatici, più o meno teologizzanti o moralizzanti, la tecnicità maggiore o minore, cui accennasi nelle definizioni sistematiche, e quindi preferibili, degli estetici contemporanei. Esse, *mutatis mutandis*, si avvicinano alla nostra; epperò non porta il pregio di più indugiarsi a discuterle.

Con che chiudiamo alfine il libro primo della investigazione, ch'ebbe ad argomento l'ASTRATTA IDEALITÀ DEL BELLO.

LIBRO II.
Della esistenziale idealità
DEL BELLO

Giunti ad assegnare alla controversa nozione del Bello il suo significato; e così a manodurla, in modo convenevole, nell'aula razionale; noi ci troviamo alfine tanto a lei dappresso, ch'è oggimai tempo d'interrogarla su ciò, che l'è proprio, e più specificamente la distingue dalle altre Idee. La definizione, che ottenemmo, seguendo, stazione a stazione, il viaggio logico-estetico del pensiero, potrà solo illuminarci sulla economia interna della nuova indagine. In fatto, non avendo in essa la dichiarazione di un nome, sibbene la proiezione intellettiva di un organismo spirituale, siamo posti nel caso di studiare esperimentando, senza temere più la empiricità, fatale ad ogni esperimentar volgare, che, la Dio mercè, ci lasciammo indefinitamente dietro. L'analisi, pertanto, cui procediamo, non avrà pericoli; e fiduciosamente potrà affidarvisi il più timorato razionalista. Che se i responsi della definitrice Sibilla saranno scritti su vizze foglie " che se ne porterà il vento "; ciò non dee risultare che a biasimo dell'interpetre, e dello scarso Ingegno di lui.

Innanzi, peraltro, di addentrarci nella disamina, stimiamo non inutile il far precedere un'attenta inspezione del luogo, dove ci troviamo. Gioverà a premunire da una duplice equivocazione: da quella di credersi tuttavia nelle regioni della *Idealità pura*, dalle quali discendiamo; e dall'altra d'immaginarsi già negli artistici tabernacoli, cui tende, come a sua meta, l'estetico pellegrinaggio. In somma, leggendo inscritto il titolo di *esistenziale idealità del Bello* in cima al presente libro, potrebbesi credere che l'Idea, di che ragioneremo ora, sia la medesima, che contemplammo, nel libro precedente, *nella sua purezza*; e codesto sarebbe errore gravissimo. Potrebbesi, eziandio, intendere per quella Idea medesima, l'embrione schematico dell'opera, quale generasi nel cervello dell'artista, alla vigilia travagliosa della esecuzione: e codesto non sarebbe errore men grave del primo. L'Idea è già *configurata a Bellezza* nell'attitudine, in che presentacisi attualmente: il che ci autorizza a parlare di esistenza; eppure la primigenia determinazione di lei non è peranco *rideterminata* nell'Ideale; e, senza esprimere la verità sintetica della luce e delle tenebre, ondeggia indecisa, come il crepuscolo, fra ambedue. La nostra Idea, in altri termini, è precisamente uno di que'famigerati *archetipi platonici*, di quegli officiosi mediatori tra le randage anormalità esistenziali e la Mente Suprema: archetipi, che l'inesorabile dialettica dello Stagirita esautorava, a ragione; ma che, nella fenomenia, trovi sempre innanzi ad ogni serie di fatti, a primo scalino di ogni nuova ascensione conoscitiva. La definizione del Bello non sarebbeci riuscita, se la purità ideale non ci si fosse rappiccinita e contornata tra mani. Ora che il diverso ci sta organato dinanzi, ne sono percettibili gli elementi; e se non dimenticheremo le restrizioni, che asserragliano la plaga, che il pensiero corre, abbiamo motivo di sperare che, padroni della totalità di que'limiti, ne caveremo una libertà nel possesso, più intera della intellettiva perduta, anzi la sola al tutto intera della *concretezza*.

Il che preliminarmente avendo fermo, facciamoci incontro di buon animo al secondo periodo della investigazione, ed alla facile analisi, che ci prescrive a primo problema.

La definizione, dalla quale stimiamo non solo conducente, ma di tutta necessità metodica, il prender le mosse; enuncia, fatta convenevole astrazione dalle parti supplementarie e dichiarative, tre spiccati elementi nella nozione in disamina. Essi sono:

I. L'Idea; nel senso limitato, testè assegnatole;

II. La forma; limitata pure al significato di *singolo sensibile*;

III. L'attuazione; ch'esprime il conciliarsi de'due termini antecedenti.

Le quali tre parti dell'analisi impostaci, trattando in tre distinti capi, non perderemo di vista l'importante secondo inciso della definizione, che postula l'integrazione della *originalità della vita* con la *visibilità del sapere*. Così, cioè tenendo presente alla riflessione codesto necessario integrare, saracci fatta abilità a discernere se, il movimento sendo compiuto, non rimase alcun che, onde fossimo sospinti a travalicare ad altre modalità della estetica intuizione. E così pure giustificheremo agli studiosi ed a noi stessi l'accettazione di tal notevole inciso, che speriamo ci diverrà tra mani una face euristica, più fortunata di quella di Cerere; poichè ci aiuterà a seguire la traccia della bellezza, smarritasi tra'dirivieni della mente e le tenebre della natura.

CAPO I

DELLA IDEA NELLA BELLEZZA.

Intendiamo qui di considerare isolato il principio puramente ideale della *esistenza bella*. La partecipazione del pensiero, in quanto pensiero, in codesta misteriosa manifestazione, merita ben lo studio circospetto, che i trattatisti sogliono farne. Da che Emmanuele Kant si avvisò di rinchiudere il Bello nella vitrea forma del giudizio, poco temendo che il fermento del nettare Divino mandasse in pezzi il logico vaso; è divenuto del più grande interesse il fissare i limiti della *mentalità*, per dir così, nell'estetico obbietto. La quale, a prima giunta, appresentandocisi come radicalmente diversa da ogni categoria dell'intendimento; siamo già, per questa parte, lunge le mille miglia da ogni subbiettivismo, e dal kantista con gli altri. Sicuri, adunque, di dover fecondare non una entità astratta, ma l'embrione intellettivo della *bellezza esistenziale*; non possiamo non riconoscere i suoi momenti essere:

A) La tipicità;
B) La speciosità;
C) La caratteristicità.

Essi rispondono, come noterà più sotto il lettore, all'articolazione interna della Idea.

A) Il *tipo* è ciò, che i greci chiamavano *genere*, o più specificamente *Idea* di qualcosa. La figurazione schematica di essa presupponsi dalla rappresentazione, che ne abbiamo, tanto innegabilmente, che il criticismo non si stimò tenuto a dare alcuna spiegazione in proposito; e lasciò i poveri kantiani *minorum gentium* a rompersi il capo intorno all'incomprensibile argomento. Eppure non era molto difficile avvedersi, che la rappresentazione implica *un fare nel conoscere* quando *mette innanzi* al pensiero l'obbietto; che non potendo *creare* senza contraddire alla conoscenza, dee *copiare* da un modello primitivo. E nel mondo della bellezza, che esploriamo, l'espressa necessità offresi anche più manifesta. Come comprenderemmo, senza premettere al complessionare estetico delle bozze originarie nella fantasia produttiva; senza premunire l'occhio interno di lenti variamente colorate: come comprenderemmo, dicevamo, le diversità, che non recano detrimento alcuno alla formosità più compiuta? Tale relazione notevole diviene sempre più spiccata col perfezionarsi delle creature. Esempligrazia, dalla quasi tautologia del chiamare egualmente belle la rosa bianca e la rossa, il gelsomino ed il mugherino; voi passate a dichiarare il cavallo arabo e l'inglese, il bracco svizzero ed il nostrale egualmente speciosi; fino a che significate una vera *identità estetica nella varietà*, giudicando forme umane: ed ammirate del pari, con pieno diritto, cento Vergini di Raffaello e Murillo, diversissimamente concepite. Se non fossero *tipi* sottostanti alla varia colorazione individua, in grazia de'quali riesca all'apprensiva di assicurarsi dell'autenticità della maraviglia, non ci verrebbero classificate così esattamente le belle forme; ed o cadremmo nella indistinzione astratta, o perderemmo, particolareggiando, ogni critico criterio.

Siffatti esemplari sono, dunque, preesistenti (non nel tempo; chè, per tal modo, cadremmo nella erronea ipotesi delle Idee innate); sibbene nella priorità della loro insidenza nell'Idea. Infiniti di numero, come i generi nella natura, non vacillano per varianza, saliente o evanescente, ch'essa sia, nella concezione dell'artista. Ma noi, perora, siccome premettemmo, abbiamo a studiarli nel solo stato logico.

Nel quale stato, la via più breve a determinarli parci il distinguerli dalle correlative apriorità della ragion teorica e della pratica. Esse sono:

 a) Le categorie;
 b) Le formole; —

che di volo raffronteremo eo'*tipi*.

a) *Tipo* e *categoria* diversificansi primamente in questo, che l'uno manoduce nella coscienza immagini, l'altra un concetto. Vi ha, conseguentemente, più plasticità nel *tipo*, più intelligibilità nella *categoria*: maggiore mobilità in quello, maggiore stabilità in questa. Ambedue incatenano l'Uno al Multiplo; ma in guisa essenzialmente diversa. Avvegnachè la *tipica* unità renda inserviente l'Uno al Multiplo, che circoscrive; e l'unificazione *categorica*, per contrario, subordini il Multiplo all'Uno, che realizza.

Oltrechè, secondamente, dirai il determinare del *tipo* un ingenuo determinare, un determinare per determinare; dove che il determinare *categorico* nega ed ironizza sè stesso sul cenere doloso dell'intendimento; dove il pensiero non è fermo mai. In fatto, una *categoria* divora l'altra con voracità piucchè saturnina; poichè in fondo a tal processo vaneggia il nulla del finito. Ma un *tipo* coordinasi con l'altro *tipo* in fratellevole coesistenza in seno alla infinitiforme natura.

Finalmente la *categoricità* è l'astrazione della più *pura* semplicità formale; in quella che il *tipo* è l'astrazione della *pregnante* formalità, della germinale figurazione di tutte cose.

b) La differenza tra *tipo* e *formola* non è meno ovvia.

Ed in verità, in primo luogo, il *tipo* si riferisce ad una elaborazione incosciente, ad un *fare* organico dell'animo; dove che, per converso, la *formola* parla coscientemente all'arbitrio, indipendente appieno da lei. Il primo non ottiensi che a stenti avulso dal nesso vitale, che informa di sè; l'altra nasce staccata dall'effettuazione, alla quale congiungesi, ma non connettesi mai.

Ed, in secondo luogo, anche in siffatta relazione il Multiplo e l'Unità veggionsi variamente contemperati. In effetti, il Multiplo intrinsecamente unificasi nei suoi esemplari; senza l'ubiquità de' quali non sarebbe natura. Ma è estrinseco ed accidentale alla *formola*, che non unifica che sè stessa; epperò può appena dirsi unificatrice delle specialità, cui si riferisce. Che se, in casi eccezionali, i latini, e specialmente l'aculeato Seneca, dettero alla voce *formola* il significato di *tipo pratico* (p. e. *vide an ex formula sua vivat*); ciò non equipara i due concetti menomamente; in quanto la *formola* ha tutta la precisione della legge scritta, il *tipo* tutta l'incertezza della consuetudine. L'una può attribuirsi anche a un mentecatto, o ad un mostro morale, pur che sia conseguente a sè stesso. L'altro non attagliasi che alle normali esistenze, che complessiona e conchiude.

A ogni modo, peraltro, l'analisi della *tipicità*, che, come vedemmo, l'astrazione svelle a fatica dal fatto, in che vive, dà per risultamento l'incertezza dell'atteggiamento di lei. Per contraddistinguerla dalle omogenee sembianze della intelligenza e della volontà, fummo obbligati di far rilevare il riverbero del sensibile, ch'è in essa. Ora in ciò appunto è l'impulso alla trattazione del secondo momento della *speciosità*, registrato più sopra. Facciamoci, adunque, ad esaminarlo.

B) Se il *tipo* era la materia, la *speciosità* è la forma dell'Idea Bella *in quanto esistente*. Siffatta determinazione dimostrerebbesi non meno incomprensibile principio per noi, che fosse il famoso *punto d'intoppo* in ordine alla fenomenia intellettuale. E ciò se non pensassimo lo Spirito QUALE PRIMO A SÈ, EPPERÒ LIMITE A SÈ, IN UN SISTEMA D'INCOATI, INEDUCIBILI DALLA PURA COGNIZIONE. Il lettore conosce già, a un bel circa, cotali vedute; che, nel proposito presente, danno alla *speciosità* il carattere d'INCOATO ESTETICO, cioè sollecitazione originale al fatto del Bello. Tenendoci lunge a un tempo e dalla infilosofica *trascendenza*, e dalla vuota *dommaticità*, crediamo dover restaurare la TRASCENDENTALITÀ kantiana, che riesce all'ASSOLUTO UMANO; ossia all'Assoluto nuncupato, e non all'INNOMINABILE. Assoluto, perchè suiveggente, limitasi di sè in codesta *suiveggenza;* e trovasi a fronte di un sistema di dati, e di un *primum mobile* obbiettivo insuperabile. Tra'quali dati non l'ultimo, nè il meno attivo parci la *speciosità*, che ora consideriamo. Altri si contenti o di negar tutto nello *scettico mal umore*, che genera l'inadempimento delle promesse della filosofia; o di accettar tutto, aggirandosi tra le più vertiginose quistioni come il sonnambulo, che cammina sull'orlo dell'abisso senza vederlo. Noi pagheremo il tenue nostro tributo all'urgenza de'problemi della ragione tentando di conciliare la *cognita assolutezza* con la vera, o meglio di *pensare* l'una e l'altra, come sinora venimmo facendo.

Tornando, adunque, al proposito, diciamo, essere nel diverso della rappresentazione una originaria innegabile predisposizione allo *specioso*, ovvero ad una cosiffatta acconcezza di parti, che l'apprensiva dell'osservatore trovisi suipresente, e paga della totalità, che la bea. La *simmetria*, l'*armonia*, il *chemismo* della composizione, sono gradi di comprensibilità di codesto incoato estetico; il quale, nonpertanto, affacciasi alla coscienza a mo' d'inopinata salutazione angelica, e, nella sua libertà, non patisce costruzioni e dichiarazioni. Se fosse altrimenti lo Spirito intesserebbesi assurdamente tra' fenomeni dello Spirito; e non imporrebbesi come primo ed estremo, alla sua fenomenia. La *speciosità*, tuttavolta, che viene non si sa onde, non viene nè infruttifera, nè sola. Le sue scaturigini, in eterno occulte, non la diversificano tanto dal Nilo, che non fertilizzi, a simiglianza del regal fiume, le affezioni multiformi, le percezioni stesse della Psiche. Esse tornano, come api da' fiori, sature di elementi di Bello dalle escursioni nella natura; e non ci ha gentile ingegno, che non sia popolato di tali entomata insigni. E viene guidata dalla *simpatia*, la magnetizzatrice de' cuori, che vivifica ogni germe, ottunde ogni contrarietà, e disposa, nella sintesi dell'Idea, ai *tipi* severi le vaghe reminiscenze e le geniali originalità dell'immaginativa.

Alla quale sintesi prima di volgere l'attenzione, crediamo anche ora di dover distinguere la *speciosità* dalle formalità correlative del *Vero* e del *Bene*. Esse sono:

a) L'intuito;
b) La vocazione.

a) Non parliamo qui dell'intuizione, sottostante ad ogni organarsi intellettivo. Accenniamo solo a quei prodromi della scoperta, ne' quali il Vero non è peranco, eppure son nella mente già gl' incunabuli del Vero. Simigliante incoato conoscitivo, non meno libero dell' estetico, distinguesi da lui a chiari segni. E, per primo, un' agitazione quasi febbrile, un disagio indefinibile lo accompagnano; laddove, per contrario, la *speciosità* empie l' animo di pace, e, stavamo per dire, di stupefazione ideale.

Dippiù, il passaggio che nella intelligenza ha luogo quando dallo stato, che prelude alla scoperta, esplode irresistibile la scoperta medesima; è di tanta impreveduta istantaneità, che la presenza degli elementi della sintesi non basta a produrla senza una certa *fortuna geniale;* mentre, diversamente da ciò, i principii della bellezza si ordinano nell' Idea a poco a poco, e senza sforzo e balzi. L'*intuito*, in somma, riguardato qual principio di Vero, partecipa alla natura ed a'difetti della *prenozione;* ma lo stato estetico incoativo, che denominammo *speciosità*, partecipa dell' indole opposta dell'*antivedimento*, ch'è una immagine e non una cognizione anticipata dell'avvenire.

b) Nè è più difficile il distinguere dalla *vocazione* l'avviamento al Bello, onde è discorso.

E primamente facciamo osservare, che ammettiamo la necessità della *predisposizione* a'lavorii meccanici, per l'intervento del subbietto, che talvolta nasce privilegiato di *virtuosità* speciale. Ma sulla più sublime vetta eliconia, dove aggruppansi gli elementi delle belle forme, non è concepibile subbiettività veruna; avvegnachè la genesi sia quivi assoluta. Lo *Specioso*, in altri termini, inizia come universale ogni fatto di Bello; dove che la *vocazione* apparecchia, come particolare, l'attività ad alcuni speciali usi in lei e fuori di lei. Siffatte ingenite attitudini, che causano in due mani, in due occhi, un fare, un vedere, impossibili al tutto alla turba chiragrica e cispa de' copisti; siffatta tecnica dotazione *gratis data* a pochi eletti, è pur misteriosa; ma tanto inserviente al meccanismo dell'eseguire, che non ci sorprenderemmo a vederla un giorno spiegata da qualche acuto fisiologo, o frenologo, cui riuscisse di mostrare la sede dell'ammirata idoneità in un fiocco nervoso, o in un bernoccolo osseo, predominante nell'organica testura. Ma andate e provatevi, armati del microscopio dell'analisi, a trovare nel pensiero le radici della preferenza primitiva, che accordiamo, fra tutti i fantasmi, tra tutte le minuzie d'immagini, che affoltansi alle porte della sensibilità; ad alcune forme predilette e predestinate all'assunzione nell' Idea del Bello! Cotali *speciosità* accennano al sovrassensibile; epperò differiscono qualitativamente dalle *vocazioni*, che, nel senso almeno più consueto, importano *potenze di effettuazione materiale*. Chè se si suole parlar talvolta di *vocazione* anche alla virtù ed al sapere; notisi non potersi voler significare, con tali dizioni irriflesse, che la fisica agevolezza, perspicua in molti, a realizzare gli assoluti intenti del Vero e del Bene; il che manifestamente ci riconduce al vedere, testè discusso.

OSSERVAZIONE

Ci piace conchiudere l'attuale paragrafo con una osservazione, intorno a una grave controversia sulla natura del potere, in rapporto al volere, la quale ferve tra due de' più insigni pensatori moderni: Hegel ed Herbart.

Il primo, in una famosa avvertenza, introdotta nella *Logica dell'essere*, parla del *potere* come di determinazione, indifferentemente nel limite, o oltrepassante il limite; in conseguenza di che riprova il motto della morale kantiana: " Si può, perchè si dee "; osservando che con egual giustezza varrebbe affermare : " Non potersi, perchè si dee! " Ciò importa che il *dovere*, sendo un imperativo, *antecede* alla effettività, che però gli è estrinseca; il perchè, se potessimo attualmente e non in possibilità indeterminata, cesseremmo *ipso facto* dal *dovere*, contro la natura di lui. Vedesi che codesto riguardo nasce dal duplice senso, che si assegna al *possibile*, ora riguardandolo come interno al *dovere*, o, meglio, a lui identico, in quanto illimitato; ora considerandolo esterno, e quindi inarrivabile, premessa la limitazione.

Intanto Herbart, nella *Pedagogica*, determinando la nozione di *dovere*, quale necessità primitivamente imposta al *volere*, al modo medesimo, che facemmo nell'analisi della *vocazione*; torna con gran plausibilità alla censurata ammissione della identità de' due termini. In fatto, parci innegabile, essere un *volere* (che, secondo noi, non sarebbe tale se non primo, o *incoato* ad un fare indeclinabile); essere, dicevamo, un *volere* reale già *potere* ; stantechè incontro all'impossibile non enuncierebbesi con l'imperativo del *dover volere*. Non si può *volere* danzare al paro di Vestris da tutti; ma quando Vestris in persona ciò volle, già il *fiat* della virtualità artistica eragli suonato nell'anima, onde ei *poteva perchè voleva, e voleva perchè doveva*. Un generale *appetisce* la vittoria, che nemmeno il genio napoleonico potè organare, come millantava di aver fatto il geometra Carnot; ma *vuole* la manovra, e la ottiene, perchè la *vuole*. In conclusione, quando trattasi delle predisposizioni, che ci hanno occupati sinora, reputiamo proprio e di tutta giustezza affermare, essere nesso d'identità tra *dovere e volere*, e tra *volere e potere*. La genialità morale, genuina e non utopica, riuscita sempre a farsi strada nel mondo, dal labbro inspirato del riformatore al braccio irresistibile del proselite; prova ciò ad evidenza. E tra le altre sollecitazioni originarie, la estetica della *speciosità* diviene man mano poderosa, finchè, giunta alla coscienza dell'artista, prorompe irrefrenabile. Il *nosce te ipsum* dell'oracolo convertesi in cuore all'alunno delle Muse, nel monito incalzante, eterno : » esprimi te stesso! » Ed al mandato categorico del genio non incontra mai, nelle difficoltà, che combatte, alcuna *ineseguibilità materiale*; e se, appo lui, *volizione* è legge, la legge non eccede mai il *potere*.

Ma rivolgiamoci alfine alla *caratteristicità*, ultimo de' momenti, che isolavamo nell'Idea del Bello: momento, in cui scorgevamo la sintesi de' precedenti; se pure l'*originalità*, che fa pressa alla ricerca, ha ben l'energia a lei propria, che la fa riscintillare, come la stella del polo, ad ogni serenarsi del nostro orizzonte.

C) La *caratteristicità*, dunque, connette, secondo noi, la *tipica* materia ad un dato, o *forma speciosa:* in quanto quella indeterminata virtualità di Bello riceve, a guisa d'illimitata superficie bianca, nel vario contorno lineare, che le s'impone, la specifica varietà, che appunto chiamiamo *carattere*. E qui non crediamo necessario l'avvertire che, nella estetica nomenclatura, che usiamo, non daremo menomamente a codesta voce il significato, che le dà per ordinario la scienza antropologica. Essa importa, per noi, la distinzione, ultimo tocco di pennello della natura nel delineare le forme; che, nella omogeneità di una classe di fenomeni, separa l'uno dall'altro anche dove non bastano a ciò nè le differenze quantitative, nè le qualitative. Non concepiremmo il multiplo al tutto se i singoli, che lo costituiscono, s'isolassero in tanta eterogeneità, che ogni amalgama conoscitivo venisse meno. Ma non avremmo, dall'altra parte, che un vago ed illusorio concetto di esso, se la separazione non fosse sospinta sino al grado di *puntualità caratteristica;* cioè di un vario nella varietà medesima. Il diversificarsi, che indichiamo, non è più quell'accento, di che parlammo innanzi, denotandolo qual *fisiognomica espressione della tipicità* ne'singoli, percettibile a grado a grado nell'esplicarsi dell'essere naturale, dalla varia colorazione de'fiori, sino alle modificazioni generiche della venustà umana. Altro è *carattere* fisiognomico, altro una fisonomia *caratteristica*. Il *Genio* del Canova, che ammirasi in S. Pietro sul mausoleo di papa Rezzonico, non appartiene alla stessa famiglia di bellezze virili, che illustra l'Apollo di Belvedere: il che significa che ha *tipo* proprio. Ma non direte parimenti che abbia *caratteristicità propria*; chè non ne ha alcuna; epperò è bisticciato dagli scultori col nome di *Genio di butiro;* dove, per converso, il greco simulacro primeggia appunto per codesta maravigliosa sintesi della *speciosità* con un *tipo* dato.

E ciò sembraci tanto vero che, non impropriamente, soliamo chiamare *caratteristica* anche una sembianza non bella; con ciò manifestamente mettendo da banda la *politipia* della bellezza, di sopra indicata. Ha *carattere*, in somma, non tutto, ch'è diverso, ma che ha significanza nel diverso. Il perchè l'accentuazione atteggiasi a *caratteristicità* nel sol caso di una rispondenza dell'energia fisiognomica delle fattezze ad un contenuto morale, ad una situazione storica qualunque. Nelle pure regioni ideali, dove tuttavia ondeggiamo, la immaginazione produttiva, plasmando i suoi fantasmi, obbedisce all'imperio della convenienza; ossia di una normalità risolutrice delle dissonanze formali del pensiero informante; e non sa concepire un Socrate esopico, un Leopardi gibboso; o, a simiglianza delle figliuole di Dario, un Alessandro pusillo. Terrebbe mentitrice e blasfema tutt'altra rappresentazione del Mosè, che non fosse la radiante divinata dal Buonarroti; o tutt'altra effigie del Cristo, che non fosse la tradizionale, pennelleggiata dalla fede del Cristianesimo primitivo.

Il che spiega parecchie estetiche notevolezze. Comprendiamo primamente perchè, dopo esserci dimesticati con la narrazione de'fatti, o con la lettura degli scritti di alcuno illustre personaggio ; nell'atto della conoscenza personale, rimaniamo il più delle volte scontenti, e quasi trasognati al disconvenire, che scorgiamo, dell'abnorme realtà col compostole *caratteristico* simulacro. Ancora, intendesi perchè i più grandi artisti preferissero il volto tra le parti del corpo umano, ed il corpo umano tra gli organismi, a sede precipua dell'*espressione*. Ma, piucchè altro, prova la necessità della sintesi, ch'esaminiamo, la dissidenza della *incaratteristica* natura e della *caratteristica* Idea del Bello. L'artista è il vero Demiurgo del mondo delle immagini. Egli le vivifica idealmente; ed il *carattere* è l'animazione più compiuta delle creature, non terrene, non angeliche, non reali, non vane, ma Pandore viventi, e realizzanti l'*indissidenza della Perfezione assoluta*.

Giova sperare che il benevolo lettore non dichiari inutili sfumature le psicologiche differenze, sulle quali insistiamo tanto. Solo in effetto di tali molecolari analisi giungesi a seguire, in seno all'artista, l'*esistere* della Idea, onde la realtà riflettesi da tutti i lati.

Si consideri, intanto, in conformità di ciò, ch'esponemmo, come, distaccate l'una dall'altra *tipicità e speciosità*, non possono non riavvilupparsi in nesso organico. Il *tipo* ha a complemento di efficacia la *speciosità*, che, in ordine a lui, è il vaso, il quale dà consistenza al fluido, che contorna. La *speciosità* ha ad eccitamento alle sue maraviglie il *tipo*, che, in ordine a lei, è l'uovo indistinto, che attende la conformazione estrinseca e la vita. Ambedue, adunque, hannosi a compenetrare nell'Idea bella, per modo che nessuna parte figurativa appaia non *tipizzata*, e nessuna intellezione non divampi in *ispeciosi* sprazzi di luce. Il che torna ad affermare che il complessionarsi della diade estetica abbia a riuscire *caratteristico*.

In fatto, o che suppongasi predominante la funzione *tipica*; nel qual caso il prodotto non ben configura, e quindi dà l'*aborto*; o s'immagini predominante la sbrigliata virtù informatrice; nel quale secondo caso il prodotto trascende la naturalità, e quindi esibisce un *mostro* : in ambedue i supposti, in somma, cioè in quello della *materialità abnorme* e nell'altro della *normalità immateriale* ; non avremo *carattere* di sorta, nel senso discusso più sopra. Se ci risolvemmo, adunque, all'accezione di una varietà nel vario, feconda di compiuta rispondenza fra forma ed Idea, ciò importa che concepimmo la sintesi di *specie* e *tipi*; e che, pertanto, non facemmo che battezzare di un nome, bastantemente plausibile, un incontrastabile fatto. Questo è la *individuazione*, che ha luogo nella bellezza in Idea, in grazia della fusione de'suoi ingredienti. Non accento locale, non enfasi totale; ma postuliamo un *personificarsi estetico*, che congiunga necessità di *tipo* e libertà *speciosa*. Che se la sintesi versa tuttavia nella pura intelligibilità, la vedremo tra poco da ciò appunto costretta a tentar sorti migliori.

Prima, peraltro, di procedere oltre, giova indicare alcuni altri contrassegni della *caratteristicità* in quistione. Saranno, del pari che negli altri casi, desunti dal parallellismo con lo Spirito teorico, e col pratico. Si riferiranno, quindi:

a) All'evidenza;
b) All'interesse. —

a) *Evidenza*, come ognuno sa, vale modale relazione del Vero col subbietto conoscitore; ed accompagna la certezza e ne prorompe, al modo medesimo che la luce accompagna la fiamma e prorompe da lei. Senza precisione nelle nozioni, e nel torbido opinare, non hassi *evidenza*; ma caotico scambio di note e criterii. Codesta pienezza di visibilità importa, dunque, in fondo, una *ricognizione conseguente ad una specificazione:* un contraddistinguere, che chiameremmo antelucano, perchè precede i raggi del convincimento. Esso parci, a tal titolo, nella sfera teorica, omogeneo alla *caratteristicità* del mondo estetico. Se non che, in un mirabile scambio di efficienze, in quella che l'una, avvalorata della *plasticità* dell'altra, fa vedere e toccare l'invisibile ed impalpabile verità; l'altra, forte del *comprendere* di quella, rende eloquenti e significative le fattezze impassibili e mute. In altri termini, *evidenza* vale intellettuale *caratteristicità*; e *caratteristicità* estetica *evidenza*.

Alla quale prima reciprocità di azione segue di per sè la prima differenza; cioè l'*esternità* del Vero, che il subbietto crede *riappropriarsi nell'evidenza;* in opposizione dell'*interno* valore, cui accenna la *caratteristicità*, insegna del più poderoso contenuto, ossia della *vita originale*.

A ciò si arroge, in secondo luogo, che troviamo *evidente* tutto, che sia semplice e consueto alla intelligenza, che non ha mestieri di argomenti ad agevolarsi il distinguere tra molte proposizioni dall'aprioristico piglio. Ma non avviene il medesimo di ciò, che reputiamo *caratteristico*. Si fa incontro a guisa di geroglifico alla mente; ed ella ha mestieri di acuirsi, e soventi di far manovrare più di una storica erudizione, ad espugnare l'interpetrazione controversa.

Da ultimo, cotali forme di precisione intellettiva ed estetica, differenziansi nell'abuso bensì, che ne facciamo. Il buon senso, femminile bravura dove non ha pericoli, brandisce l'*evidenza* a mo' di arma fatata, cui nulla abbia a resistere; e la mena a tondo anche fra gl'invulnerabili misteri metafisici. Dà, dunque, all'abusata azione conoscitiva *una estensione maggiore*, che non sia conveniente. Ora che cosa fa, per converso, l'abusata *caratteristicità*? Interrogate Lavater e tutti gli assegui suoi fisonomisti; e vi udirete a descrivere la Corografia del volto umano: accidentato di tendenze, d'istinti: epperò avrete *ristretto a materiale importanza* quel suggello, che avrebbe a sgannare ogni osservatore.

Non insistiamo dippiù su differenze, che sarebbero un fuor di opera, riguardate troppo minutamente; e passiamo all'*interesse*, designato qual momento correlativo al *caratterizzare* nella sfera pratica.

b) L'*interesse* sembraci l'aculeo, che tra molte sollecitazioni all'operare, privilegia alcune di pronta e facile accettazione. Alla guisa che, tra'punti della superficie di una sfera, due più specialmente appartengonsi all'asse di rotazione, cioè i poli; così, sulla sfera della umana attività, fra gl'impulsi, che la limitano, ne ha di più impellenti de'circonvicini. Qual sia la cagione produttrice di tale disparità, e come la illusoria *libertà della scelta*, che ne consegue, possa integrarsi nella *libertà assoluta:* cosa che Fichte idealmente sbracciasi invano ad effettuare, ed Hegel ottiene mercè il *processo infinito* ; non è di questo luogo l'approfondire. Qui ci basta il fatto; in virtù del quale interviene che, tra motivi equipollenti, il volere non si paralizzi, e riproduca nell'inazione lo spettacolo di quel famoso somiere, che, tra due egualissimi mucchi di fieno, morivasi dalla fame. Codesto fatto appunto denominavamo *interesse;* quantunque meglio direbbesi *interesse d'interesse.* Avvegnachè la moltitudine de'conati all'azione abbisogni , a traboccarla nella realità, della nuova spinta, che studiamo.

A ogni modo, la categoria enunciata è d'indole essenzialmente diversa dal *caratterizzare.* E tralasciando che l'una eccita all'azione, l'altro all'ammirazione: il che torna alla trivialità di dichiarare quella pratica, questa estetica efficienza; faremo notare la subbiettività dell'*interessarsi*, e, per contrario, l'obbiettivismo pretto di quanto mostrasi *caratteristicamente* bello. Il primo dice: " accettami, chè in me non accetti che te stesso "; e l'altro: " rispettami, chè io sono io! " E nasce da tale diversità un'altra; val dire che l'*interesse* è eteronomo moralmente, in quella che la *caratteristicità* esprime l'autonomia di una bellezza, vergine di ogni contatto dell'Io.

Finalmente, non negherai che l'*interesse caratterizza;* stantechè isola le pretensioni, e le contorna tra le altre. Ma il benessere imbelletta spesso di pretesti sofistici e di malafede codesta pratica *caratteristicità,* che ripugna, quindi, alla sana ragione; a far tacere la quale non basta l'ebbrezza passionata, come nel caso de'misfatti. Per l'opposto, il *caratterizzare interessa,* togliendo a pronuba del connubio di *tipo* e *speciosità* la ragione medesima, impassibilmente calma, e nel pieno giocondarsi di tutte le psichiche potenze.

Non crediamo necessario di più intrattenere il lettore in siffatte distinzioni. La *caratteristicità*, ultimo momento dell'Idea bella, ben meritava tutta la nostra attenzione.

CAPO II

DELLA FORMA NEL BELLO.

Premettiamo, a cansare le possibili equivocazioni, un'avvertenza, di che non dovremmo avere uopo nel punto della trattazione, cui siamo pervenuti.

La *forma*, onde c'intratterremo, diversificasi dall'altra, che la disciplina, conseguente alla nostra *ideale*, contempla sotto il nome di *Bello nella natura*. Sono ambedue *pensate*, e non importanti e riguardevoli che nella relatività. Ma è tra loro uno straniarsi così grande, che lo sconoscerlo perturberebbe dalle fondamenta tutta la scienza. La prima, cioè la *forma*, che ora paracisi dinanzi, non la pensiamo che in quanto *pensabile:* la seconda non già, ma in quanto *impensabile* ed autonoma. Rammentiamo il libro antecedente, che parlava dello Spirito, e coglieva in contraddizione alla Vita in *genere* il momento della *singolarità*. Era sè stessa, e non sè stessa, perchè cognita; e, quindi, diveniva punto di flessione della ricerca. Ora tale antinomia grandeggia quando peregrinasi nella natura, e non trovasi bella, come la intelligenza la dovrebbe pur trovare se fosse davvero *naturale*. Per opposito, qui non ha luogo contraddirsi veruno. La *forma* non presume alterità a sè propria, *contut tochè sia, in fondo, il primo diverso nel pensiero;* cioè una contraddizione latente anche più formidabile della esplicita. Ed in fatto, l'Idealismo, che nega il diverso effettivo; non prevede, il diverso solo intelletto, essergli egualmente fatale. Non prevede che, voglia o non voglia, ha a rassegnarsi alla unità, che *non abolisce, sibbene costruisce la dualità*. Il nostro attuale vedere, adunque, imperturbato in superficie, non c'invanisca dell'apparente vantaggio. Il *difetto di difettività*, nella *forma*, ci disgusterà un giorno; e segnerà i limiti della *Estetica Ideale*.

Ciò premesso, diciamo che lo studio del puro essere formale va distinto in tre parti, che trattano:

A) Della plasticità;
B) Della misura;
C) Dell'accidentalità.

A) Addimandasi *plastico*, nella materia, quanto predisponla ad essere configurata comechessia. L'arrendevolezza agl'intenti trasformatori dell'uomo non è eguale nella natura; ed ha mezzi, che oppongono una ritrosia quasi insuperabile all'artifizio; e mezzi, che rivelano spontanei il segreto della loro destinazione artistica allo ingegno, che dirige la mano e lo strumento. La quale idoneità, intesa nel senso più lato, e riguardata *quale potenza di forma* nella materialità sottostante, passa, per traslato, a denotare nella forma stessa la superiore *materialità*, che la rende forma d'Idea. In altri termini, non tutte le forme sono riducibili a belle forme, come non tutte le masse corporee son capaci di artifiziosa formazione. E poichè la bella formalità versa in concreto tra singoli sensibili, sarà precipuo in essa il sentore *naturalistico*, ovvero la *plastica* tempra. Così la forma sussidia l'Idea di ciò, onde ha solo penuria ora, valdire di palpabilità esistenziale.

Ma la *plasticità* non si arresta a questo punto. All'incompiuto esordire aggiunge la luce dell'evidenza, e le fiamme dell'entusiasmo. Vivificando il prodotto, armalo a'nostri occhi dell'interesse di una creatura viva, con ossa e polpe da commuoverci. L'Idea bella, plasmata a simulacro, è già un figliuoletto, che il sentimento careggia a guisa di balio amoroso; e non che esinanirlo, lo nutre sempre più d'individue determinazioni. Chiameremmo artigiano l'artista s'e'si facesse dettare dalle cose la lezione delle forme. Ma si avrebbe a deriderlo qual visionario se volesse esimersi dalla legge della *plasticità*. Il microcosmo dell'arte, nocciuolo del gran Cosmo, non menoma, sibbene rende più intense le sembianze di quello. Tutto ha potuto fantasticare la bizzarria intellettiva; da un'arte in fuori, che manchi di elemento sensibile, e riesca non *plastica* in modo veruno.

A meglio e più scolpitamente diffinire la peculiarità di bella forma, onde ora ragioniamo, giova distinguerla da due attitudini, che può assumere, perchè a lei finitime, e tali da ingenerare confusione.

E qui non parci superfluo il dirigere l'attenzione del lettore a un cambiamento, che sopravverrà nella investigazione. Ad ogni inciso del capo antecedente subordinavamo la discussione di due momenti, desunti dalle sfere teorica e pratica. Ciò stimammo inevitabile, da un lato, per la simiglianza delle nozioni, tra cui vacavamo; e, dall'altro lato, era agevole a fare, per la sicurezza di trovare in isfere prossimane omogenei elementi. Così il *tipo* riproducevasi nella *categoria* e nella *formola*; e si voleva distinguernelo con accuratezza. Ma bene altrimenti avviene al punto, cui siamo giunti. La *forma* è già cosa organata di per sè. Essa, adunque, diversificasi affatto dagli organismi della scienza e della morale; che invano si tortureranno a dar parallellismi con le estetiche modalità. Come fornirebbeci un surrogato al *plasticismo* l'incorporeo pensiero, anima del sapere, o il disinteressato principio del Bene? Ciò non pertanto, l'investigazione della forma non rimane inarticolata. Alle esterne relazioni succedono le interne, non meno feconde. Oltredichè, siccome si vedrà tra poco, non avendo più ad arbitrare tra momenti, del pari degni; riuscirà di non minore importanza il determinarne uno legittimo tra molti illegittimi. Vogliamo dire che mostreremo come la *plasticità* prevalga tra una *difettività* ed una *eccedenza*, che la falsano altrui, fuori di ogni arte possibile. Tale riguardo comparativo ne diverrà sempre più familiare, e manodurrà alfine al terzo libro; che, dallo squilibrio degli elementi, comporrassi ad obbietto *il Concreto della ideale bellezza*.

Per ora limitiamoci a registrare due esagerazioni nel *plastico;* cioè:

a) La materialità;
b) La meccanicità. —

a) La *materialità* tanto scarseggia di peso estetico, quanto prepondera nelle bilance della natura e dell'industria. Come l'inerte marmo, la terra colorifica, l'urlo belluino, la gutturale interiezione del selvaggio, hanno a subire una compiuta trasformazione perchè servano di diafano tegumento all'Idea; così le aggregazioni, prodotte dal cozzo de'liberi elementi, e gli organismi abborracciati, vanno ridotti con paziente cura a strumenti di arte. Ciò, che rimane non domo, chiamiamo *materialità di un obbietto*. Il che statuisce, da un lato, la sinonimia di *materiale* ed *inartistico*; e, dall'altro, pone in evidenza la diversità fondamentale, che separa la *materialità* dalla *plasticità*.

In fatto, quest'ultima non solo dimostrasi dimestica delle Muse, ma loro fidata: non pure dà a'prodotti del pensiero il prestigio della realtà, ma gli compenetra di sè e rendegli possibili. L'Apollo di Belvedere è *plastico;* perchè non falsa con la sua idealità la greca struttura virile; ma il chiamarlo *materiale* importerebbe affermarlo non idealizzato in guisa veruna; e, quindi, non bello, ma brutto. Anche il convenzionale vocabolario delle brigate dichiara *persona materiale* un tangherone, non digrossato da gentili maniere; dove che, per contrario, intende per *uomo plastico* non chi difetta, ma chi abusa delle blandizie della coltura. La losca percezione volgare arrestasi alla *materialità:* l'acume linceo dell'occhio artistico discerne solo la *plasticità* nelle cose.

In conclusione, per la nostra scienza non v'ha materia verace; sibbene *plasma*, ovvero *sostrato intuitivo*. Ed il supposto di una greggia *materialità* è, presso a poco, così nugatorio per l'estetico, come, pel politico, il supposto di uno stato di natura.

b) Se la *materialità* peccava in difetto, la *meccanicità* pecca in eccesso di arrendevolezza all'Idea. La regola esautorante la libertà, l'automa sostituito alla persona: ecco la divisa del *meccanismo*. Le cristallizzazioni naturali, ed alcune parti della meno autonoma delle arti, cioè dell'architettura, esemplificano codesto esangue purismo, che trema di travalicare i geometrici cancelli della simmetria; e compassando ed allineando, uccide la venustà per soverchio studio di produrla, a simiglianza della scimia, che soffoca la figliuola a furia di accarezzarla. I meccanici configuratori non paionci individualità, ma superfetazioni artistiche. E la forma *meccanizzata*, che certo non diresti deforme, è tuttavolta non bella: anzi non capace di bellezza a segno, che la stessa Dagherrotipia, che pure non meccanizza il contenuto, sibbene il metodo di riproduzione, vien riguardata quale intrusa nel coro dell'eliconie sorelle.

Una favoletta leggiamo in Lessing, che sembra immaginata all'uopo di diffinire i torti della *meccanicità*. Eccola: " Un arciero possedeva un infallibile arco, grossolanamente inciso. Impose ad un artefice di forbirlo, piallandone via i bitorzoli. L'opera rispose all'intento, ma la *regolarità* fu pagata a prezzo troppo caro. Al primo tendersi della corda, l'arma ingentilita ne andò in pezzi! " Così la bellezza, disciplinata troppo penosamente dal *meccanismo*, diviene disadatta ad ogni uso. In effetti, è notissimo agli educatori, che val meglio avere a digrossare istinti rudi, che a giovarsi di viziati. Bene la virtuosità mediocre, che piacesi di parodiare la genialità produttrice, si sbraccia a iustaporre poliedri, cilindri, a simmetrizzare, euritmizzare linee, superficie; pensando di accogliere l'inspirazione a questa meccanica rete. Ma la *meccanicità*, non che giustificata, è condannata da tali tentativi infruttuosi. *Plasticità*, per opposto, importa ricettività non al tutto passiva, e non al tutto attiva; ma, a certo modo, passiva attivamente; poichè preliba il profumo della bellezza non avventurandosi a tesserne le ghirlande. In somma, centrale tra la *materialità* eslege ed il *meccanismo* usurpatore, essa costituisce, per dir così, l'intima *formalità della forma*.

Innanzi di passare a discorrere del secondo aspetto formale, ovvero della *misura*, faremo seguire alla disamina della *plasticità* una osservazione, di quelle, che soliamo intercalare a ricreazione della mente nella dottrinale seguenza.

OSSERVAZIONE

È cosa a tutti-nota, e che la disciplina estetica, classificante le arti, deduce da razionali necessità, che un gruppo di esse più specialmente assunse il titolo di *arti plastiche:* vogliamo dire il ternario di architettura, scultura, pittura; le quali prediligono, ad organi di comunicazione del Bello, sostanze materiali, e non immateriali modificazioni. Ciò parve sufficiente giustificazione dell'appellativo; e non si pose, e non ponsi mente tuttora, all'inesatto senso, che può attribuire a codesta *plasticità*, vagamente enunciata, l'intelligenza comunale.

Ed in vero, se intendasi per *plastico* ciò, che restringemmo ad una accezione intermedia tra la *materialità* e la *meccanicità;* e riguardisi allo scopo e non a'mezzi di un magisterio; non v'ha arti meno *plastiche* delle anzidette. Esse, appunto perchè impacciate in materie informi, *non han da natura, ma dall'Idea* il plastico sostrato, su che poggiano l'intuito. Obbligate ad *idealizzare* a oltranza, fanno del simulacro, che pure dovrebbe essere loro fine supremo se fossero *plastiche* da senno, un pretesto a destare emozioni, riguardo alle quali la rappresentazione sensibile pare spesso un arbitrario punto di partenza. Quella bensì tra codeste Muse rappresentatrici, che più plausibilmente pretese alla *plasticità*, e che perciò forse meritava l'antonomastica sua denominazione, cioè la scultura, non diviene che tra le mani di artisti mediocri *plastica* in senso stretto, val dire non ideale di proposito. La decadenza, che i conoscitori notano, dall'omerico fare di Fidia alle leziosità di Lisippo, non va desunta — checchè altri ne pensi, che da siffatta cagione. La poesia, per contrario, indubitatamente spiritualista per indole ed immaterialità della parola, suo strumento, soggiace, piucchè tutti gli artistici magisterii, al pericolo di *plasticizzare ex professo*; come nel caso del genere descrittivo: genere illegittimo, ma d'irresistibile tentazione pe'volgari poeti.

In sostanza, volendo ritenere l'epiteto, e cansare al tempo stesso ogni equivocazione; conviene intendere per *plasticità*, se non la crassa *materialità* (chè di arti materiali non ce ne ha alcuna), la *plastica materialità*: cioè dire la materiale mediazione delle pietre, de' colori ecc: preferita alla modale de' suoni e dell'eloquio. Tutte le Muse sono *plastiche* in senso lato; perchè tutte naturalizzano l'Idea. Solo alcune si addomanderanno così più specialmente dalla istrumentalità materiale, di che si piacciono; e modificheremo, in grazia loro, la determinazione, ferma di sopra. Intenderemo, in ordine alle tre arti in quistione, una *semimaterialità;* o, meglio, una *plasticità doppiamente plastica*. Il plasticizzare per plasticizzare, ha, quindi, a tenersi aberrazione artistica: infrequente in alcune forme (p. e. l'architettonica); frequentissima in altre (p. e. la poetica); ed al tutto impossibile nella musicale, in virtù delle speciali condizioni di lei: a meno che non riguardinsi, all'alemanna, siccome preponderanza plastica in musica, le soverchie fioriture di qualche scuola melodica nostrale, le quali, la Dio mercè, cadono in desuetudine da giorno in giorno.

B) La *misura*, secondo momento della forma, non va nemmeno limitata al senso, attribuitole dalla *Logica dell'essere*, dichiarandola nesso della qualità e della quantità. Le categorie estetiche, dove anche, per povertà di linguaggio, riescano omonime alle logiche, se ne diversificano per condensamento di determinazioni; e tuttochè avvalorinsi di quelle, non ne sono assorbite.

La nostra *misura*, di fatto, esprime qualcosa già misurato, in quanto vale *proporzionalità*, inerente ad alcune forme, perciò rese capaci di *plasticità*, o di naturale attitudine ad obbiettivare l'Idea. La compostezza di una maniera, la temperanza di una pretensione, la parsimonia di un discorso, diciamo *misurate*, non perchè *rispondono ad alcuna stregua esterna*, ma perchè conchiudono, con soddisfazione de'criterii della mente, il loro concetto. Le inequazioni del più e del meno sono relative ed infinite di numero. L'equazione è unica, ed espressiva dell'intima rispondenza de' mezzi allo scopo. La quale equilibrata ragione di essere se concepiscasi quale indeficienza ed ineccedenza, cioè quale equidistanza dal troppo picciolo e troppo grande formale; otterrassi ciò, che denotiamo con la voce *misura*.

Ora l'innegabile provvenienza obbiettiva della *plasticità* trae seco l'obbiettività del formalismo della *misura*: obbiettività, che conferma l'istinto di convenienza proporzionale, cui obbedisce nel comporre ogni artista. Anche una storpiatura può appartenere, come fattore, al prodotto della bellezza. Le mende nella scapula e nelle gambe dell' *Apollo*, ed il noto strabismo delle *Madonne raffaellesche*, non furono per poco nel magico effetto di que' capilavori. Il che precisamente dimostra la geniale indipendenza da ogni criterio in questo *misurare senza misura*, che non accetta e non crea regole, e complessiona ciascuna forma ad assetto originale. Non altrimenti che la volgare natura, dagli aborti e mostri in fuora, crea nelle singole specie normalità, non deducibili che dalle Idee: così la natura transnaturata, cioè l'arte, misura sempre con nuove seste, non comprensibili che dal punto della totalità dello Spirito. Tutto costruirete, dal genio in fuora, incostruibile fortuito. O che baleni a quando a quando al pensiero individuo, perchè gli uomini *caelo tonantem credant Jovem;* o che addimostrisi motore non mosso dell'universa fenomenia: umano o divino, incosciente o cosciente, si parerà ognora ad un filosofare coscienzioso, ombracolo intellettivo di un INNOMINABILE, intermedio tra il Dio *ex machina* del positivismo, ed il Dio logicato della razionalità.

E qui ponderi il lettore la ricorrenza di codesta *originalità*, sempre affermata, e sempre rivendicata a sè dal pensiero, ne'secondi momenti de'cicli della investigazione. Essi rappresentano la forma; e questa è lo Spirito, *perenne dato, ovvero perenne limite a sè stesso.* La *speciosità* riuscivaci *forma de'tipi:* la *misura*, in quanto intima compostezza, parimenti riducesi a *forma del plasticismo*, materialità bella in lei, e mediante lei. Ecco perchè, ad ogni poco, torniamo a parere trascendenti; ed ecco come cotale trascendenza, pensata, convertesi in intrascendenza effettiva.

La *misura*, adunque, è l'acconcezza della forma a divenire plastica in certi limiti. Il non raggiungerli, o trascendergli, priva la bellezza della sua base, e la ricaccia nell'indimensione della Idea. Se, peraltro, le irregolarità non sono flagranti, e la deviazione dalla regolare economia non appaia nè grande, nè molto notevole, avremo, anzichè difettività, mancate perfezioni; ed in luogo di bozze, approssimazioni a belle forme. Questi due casi stimiamo poter designare siccome:

a) L'inadeguato;
b) L'esagerato.

a) Quando la forma h esiguità, non richiesta dall'indole umile del concetto da rivestire; ma gli contraddice per manco di latitudine da abbracciarlo: addimandasi con proprietà *inadeguata*. La *delicatezza*, picciolezza esteticamente genuina; la *grazia*, ossia la beltà dell'aberrazione: non han che fare con la nostra forma, angusta pel contenuto, appunto perchè circoscrivono il loro esattamente. Anche in proposito di Bello naturale, mal riproverebbe un organismo, dalle dimensioni microscopiche, il critico, che facesse astrazione da altri criterii: come sarebbero, nel caso di alcuni insetti, le bizzarrie dell'organica testura. Ma quando riesce pusillo ciò, che avrebbe ad esser grande; quando sul letto di Procuste della proporzione, l'apprensiva sente il bisogno di stiracchiare, di magnificare una forma, perchè si equipari ad un concetto: quella tristanzuola incorse nella *inadeguazione*.

Veggonsi nel mondo animale, tra le specie inferiori

soprattutto, creature ibride al limitare de'generi ; le quali mal realizzano il tipo di quelli, e vanno reputate esempii d'*inadeguata animalità*. Ma egli è nell'arte dove le difettività naturali cessano, che accresconsi le angustie della *bella misura*; e la mediocrità fa la solita prova di restare di sotto all'intento. Quando, per impossibile, (chè tanta insipienza non crediamo aver dritto nemmeno a supporre); un guastamestieri si avvisasse di esprimere una sentimentalità *architettonicamente*, la storia di una rivoluzione *sculturalmente:* l'arte, male scelta, non aggiungerebbe a gran pezza lo scopo. E tra le varietà dello stesso magisterio, non veggiamo forse giornalmente l'epico *elegiaco, o ditirambico*, il lirico, *che narra, o descrive*; il drammaturgo, che, in cento atti, tenta abbracciare l'*epopea napoleonica* ec. ec? Quante sproporzioni, quante impotenze, divenute proverbiali; quante inadeguatezze, in una parola, si sarebbero cansate, se le potenze artistiche fossero state misurate a giusta misura, e senza attribuire loro alcun volo, cui hanno corte le ale!

Ed anche nella regione astratta, dove ci troviamo, lo sconcio dell'*inadeguato*, cioè non formale che surrettiziamente, non lo concepiremmo nemmeno, se non considerassimo l'eccezionalità geniale, che (maraviglia a dire!) volgesi, nell'esistenza, in eccezionalità di regola e misura. La norma in Idea diviene contingenza nel fare finito; e, quindi, anche in Idea, ha a contenere il principio della incompitezza; ossia, nel caso nostro, la *nozione dell'inadeguato*. Essa, se confine a quella della *misura*, partecipa alla estetica dignità di lei; in quanto può denotare transitorie imperfezioni, proficue bensì in un certo senso : o nel senso di una *disciplinare ginnastica dell' eseguire*. Così la prima e seconda maniera dell'Urbinate, offrono due gradazioni, vere *inadeguatezze*, ma felici e cospicue, all'avvento dell'Ideale dell'epoca romana.

Le arti tutte, ma più specialmente la pittura, in virtù del faticoso tecnicismo; hanno, all'aurora di ogni periodo di gloria, lunghe esperimentazioni ad effettuare; nelle quali un barcollare, quasi infantile, non adegua al precorrere della inventiva il passo mal fermo della esecuzione. Ciò può vedersi nella stupenda scuola religiosa de' pittori del XIII secolo. Ma, oltre queste eccezioni, guardiamoci dall'ammirare sino a riprodurla, codesta insufficienza, come fa l'arcaismo insipido di tanti restitutori di quisquilie, a titolo di semplicità primitiva. Possiamo perdonare all'*inadeguato*, se involontario: possiamo ammirarlo bensì in alcune rare contingenze; ma solo la più crassa ignoranza forvierassi a predicarlo *verbo dell'arte*, ed a fargli, in effetto di una burlesca archeologica insurrezione, detronizzare la *misura*, legittima regina della forma.

b) Alla imperfezione in meno risponde la imperfezione in più; ovvero l'*esagerato*.

Non v'ha relazione più ovvia, e non persona, che non terrebbesi derisa sentendosi a significare le note estetiche dell'*esagerazione*. Eppure la volgarità stessa dovrebbe porre in guardia il buon senso; dappoichè l'indistinzione impedisce la lucidezza, e l'apprendere tumultuario del volgo è il più gran nemico del comprendere razionale. In fatto, una difficultà, che dovrebbe saltare agli occhi, e che, tuttavolta pochi brigansi di valutare nell'*esagerato*, è questa: che ogni trascendere suppone l'avere prima aggiunto; e, quindi, nel caso di una perfezione, ammettesi *quale imperfetto l'ultraperfetto*, a certo modo, o l'eccesso del perfetto. Se i centri di compitezza fossero simili ai vertici degli angoli, o a'cucuzzoli de'monti, da ambo i lati de'quali si corre a china: sarebbe concepibile la difettività del trasmodare, che non avrebbe che diversità di posizione, ma parallelismo graduale con l'*inadeguatezza*. Ma nel conoscere, esplicazione rettilinea, interviene un ascendere continuo; epperò non intendesi come possiamo dichiarare pecca l'eccesso di una buona qualità, e repudiare l'esuberanza, o il sovrabbondare del Bene. Eppure occorre un sintoma patologico quotidiano: cioè l'atonia nell'eccesso delle forze, e, per dir così, la malattia della soverchia salute! Ciò dimostra che i fatti, espressivi di una legge dinamica, non vanno spiegati in Fisica ed Estetica, che con la rettificazione del concetto della forza; che non importa, come suppone la comunale cognizione, un'altezza di grado sull'aritmetica scala del potere; ma, per contrario, una centralità, intorno a cui, sopra ogni raggio stanziano imperfezioni, maggiori o minori. Una *misura legittimamente smisurata* è tanto assurda ad ammettere quanto un *centro eccentrico*.

L'*esagerato*, adunque, che scandalizzavaci col piglio antinomico, si riconcilia col giudizio rivelandosegli per quel, che è; cioè *per una debolezza, che mentisce malamente la vigoria*. L'arena dell'arte ed il dilettantismo plaudente veggionsi carolare dinanzi molti Conti di Culagna, che menano le mani da eroi, fino a che una imbelle lancia gli atterra, nullificando il prestigio della loro bravura. Il Marinismo,—quella iperbolica vanità, che per un istante parve poetica persona; va nel numero delle più famose illusioni di simil fatta.

Se non che, non sempre l'enfiagione formale, che critichiamo, copre l'inanità e la vacanteria del pensiero e degli affetti; massime allorchè restringesi nell'ambito dell'eloquio, e nella frase. V'ha una geniale *esagerazione* bensì; se pure permettesi che così ci esprimiamo: una entusiastica dimenticanza del *modus in rebus*, e de' fini, oltre i quali non può consistere il retto. V'ha, dippiù, un magnanimo peccare artistico, come un eroico delinquere, che salva la patria, e si fa, non che perdonare, ammirare. Esempligrazia, quel

» Michel più che mortale angel divino »

esagerava non perchè si convellesse a raggiungere esemplari, che una grandiosa natura offrisse alla imitazione copista. Egli esagerava perchè era incolo, in Idea, di un mondo titanico, popolato da creature sovraumane, che mal poteva costringere nelle angustie della forma terrena. La turgidezza degli arti, anche femminili, l'atletica Eva, i putti sesquipedali, non sono, come parvero, uno scolastico fanfaronismo della tecnica del disegno; sibbene le rivelazioni, mal comunicateci dagl'inefficaci colori e dal freddo marmo, di quelle *mirabilia magna*, che vedeva il pensiero del divino artista, di quella *umanità extratellurica sol vera, perchè non nasce e non muore, ma grandeggia eterna nell'Ideale*. E parimenti, appo il brittanno Michelangelo della scena drammatica, Guglielmo Shakespeare, quante ampollosità eufuistiche, quanti bisticci puerili, quanti gotici ghirigori di elocuzione, non incontri ad ogni piè sospinto; che se sono scorie, sono pure scorie di molto aurifera miniera?

Ora volgiamoci, di grazia, per un momento, agl'imitatori de'due grandi artisti citati. Negli uni il dipingere diviene magisterio pretto di Notomia; e l'*esagerato*, che il genio avea tratto al cielo, a simiglianza del Simon mago della leggenda, cade in un fascio sul fango nativo. Negli altri, p. e. appo i moderni drammaturghi shakespeariani della Francia, l'antitesi convertesi in poetico isterismo; per guisa che, permanentemente convulsi, perdono ogni traccia di sana natura, e, piucchè del critico, avrebbero mestieri del medico.

Conchiuderemo, adunque, che l'*esagerato*, formale eccentricità sempre, dal punto di veduta della *misura*, ammette pure una duplicità di riguardi; in quanto alle volte davvero rigurgita, non dominato dall'artifizio, ed alle volte impaluda in impura imitazione. Il sommo della Idea lo tiene innegabilmente la giusta, la olimpica *misura*. Ma ogni discreto sospenda il biasimo, e segni a malincuore l'ostracismo per le forme illegittime, per le belle bastarde, ch'ebbero a padre il genio, e la bizzarria, o l'ebbrezza, a genitrice.

C) L'*accidentalità* è il terzo momento della forma, isolata dall'Idea. Possiamo, senza meritare taccia di arrisicati, prevedere ch'esprimerà la sintesi delle due categorie, discusse innanzi, cioè della *plasticità* e della *misura*.

Ed in vero, se il *plastico* importa la primigenia figurabilità; e la *misura* la legge di contorno in tutte figurazioni; comprendesi come il negare codesta sintesi tornerebbe ad ammettere figure senza contorni, o contorni contornanti il nulla. Che, per altro, ciò metta capo alla *accidentalità*, che non ripugna, ma risponde ad un *plasmare misurato*, desumesi dalla considerazione della *originalità*, la quale conchiude ogni nesso organico, come sopra vedemmo. Se le forme non possedessero contrassegno alcuno di realtà, non sarebbero più che fole d'infermo immaginare; ma non riuscirebbero meno vuote se, perpetui secondi termini, non provvenissero mai da sè stesse. L'attuale sintesi, adunque, non può che atteggiarsi ad *accidentalità*. Ma a non farsi trarre in errore da una voce abusata, giova premettere alquante dichiarazioni sul valore estetico, che intendiamo attribuirle.

Ed, innanzi tutto, ci affrettiamo a respingere come non cosa nostra, nè filosofica in alcun modo, quell'ignobile parodista dell'*accidentalità*, che nominano l'*azzardo*. La fortuitezza, intesa quale inaccessibilità assoluta alla intelligenza, o è divina, o men che umana. Nel secondo senso fa opera a significare e dignificare l'insignificante ed indegno *potere essere altrimenti da quel, che si è*, nel *questo* fenomenale del tempo e del luogo. Codesta è la *mala finitezza*, cui Hegel bandiva a ragione la croce. E noi anche la diremo esteticamente *mala*; ma non perchè immeritevole di cognizione; sibbene perchè impalpabile nonentità; cioè il nostro nulla, nel rigettare il quale certo nulla perdiamo.

Aristotile richiedeva nel fortuito, che usa la commedia, con mirabile acume, una specie di *normalità inopinata*, che desti maraviglia; epperò rendelo da cattivo fortuito, o da *azzardo*, accidentalità produttrice di artistico effetto. Il notevole luogo della *poe-*

tica, che dà questo cenno, merita di essere citato. Eccolo:

" Quando gli eventi si determinano l'un l'altro, maggiore maraviglia ne è eccitata, che quando avvengono quasi di per sè, e per accaso. Poichè, anche tra le *fortuitezze*, ci riescono più maravigliose quelle, che reputiamo avvenute intenzionalmente: p. e. la statua de' Miti, in Argo, uccise quel desso, ch'era stato cagione della morte di lui, quando gli cadde addosso nell'atto che contemplavala ".

Il quale luogo pare dettato a posta pel caso nostro; ossia per cansare ogni confusione tra *accidentalità* ed *azzardo*.

Un'opera di arte, che venga su come fungo, e non esprima che un ghiribizzo della fantasia; non improntasi del carattere dell' *accidentalità*, ma dell'insania. Non conosciamo esempii di tale prevertimento, dalle rime *bislacche* in fuora, nelle quali un'accozzaglia d'idee contraddittorie è lo scurrile intento del poeta. L'*accidentale*, che segna una delle stazioni della *originalità* dell'Idea, disposa, come vedemmo, il *plastico* e la *misura;* che l'*azzardo* divorzia in eterno, sfuggendo ad ogni modo e legge. Il genio, esatto volgarizzatore dell'*accidentalità*, somiglia al lampo subitaneo, ma luminoso. Viene non si sa onde, ma sempre messaggiero di verità e di bene. Se tali funzioni divine si riducessero all'inopinato evento: in altri termini, se imperiasse l'*azzardo*, il mondo sarebbe incomprensibile logogrifo, o vaniloquio non minore del

" Pape, Satan, pape, Satan, aleppe "

del Pluto dantesco. —

Avendo fermo il senso dell'*accidentalità*, passiamo ad indicare le nozioni, a lei contermini. Stimiamo sieno :

a) Il modellare;
b) Il ritrarre.

a) Ogni *amatore* sa che intendasi per dipinto, che tradisce lo studio troppo servile de'modelli. A prima giunta vi avvedete della volgarità delle fisonomie, delle pose; e soffrite a non uscire della vita giornaliera, anzi dallo studiuolo e dal cospetto de'*mannichini* del pittore. Il difetto capitale di codesto lavorio sta nel voler non avere difetti; ossia nel non sapere *accidentare* di novità artistica le plateari esistenze.

Intorno a ciò non avrebbesi mai ad obbliare il canone di Schiller: " a volere convenientemente imitare la natura, è mestieri uscire della natura! " Il quale incontrastabile vero, se da un lato giustifica l'*accidentalità*, condanna inappellabilmente, quale inartistica insufficienza, il *modellare:* ovvero il riprodurre nelle opere la naturale giacitura degli esemplari. Il *modellista* (se lice chiamare così il nostro guastamestieri), non ha l'immaginativa popolata delle vaghe creature embrioniche della bellezza; a volere avvivare le quali sia forza cambiare l'assetto formale sino a costringerlo all'*accidentalità*. Ma trova il popolo, o la plebe delle immagini, fuori di sè; e non ha che ad ammassare modelli, a divenire il più fecondo produttore del mondo, e quasi una macchina da produzione.

Se non che, è qui manifesto, che il bisogno di *accidentare* fu sentito quando si proposero all'imitazione le più caratteristiche forme, che offerisse la vasta scena della realtà; e che, perciò, abbiamo di nuovo nel *modellare* la tendenza, e spesso l'approssimazione al perfetto, che studiammo di sopra. Vorremmo, in altre parole, che si distinguesse non solo il *modellista* dall'inventore; ma il volgare *modellista* benanco dal *modellista* artistico, in certi rari casi. Esempligrazia, nessun dipintore superò l'originalità delle teste di Leonardo da Vinci. Tuttavolta, nel famoso Fresco della *Cena*, la fisonomia del traditore Giuda vuolsi riproducente (così narra la leggenda) i tratti di un frate, che, importuno all'artista, buscò di divenirgli *modello* a quel ceffo patibolare.

Che non può la genialità? Le vie più lunghe divengono scorciatoie per lei: i metodi più fiacchi rendonsi poderosi in sua mano. Somiglia quel mago del Paganini, che suonava con un bastoncello ciò, che a' grandi violinisti riusciva ineseguibile con l'archetto. Ma ciò non libera il *modellare* dalla sentenza, che lo dichiara artistica imperfezione, solo in rari casi prossima all'*accidentalità*, richiesta dalla Idea bella.

Le determinazioni, desunte dall'arte del pennello, sarà facile estendere alle altre arti.

b) Il *ritrarre* è il vizio diametralmente opposto al *modellare*.

Questo non giungeva al tocco ultimo, che domandammo *accidentalità*; perchè, ne' modelli, forme generiche e scelte all'uopo di dare corpo alle Idee, non la determinazione singola, ma vince il tipo unicolore. Quello, per l'opposto, attiensi alla più transitoria singolarità: alla singolarità, che varia ogni dì al variare degli affetti; che tiene a' lineamenti del volto; e, quindi, per soverchio *accidentare*, falsa la figura. Un ritrattista puro è tanto poco dipintore, che oggidì sarebbe renduto impossibile dal dagherrotipo, se non salvasse la sua esistenza con la difficile candidatura ideale, che affronta. Egli copia esseri vivi, che vedemmo tra noi; eppure (maraviglia a dire!) non ci ha più morta rappresentazione di un gruppo di ritratti. I grandi maestri disdegnarono sempre tali fatture servili; e se talvolta, per motivi di mestiere, dovettero sobbarcarsi al ritrarre, come nel caso del *Leon* X di Raffaello, ritrassero in guisa, anzichè riproduttiva, creativa. Il quale sforzo, non rade volte coronato da trionfo, anche una volta dimostra in cotale imperfezione la prossimità al bene. I *ritrattisti* geniali, i Vandick, i Rubens, i Tiziani, glorificaronsi a dispetto dell'inopia ideale del genere. Nessun rigorista gli condannerà: che anche le Muse riconoscono una classe di delinquenti, pe'quali val l'aforisma: *excellens in arte non debet mori!* Pessimo tra gli stili, diceva Voltaire, essere lo stile noioso. Pessima tra le artistiche mende, soggiungiamo noi, parci l'assenza della genialità. Il che, del resto, non giustifica che gli atleti, non i pigmei, loro assegui nelle audacie bensì più risicose. Al cagnuolo, favorito delle Muse, può venir fatto di morsecchiare senza offendere. Ma che nol tenti l'orecchiuto e zotico favorito di Sileno; chè sarà cacciato di Parnaso co'mazzapicchi!

Ed ecco a termine il capo, che discuteva i titoli di legittimità della bella forma. Un *plasmare*, che accolga e coordini in bellezza le primigenie *proporzioni*, mercè l'afflato vivificante dell'*accidentalità*: costituisce quella forma normale, che la scienza dimostra, e l'arte incarna ne'capilavori.

I greci ebbero più *misura* dell'età nostra, e quindi

maggiore compenetrazione del *plasma* con l'Idea. I romantici, tra'moderni, *accidentarono* meglio. Ma, a far questo con competenza, ricorsero soventi volte al deforme ed allo smisurato, che accrescono mirabilmente all'inventiva la possibilità d'individuare.

La perfezione, come in tutte cose, consiste anche qui nel mezzo. L'asseguirà ella l'arte avvenire quandochessia; o rimarrà un eterno postulato più ad irrisione, che a conforto dell'amatore?

—

CAPO III

DELL'ATTUAZIONE; OSSIA DELL'UNITÀ D'IDEA E FORMA NEL BELLO.

Il capo, alla sposizione del quale ci accingiamo, reca nel suo titolo stesso la prova della legittimità del contenuto. Derivasi tanto immediatamente dalla definizione del Bello, che le sorti dell'uno non possono essere compromesse, senza travolgere nella medesima rovina quelle dell'altra; e con lei tutta l'interna economia della scienza, che poggia, come su pietra angolare, sul risultamento dottrinale del primo libro. Ma per siffatta iattura non è, la Dio mercè, pericolo alcuno. Il metodo, che usammo, non soggiace a subbiettive contingenze; e noi non ci avventurammo, nell'uso, mai di là dal baluardo delle categorie più indubitate; perchè avessimo ragione di temere molto di esserci forviati. La sintesi, adunque, dell'Idea e della Forma, che oggimai c'invita a sè, non ha bisogno di nuova discussione. È l'organismo della bellezza; alla quale, siccome apparizione del Divino, sono inevitabili que' due poli ad evolversi nella natura e nel pensiero. Non abbiamo, pertanto, niente di meglio a fare, che procedere, senza più, alla indicazione de' momenti della nostra indagine in questo punto. Saranno:

A) Lo scopo;
B) L'immagine;
C) L'individuo. —

A) Fu già tempo che la nozione di *scopo* parve ad intere scuole la più alta ed acconcia a definire il Bello; siccome narravamo nella *Propedeutica*. Un essere, conforme alla sua destinazione in ogni parte, e che, conseguentemente, realizzi nella finitezza sensibile un sovrassensibile fine, sembrava dovere destare nell'osservatore il compiacimento e la maraviglia, che sono le radici più profonde del sentire estetico in noi.

Ora codesta Teleologia, che, come già sappiamo, attagliasi al Bene non meno che al Bello, e non rade volte conviene al brutto, non costituisce certo la migliore raccomandazione per un concetto, che presuma proporcisi a guida nel comprendere la bellezza. Ma ciò non causa che lo *scopo*, inteso esteticamente, e ristretto a dinotare la convenienza della Forma all'Idea, non sia un momento, che non lice mettere da banda; perchè fece mala prova in funzioni non sue. La nostra sintetica unità, non astratta ed immota, non può non prodursi cominciando dall'immediato, o dall'obbiettività; e siffatto essere obbiettivo dell'unificarsi estetico parci appunto lo *scopo*.

Una Idea bella è il *farsi già vagheggiato come fatto*; avvegnachè non sia bella l'incompitezza e la imperfezione, sibbene il perfetto ed ultimo. Lo *scopo*, adunque, balena qui al pensiero con la *predeterminazione*, a lui propria. Il senso comune circonda l'esistenze di esterni intenti, che tragganle a sè a guisa de' varii fili, con che il burattinaio tira e muove i suoi burattini. Ma la *suiantecedenza*, che contraddistingue la reale finalità, è interna nella finalità estetica; stantechè il Bello presuppone il combaciare di Forma ed Idea, o sè stesso, nella sua esistenza. E codesto *fine* non somiglia l'altro del Bene, e tanto meno quello del *convenire delle parti* in un naturale organismo. Contiene, non pertanto, qualcosa di amendue: val dire una *disposizione buona*, ed un interesse per *ordini prestabiliti* di parti.

Che le due indicate partecipazioni a due modalità confini non costituiscano, ma colorino l'Idea bella, non crediamo dover rammentarlo. Solo ora abbiamo sott'occhio un *momento della totalità*, *che ponsi come tale*; e la nozione di *scopo* inizia convenevolmente l'esplicazione conoscitiva.

In somma, la situazione è la seguente. Ciò, ch'è *quel che dee* attualmente ed a mo'di tecnica riproduzione delle leggi del tipo, addimandasi il perfetto naturale, o il *Buono*. Il singolo, in lui, rappresenta il genere senza libertà, ma senza capricci bensì. Obbedisce allo scopo esterno della natura con la passiva irresponsabilità del servo della gleba, che non ha diritti, e nemmanco impacci e pericoli nell'uso di essi. Dall'altra parte, ciò, ch'è *quel che dee*, non attualmente, ma a norma di un Ideale, esplicabile in processo infinito; addimandasi il perfetto morale, o il *Bene*. Il singolo, in lui, offre un caso dell'immenso problema della libertà; risoluto a costo di dolori e martirii, e spesso, non che con l'obbedienza, con l'insurrezione. In amendue hassi esclusività, compra a prezzo troppo caro. Nel *Buono* è esclusivo il vantaggio dell'attualità, scontato con l'esterno scopo: nel *Bene* esclusiva la libertà, compensata con usura dall'indefinito divenire. Nè l'unificazione, da parecchi tentata, di tali categorie, rafforzava menomamente le fiacche figlie dell'intendimento; e la natura rimanevasi in eterno un *perfetto imperfetto*, perchè non libera; e la libertà morale un *imperfetto perfetto*, perchè non mai totale.

Or come potrebbe il BELLO, che vive e nutresi di Concreto, accomodarsi di tanta incompitezza? È, adunque, di tutta necessità, che gli enunciati aspetti o incontrinsi, nell'estetico tessuto, allo stato logico e non più; ovvero mutino indole e condizione: due cose, che han luogo entrambe in modo maraviglioso.

E, per primo, l'*attualità* del perfetto naturale va noverata tra'pregi della bellezza astratta; stantechè concepiamo creature *sensibili* perfette e non belle; non creature *artistiche belle e perfette non già*. E parimenti la *libertà* del perfetto morale includesi idealmente nella sintesi nostra; dappoichè non vi ha più autonoma funzione di questa, che incarna il libero intuito. Bene i due fattori suddetti non costituiscono tutta l'opera bella; ma non possiamo non riconoscerli quali note essenziali del concetto di lei.

Oltracciò, secondamente, il carattere teleologico trasformasi nell'ambiente estetico, e dinota ben altro che non dinotassero la fisica ed etica finalità. In effetti, la prima di codeste relazioni potrebbe denominarsi una *preesistenza a sè stesso*; o *compitezza*, che in tanto è, in quanto presupponsi allo stato d'*incompitezza* nozionale. E, per l'opposto, l'altra potrebbesi dichiarare una *susseguenza a sè stesso*; o una *incompitezza*, che invoca il *complemento* da un Ideale, perennemente incompiuto.

Ora, nella centralità, dove il BELLO ha seggio, in qual guisa potrebbe convenirgli la rispondenza ad uno scopo, se ci attenessimo ad uno de'rispetti, pur ora discorsi? L'estetica teleologia non può, dunque, esistere che a condizione di significare la totalità, come scopo *attuato* e insiememente *ideale*. Dee contenere, in una parola, un atto, ma non del finito, ossia una infinitezza, non che pensata, attuale ; senza l'assurdo intellettivo dell'*infinitus actu*. La prescienza di sè in sè proiettasi *come tale* nella bellezza; e dice alla natura ed all'uomo: " prostratevi a me dinanzi, chè io sono il fine de'fini, la verità del Buono e del Bene, la suipsia più compiuta, che affacciasi dallo spiracolo divino dell'arte ". Ed il *ludo* estetico (*das spiel* di Schiller), che ci emancipa dal servaggio dell'intendimento; non riesce, in risultante, che alla libertà etica, contemperata con la contentezza di una felice esistenza; ossia allo *scopo*, non più *unilaterale*, sibbene *totale*. I capilavori delle Muse non sono capricci della inventiva: non prove di forza di alcuna tecnica, come un balocco cinese. Non dirannosi nemmanco servili effettuazioni de'programmi uffiziali del gusto. Ma *hanno in sè il loro fine;* e riflettono da lui, ed in lui l'Idea : veri fiori, su'quali pompeggia il nome de're. Di ciò, del resto, abbiamo già discorso a bastanza.

Passando a determinare comparativamente, secondo l'usato, il momento estetico dello *scopo;* dobbiamo anche qui premettere un'avvertenza.

Il carattere di codeste comparazioni, modificatosi testè, si modificherà di nuovo nel valutare, che faremo, i riguardi obbiettivi o subbiettivi, cui una determinazione si possa sottoporre. Ed in vero, trattandosi di nesso sintetico, sarebbe or vano cercare eccedenze o deficienze in cosa, che non patisce più e meno; ed o tutta avviene, o non avviene affatto, senza mezzo termine di sorta. Tuttavolta, appo ogni entità compiuta, rimane sempre a ponderare, dopo il valore in sè, quello del contegno, inverso lei, della intelligenza osservatrice. Nel caso nostro dello *scopo*, ci sarà, dunque, possibile ed utilissimo, l'investigare *a quali altri scopi* l'abuso subbiettivo subordinasse la bellezza; e da qual punto di veduta la prosuntuosa individualità falsasse il prodotto delle Muse.

Fra le molte usurpazioni del subbietto, in ordine alla Idea bella, scegliamo come più prominenti:
    a) Il Gradevole ;
    b) Il Dignitoso.

a) Prima di discendere a particolareggiare il trasmodare subbiettivo ne' giudizii estetici, toccheremo generalmente delle distinzioni, che ci approntiamo a fare.

Nel giudizio, avendosi a duplicare, come in ispecchio, l'obbietto bello, infallibilmente ci appresenterà qualcosa, ch'esprima la giustezza centrale della finalità; e qualcosa, che, lateralmente conterminandola, significhi altrui le usurpatrici pretensioni dell'Io. Tale secondo processo s'inizia, per solito, con una vereconda instintività, denotata dalla *Grazia*, munifica componitrice del cinto irresistibile di Afrodite. Movimento nella bellezza, come definivala Aristotile, ella, in codesto movimento, tuttochè pudica e virginale, già tradisce il bisogno di piacere. I carismi del *grazioso* sono tuttavia incompromissivi. Sorridono all'animo vago non col perfido sorriso del mare, sibbene con quello delle speranze paradisiache; che se blandiscono il fedele, la blandizia convertesi in aculeo a virtù. È innegabile un abito patologico, a servirci di una giusta espressione di Kant, ne'devoti alle Grazie. Ma la debolezza dirai sana peranco, o almeno conferente a sanità; non altrimenti che l'acqua, se poca, non ispegne, ma avviva la fiamma. Guardisi, peraltro, l'artista avvisato a non isporgersi troppo avventurosamente all'altrui ammirazione da questo spaldo, onde cadesi nell'abisso del *lezioso*, ed in altre piacenterie. È già grave pericolo nell'affidarsi a quel tristarello del *vezzoso*. Egli è bene de' familiari delle *Grazie*; ma talvolta procacemente, a simiglianza de' nani di messer Ludovico, guida altrui a perdizione.

In somma, ritengasi la *Graziosità*, come solo alito di subbiettivo compiacimento, che, se appanna, non deturpa la tersa superficie della Forma. Implica una perfezione subbiettiva, finitima alle due imperfezioni, che ci proponevamo di qui discutere; cioè al *gradevole* ed al *dignitoso*.

Le quali passando a considerare, osserviamo che va innanzi sempre al *gradevole*, a guisa di nunzio affaccendato, l'*interessante*. Costui appronta le salse, che aguzzano la curiosità, non sempre morigerata, delle brigate sazie e sazievoli del bel mondo; e ruba a'Zingani il segreto di far saltare i più mogi giumenti. Non domandate equità di commerci all'usuriere del pianto e del riso. Vi lascerà intristiti, o almanco, fatti meno buoni, da' solletichi, che, non diversamente dall'ebbrezza, tiransi dietro una inestinguibile sete: in quella che l'arte genuina vi facea più calmi e migliori. Guai alle lettere, che cedano a'lenocinii dell'*interessante!* Ma il peggio è la sua via sdrucciola, onde, precipitando a valle, si termina nel *gradevole*: fondura artistica, da cui davvero fa mestieri di *virtù amica* a ritrarre in alto le Muse!

Il *gradevole*, adunque, non che meritare seria comparazione col Bello, va reietto da lui inesorabilmente. È il Bello dello appetito; o, meglio, in sulla plateare arena del concupiscibile, ciò che scimieggia l'entusiasmo del sentimento. Ma quale entusiasmo! Kant, col solito suo acume, osserva che un affamato, ammesso a lauto banchetto, non ha nè voglia, nè tempo, a notare le simmetriche bellezze della imbandigione; non occhi, nè orecchi da ammirare gli addobbi ed udire le sinfonie dell'orchestra; e non profondasi che nell'idea di divorare al più presto que'manicaretti, la vista de'quali tormenta l'appetito, e non compiace alla estetica virtù.

L'artista, che lasciasi andare alla produzione del *gradevole*, imita l'istrione, lo Scaramuccia, trafficante di maschere, raffazzonate *ad usum* del patrizio scioperio, o della baccanale eccitabilità delle moltitudini. Pare scritto a posta per lui il noto epigramma di Schiller: „ Per certuni l'arte è vergine Musa, che adorano con casta adorazione: per altri una vacca, che mungono dì e notte, a trarne latte e burro ". In fatto, il vil guadagno, cui mostrasi intesa la turba degli spurii musageti, seducegli alle gradevolezze del lusinghiero Parnaso, cui più corre il mondo, e gli persuade a violare, a pro de'subbiettivi istinti dello spettatore, la purità del poetico ministerio. Come la città ateniese rovinò per opera della Sofistica, venale piacentiera del popolo; così ne andrà in fondo ogni artistico bene, sempre che, con eteronomo genio, l'arte *si forvii a gratificare*, non che le passioni, le virtù stesse de'suoi ammiratori.

Bene il piacere, sotto la cui categorica giurisdizione Kant non dubitava d'inscrivere l'estetico giudizio, costituisce uno de'più notevoli ingredienti psicologici del complesso prodotto, che dimandasi *gusto*. Ma altro è *piacere*, effetto e mezzo, altro il *piacere*, causa e fine del fatto di arte. Non volemmo, in contraddizione di quasi tutti i trattatisti, francare il mondo del Bello dalla necessità di rispondere ad uno *scopo*; il che lo priverebbe della esistenza, volatilizzandolo nell'astrattezza. Ma non volemmo nemmeno degradarlo in alcuna esistenza *naturale*. La seconda *ideale* natura se contiene allo stato di momenti le categorie della prima; transfigurale in eterea luce. Nel caso attuale, lo *scopo* diviene la *suiintuizione* dello Spirito nella sensibilità: *suiintuizione*, ch'è *suipresenza* semplice nella natura, e *suiintellezione* compiuta nel sapere.

E lo stesso fatto, subbiettivamente riguardato, diviene la *Grazia*, la Carite velata, pronuba delle dilettazioni del *gusto*. Il *gradevole* è extraartistico al tutto; e voglia il cielo che i giovani candidati eliconii turinsi sempre le orecchie a rincontro di tale Sirena.

b) Saremo più brevi nella determinazione del *dignitoso*: deviazione meno pericolosa della già trattata, e più sgombera di psicologiche gradazioni.

Il *dignitoso* fa appello al sentimento della stima, in quella che il *gradevole* volgesi agl'istinti, bassi o raffinati, della voluttà. Dirige il solletico al bisogno di venerazione ed ossequio, alla maraviglia intellettiva, se possiamo così chiamarla, che impegola tanto le ale alla Psiche, che non osa sorvolare al Vero; ed amando più ammirare che conoscere, rade il terreno di un inglorioso vassallaggio.

Tuttavolta, la *religiosità*, uno degli spiracoli del Divino in noi, provviene da cotale principio subbiettivo anch'essa. Non riguardaci, in questo luogo, lo sceverare, nel sentimento religioso de'popoli, ciò, ch'è veramente teandrico, da ciò, che l'ignoranza, la malizia, il bisogno, ed anche il caso, possano avervi intruso d'impuro. Basta al proposito il premunire il lettore contro le seduzioni del *dignitoso*, camuffato a santa compunzione. La poesia religiosa; la musica, la pittura, l'architettura religiosa; sono indubitatamente state, nelle ferventi età della fede, colme di genialità. Ma nessuno neghi che il magisterio vero non peranco giungeva alla compiuta indipendenza, nelle complicanze embrioniche del celeste e del terreno, del liturgico e del tecnico, appo gli artistici mistagoghi primitivi.

Or che diremo delle posticce santimonie del nostro secolo scettico e ragioniere, che un bel mattino si avvisò di darsi al bacchettone, quasi a moda, più acconcia di un'altra a piacere? Siffatta insidia del *dignitoso*, che, con tante altre catapulte della prosaica civiltà, riusciva a squilibrare sempre più l'inspirazione: rivela almeno un fatto consolante; cioè che le fonti del Divino non sono essiccate al tutto nella coscienza popolare. Da loro possiamo attendere, nell'imminente vita nuova, un buon dato di quegli entusiasmi eroici, che soli rigenerano e socializzano l'umanità. L'artista, peraltro, non dovrebbe aver che fare con tali aspirazioni. Il *dignitoso*, nella storia non meno che ne' culti, nella vita domestica, al pari che nella pubblica, nella tradizione obliterata, ovvero nel costume vivente, sarà una rispettabile, una sacra cosa; ma non certo una cosa da lui.

Innanzi di condurre la investigazione allo studio

della *immagine*, secondo momento della sintesi ideale; aggiungiamo una osservazione sulla poesia, così detta di *tendenza*, che parci degna di non essere trasandata.

OSSERVAZIONE

Contuttochè le esterne finalità sieno indubitatamente funeste al fare artistico; pure ci ha casi, in cui un gran sacerdote delle Muse opera sulla civile comunanza, e non va biasimato quale eteronomo strumento di vani scopi. Quando Sofocle, ne' *cori*, e Pindaro nelle *odi*, moralizzano con manifesto disegno di ammaestrare; quando Orazio, Giovenale, Dante, percotono i vizii contemporanei; quando la stupenda caricatura del Cervantes tronca di un colpo di penna la più inveterata escrescenza del nobile carattere spagnuolo; non è facile, sedendo a scranna, sentenziare contro que' capilavori. Codesto modo di produrre, consueto in ispecie tra' grandi poeti, fu detto *tendenza* dallo scopo esterno, eppure irreprensibile, che proponsi; quasi il *tendere*, volere potenziale, sia meno premeditato e più innocente del volere effettivo del genere didattico.

La quale critica venia accettando, come facciamo, non vorremmo si trasmodasse nell'opposto estremo della soverchia indulgenza; massime in secolo inchinevole alla saccenteria per modo, ch'essa dalle cattedre emigra nelle officine, e, stava per dire, ne'trivii; e son sapute, non che le Muse, le trecche in su'mercati. L'opera bella davvero di per sè emenda ed educa le generazioni. Non si può dire quanto noi tutti ci giovassimo del disdegno di Parini, delle ire di Alfieri, dello sconforto di Leopardi, del ghigno terribile di Giusti. E se plaudiamo a' militanti rigeneratori della patria; non dovremmo dimenticare un saluto ai mani de'solitarii cantori, che posero in cuore a'nostri bravi il germe delle grandi idee e de'generosi fatti.

Che se, oltre codesta non intenzionale cooperazione, ne autorizziamo anche una più esplicitamente catechetica, e lodiamo il genere poetico della tendenza; vorremmo in ciò modo e misura. E soprattutto brameremmo che soli i grandi ingegni, e non la plebe artistica, si avventurassero al difficile arringo. Anche qui, come in tante cose, vale il motto volgare: *Quod licet Jovi non licet bovi!*

B) Contrassegnammo il nostro secondo momento sintetico col nome d'*imagine* a denotare il complesso d'intuito *plasticizzato*, che l'animo accoglie in sè a informare uno *scopo* di arte. Dante cantava:

" Immagini chi bene intender cupe
..... e ritegna l'image
..... come ferma rupe ".

In codesti emistichii significasi, forse meglio che altri mai facesse, il senso, che attribuiamo alla voce *immagine*. Essa vale, per noi, disegno, calcato nella percezione sensibile con la sculturale precisione di un bassorilievo; ma, nel tempo medesimo, non proveniente dalla necessità del senso, sibbene dalla libertà della immaginativa. Non aggregato empirico, non valore dottrinale di quella empiricità, versa tra i due estremi; e ritraendo dal primo, in quanto apparenza, e dal secondo, in quanto significazione; inchiude ed enuncia un fenomeno, per dir così, *non fenomenico*, ossia evanescente ; ed una intellezione, non immobile perchè nel vuoto, ma immobilizzata nella mobilità stessa della sensibile contingenza.

L'arte è la natura parlante, è l'*essere*, il mutolo Simeone, che riacquista la loquela al cospetto del neonato IDEALE ; e le *immagini* sono le parole belle , i motti mentali dapprima, sensibili dipoi, e non foneticamente, non logicamente, ma graficamente espressivi di contenuto divino. Vedemmo il pensiero, a guisa di vispo fanciullo , fare incetta de' fiori della *speciosità* naturale sbadatamente , e quasi per obbedire a un bisogno di ricreazione. Lo abbiamo veduto, poco dopo, ad ordinare, con amorosa attenzione, il prezioso florilegio , nelle metodiche ghirlande della *misura*. Ora i balocchi infantili non sono più ; e scorgiamo l'adolescente intuito usar que' serti a rappresentare tempii ed emblemi, a simboleggiarsi ne'suoi caratteri: in una parola, a comporre dello *specioso* e del *misurato* le immagini della bellezza. Quanto allo *scopo*, inteso, come sopra l' intendevamo : se vuole un recipiente degno di sè, non accetterà all' uopo che una *Forma, appieno formata*. Così solo, cioè preesistendosi in compiuta plasticità , può ottenere la suivisione estetica, che postulava.

E notisi che qui , come dovunque , il totale sdoppiarsi della contrarietà in contraddizione, motiva l'unificarsi. Il *fantasma empirico*, in che il volgo ha fede, falsa l'obbiettività; perchè inviluppa dati e categorie, natura e Logica in modo pressochè insolubile. La *speciosità*, primo obbiettivo estetico, già è più indipendente. La *misura* vale di vantaggio, come quella, ch' emancipasi nella *proporzionalità* da tutti criterii finiti. Ma non interviene che nella *immagine*, ch'esibisce non pure bozze, ma figure, la possibilità del nesso finale della sembianza bella. La divina iconografa dello Spirito, la fantasia, in questo punto, proietta sulla coscienza il suo disco; ed in questo punto, conseguentemente, *i quadri e le scene* di un mondo migliore sono riconosciuti dalla Mnemosine artistica nella sublunare natura.

Avendo dichiarato che abbia ad esteticamente intendersi per *immagine*; facciamoci a tratteggiare la consueta caratteristica degli abusi del vedere subbiettivo, contermini all'immaginare legittimo. Possono ridursi a due generi di falso, alteranti la normalità immaginosa, o per soverchio servilismo nel concepire, o per oltracotanza nel configurare. Sono:

a) Il genere naturalistico;
b) Il genere fantastico.

a) Chiameremo *servilismo* lo sforzo innaturale a riprodurre la natura qual è, fisica o morale che sia. Adoperiamo con ciò a premunire sin da ora il lettore contro una teoria, che fa le viste di esautorare l'idealità. In fondo alla controversia trovi sempre, o quasi sempre, il seguente doloroso aforisma. Hanno in uggia il fare ideale o i dappoco, non degni del sorriso della Musa, o i tristi, cui mancò lena a ubbidire ai responsi della Sibilla, che loro balbutiva nel cuore. Il francese Diderot, cui l'abnorme ingegno tien luogo di genio; è il più famoso apostolo del *naturalismo*, e la prova più convincente dell'incapacità di esso ad effettuare la trivialità, che proponsi, cioè la copia esatta del reale.

Nè, in fatto, le piagnolose passioni, che drammatizza codesta scuola, tuttavia numerosa, piangono nell'uomo vero con tanta narcotica monotonia ; nè mai nella vita trovi riscontro a' quadri alla Rembrandt, concepiti al lumicino fioco del subbiettivismo, e non al meriggio dell' intuito ideale. Le cose, che, in una vasta scena della natura, si sussidiano l'una l'altra; staccate dall'arte, inetta a tutte abbracciarle nei suoi magisterii, sono falsate *ipso facto*. E notate vendetta della Idea. Il *naturalismo*, avendo pure a scegliere nell'empirico *bazar* del mondo, sceglie sempre le peggiori e più fruste merci. Lo Schidone toglie a dipingere cenciosi accattoni : la romantica inglese ci mena a bettola tra l'ordume del popolaccio di Londra: i francesi vi dimesticano con lenoni e prostitute; e lo stesso Schiller, quando non è poeta, tenta ingraziare con voi masnadieri e scapestrati.

Codesta non istorditaggine, ma necessaria elezione dell'insigne ed idoneo a guadagnare, senza Ideali, l'attenzione ; riesce ad un idealizzare inverso del vero. In fatto, fa del deforme il suo Bello, del vizio il suo eroismo, della fogna sociale il suo Ippocrene; e, condannata dall' indole dell' arte a pure dover celebrare ed esaltare, esaltando il basso ne tesse la critica, e convertesi in *caricaturista*, da *naturalista*, che aspirava a divenire.

In conclusione, non parci bravura, non sapienza, ma codardia ed artistica melensaggine l'accattonaggio delle *immagini*, cui si avvilisce l'artifizio *naturalistico*. Non altrimenti che in ogni versione, in che la lettera uccide lo Spirito ; interviene in questa della natura in arte. La bella Isi, cui *nemo mortalium velum detraxit*, trasformasi, denudata, in laida vecchiarda;

e solo un gusto depravato può da senno vagheggiarla.

b) Agli antipodi del *naturalismo* è la regione incantata, che si nomina *genere fantastico*. Se colà, come nell'isola di Circe, ogni esistenza prostravasi al suolo e finiva per grufolare nel braco ; qui, per opposito, ogni forma si volatilizza e canta dalle nubi, a simiglianza dell'Ariele di Shakespeare. Il subbiettivismo dell'immaginazione pecca ora in eccedenza della idealità, di che dianzi scarseggiava; e volenteroso d'ingentilire la bella Forma, la tira al bislacco e paradossale. Nel crasso ambiente della sensibilità intorpidivansi le estetiche efficienze, ed il vedere e l'udire, porte maggiori del Bello, erano asserragliate dalla volgarità, e dagl'istinti servili, suoi mille Mirmidoni. Ecco la scena cambiata di botto ; e que' due ingressi, spalancati e senza guardia, danno adito alle più matte allucinazioni.

Il *genere fantastico* crede certo nella partenogenesi ; poichè concepisce e figlia senza brigarsi della natura, che pur dovrebbe associarsegli nell' opera. Che una forma cominci in vaga donna, e termini in pesce, non ha del ridicolo per lui, come per Orazio. Anzi, se la dice riprovevole, ciò nasce da che reputala troppo triviale bizzarria, e non a bastanza spropositata.

Intanto, anche qui non crediate che provi nerbo geniale codesto sbalestrare sistematico, codesta anarchia metodica nel reame delle *immagini*. Il fantasta, chiamisi anche Sterne od Hoffmann (i quali furono sol grandi quando ebbero tuono umoristico); non mostra più cospicua virtuosità di un bimbo, che divertasi a gettare stagno fuso nell'acqua, ed a vantarsi delle mille strane figurazioni, che produce. In verità, in qualche raro caso, i sommi bensì non disdegnarono sbizzarrirsi creando qualcuna delle fantastiche sembianze, che fanno la delizia de' cervelli bugi e delle immaginazioni travolte: p. e. Shakespeare col suo *Calibano*, i nostri poeti romanzeschi col loro *Ippogrifo* ec. ec: Ma, oltre che tali capestrerie sono rade eccezioni e non regola ne' grandi poeti soprammentovati; vuolsi aver presente il genere fantasmagorico, ove le incontriamo; e, ne' cantori nostrali, il ghigno ironico, che le accompagna. Il *fantastico* crede, e vuole che altri creda con lui a'suoi giganti, e sproposita in tutta serietà; dove che Ariosto e Berni e il Fortiguerri festosamente, e da veri italiani, ridevano sotto i barbigi de' farfalloni, che facevano volare a dilettazione propria ed altrui.

Resta, dunque, sempre indubitato, essere il *genere fantastico*, nella sua purezza, vizioso; e di tanto dilungarsi dalle formose immagini, di quanto le falsa la *naturalistica* volgarità. A prova supervacanea di quanto affermiamo si consideri, come la scuola del bislacco non attecchì mai appo i neolatini (italiani, francesi); più sobrii, in arte, de' popoli germanici; e che nemmeno il Marino, tanto eslege nella dizione, non osò violare la tradizionale purezza, e storpiare la semplice giacitura delle invenzioni.

C) Alfine teniamo la vetta dell'Idea del Bello; ed offrecisi, nell' ambito estetico, la espressione più compiuta della *originalità*, che la contraddistingue come suggello, da sgannare i miscredenti in lei. L'*Individuo*, in qualità di singolo naturale, confonde già con accento indeducibile la prosuntuosa subbiettività indagatrice. L'*Individuo*, emergente dalla fusione di elementi misteriosi nella mente dell'artista, evangelizza la divina obbiettività, *sendo organica immanenza di limite nel pensiero*.

Se nella nube ideale, ove si elaborò nel silenzio la genesi della bellezza, allo scontro de'principii di lei non succedesse l'apparizione di un Primo, non *logica* dignità, ma *ontologico* incoato; la nostra sapienza non balbutirebbe nemmeno sè stessa; ed il nulla e l'assurdo *sarebbero*. Cotali rivelazioni di una originalità, romoreggiante intorno alle sponde del conoscere; le abbiamo avute ad ogni intravvedere del limite anzidetto. Ora, peraltro, le dubitazioni cessano. L'*Individuo*, cioè la *suiveggente inconsapevolezza geniale*, che appresentasi alla *losca consapevolezza dell'Io*, non più ci bamboleggia intorno. La speculazione non ha che a pensare l'*individuarsi* artistico qual sintesi dell'*imagine* e dello *scopo*, a sentirsi ne' penetrali dell'Idea. Al quale pensamento non repugnerà alcuno, che ammetta la giustezza del seguente vedere.

Lo scopo non naturale e trascendente, non morale ed intrascendente, ma estetico, cioè dire *trascendente intrascendentemente*, o *trascendente in sè medesimo*; importa l'imminenza incoativa dello Spirito *totalità* allo Spirito *lateralità*. A codesta imminenza non manca che l'esistere fattivo. Ciò premesso, che fa l'*imagine*? Dà plasmato a *misura* ed *accidentato* a novità lo *specioso* primitivo; e sculturalmente fissa la determinazione di lui nella coscienza. Al possibile, adunque, arreca l'esistente, che mancava; laonde non possiamo non vedere emergere la *necessità originale* sotto specie d'*Individuo* bello. Del resto, andando oltre, saremo sempre più sorpresi dell'inopinato intervento del genio : che appunto nell'*individuare*, incomprensibile al volgo, rivela il Divino in noi.

Tuttavolta, andrebbe lunge dal vero chi intendesse per *Individui artistici* le sole individualità empiriche idealizzate. Queste non rappresentano che un multiplo di affettuazione. L'*individuare* vero è piuttosto la unicità di concetto, o, meglio, la compitezza, che fa di un pensiero un tutto chiuso ; onde non si può torre, e cui non aggiungere bricciolo di contenuto. Dichiarerai, a tal titolo, la *Divina Commedia* individuo artistico fin dal primo organarsi nella fantasia dell'Alighieri ; non perchè contenesse i tipi di tanti storici personaggi, e tante angeliche e demoniche sembianze ; non perchè rispondesse a capello a un simmetrico congegnamento di canti e versi, vanto dell'artifizio. Ma perchè il poeta vivea nel poema, ed ambedue denotavano un momento dello Spirito, individuantesi nell'arte.

Se il possedere principio e fine, intesi letteralmente, importasse la totalità anzidetta; molte epopee popolari, e, massima tra tutte, l'omerica, s'avrebbero a vilipendere quali inindividue fatture ; dove, per contrario, testificano della più radiante e verace *individualità* — di quella del Popolo. Ed il nostro *Furioso*, che tra'poemi artifiziosi tiene incontrastabilmente il primato ; eppure difetta di cominciamento proprio e conclusione necessaria : il nostro divino prestigiatore sarebbe, dunque, inesorabilmente riguardato qual frammento, o torso poetico, a libito attribuibile a un Nume, a un eroe, od anche a un buffone ; perchè acefalo ed apodo? E non terrebbesi conto che ritrae, non che un gran poeta, un gran popolo, giocondamente credulo ne'sogni, e tristamente incredulo nella realtà?

L'*individuo estetico* esprimesi, le più volte, con l'esterna caratteristica economia delle parti; ma non ne dipende: proclama la Musa individuale dell'artista, ma non la individua Menade di lui, ossia le eccentricità ed i vizii. Avvegnachè l'azione *individuatrice* delle arti sia, come dimostrammo, di origine obbiettiva e non subbiettiva; e quindi non autentichi la singola *animalità*, sibbene la singola *umanità* nell'uomo. L'ultimo tocco di scalpello, che vivificò tante statue, il colpo di martello, e la voce, che disse al Mosè « parla! » non provvennero nè da Canova, nè da Michelangelo; ma dal genio, che detta dentro, e solo al notare di colui, che lo comprende.

Che se vogliamo studiare, per un istante, le subbiettive illusioni, in proposito dell'*individualità artistica*: non possiamo non arrestarci alle due vulgatissime, che furono chiamate:

    a) Il classicismo;

    b) Il romanticismo.

    a) E cominciando dal *classicismo*, e mettendo in lui da un lato ogni scolastica inanità; diciamo suo massimo torto essere il non sapersi che *Individuo* avere; ed, a simiglianza del Sosia di Plauto, l'ignorare se è pur sè stesso, o non è. Un *classicista* non vive che nell'esemplare; e, poichè non può identificarsegli, rimane mirabilmente senza individualità dentro e fuori; dentro, perchè non sa di averne, fuori, perchè non riesce ad usurpare l'altrui.

In verità, non sempre l'indole impersonale di questa, non che scuola, maestranza artistica, giunse ad abbassare le forze individue a tanta atrofia. Ma nei casi bensì, in che il *classicista* non degradasi a pedissequo, sibbene mantiensi imitatore illuminato: il suo peccato originale lo condanna. E' rappresenta la fiacca individuazione, che trasfondesi a gran pena ne'prodotti, in ambiente non proprio, e tra mille remore alle inspirazioni.

Tra'nostrali più cospicui, il Canova, quando più s'invasa dell'ideale greco, individua meno. Che se abbandonasi al suo genio; p. e. nel mirabile busto di *papa Rezzonico*; accenna ad una scultura, che i moderni non hanno ancora saputo disviluppare dai suoi incunabuli. Il Leopardi non diremo *classico* che nell'elocuzione. Ma non trovi riscontro alcuno, nella antichità, a quel cuore sanguinante, che si dibatte tra l'empireo e l'abisso. Tutta la Melpomene francese scarseggia d'individua energia, perchè troppo impastoiata nella scuola. Finalmente gli alemanni posseggono in Göethe ogni gradazione *individualistica* dalla pallida figura di Efigenia, all'angoloso profilo ed alle chiazzate tinte del Mefistofele e del Fausto.

b) Il *romanticismo*, contrapposto del *classicismo*, per soverchia voglia d'individuare, individua anche difformando, e soventi glorificando la turpe e reproba subbiettività. Intendiamo parlare della così detta scuola *satanica*, che parci un mostro estetico, degno di nota.

Una scuola è codesta, che ha almeno il merito di sapersi battezzare col nome, che meglio la definisce. Poichè, se il Satana della religione avesse a poetare, non potrebbe che piacersi a dipingere come virtù il vizio, come eroismi le nefandigie più nere, come Eliso sociale la Caina e la Giudecca. Fa pena a vedere il Byron, indubitatamente uno de'più grandi genii poetici dell'età nostra, forviato dall'uggia, in che avea la contemporanea futilità, nelle più stupende sue fantasie, p. e. nel Child-Harold, nel Corsaro. nel Lara, nel D. Giovanni; forviato, dicevamo, a tutto il falso ed incomportevole del genere.

Del resto, l'artistica Teodicea, o Demonodicea prudhoniana, non parci più in voga. Non somigliò, grazie agl'istinti del bene appo i popoli moderni, che ad un passaggiero acquazzone, che fa rizzare le chiome in sul capo al provvido colono, ma dileguasi innocuo, e non lascia che lievi tracce del fracassoso passaggio.

Ed ecco conchiuso il secondo libro della nostra disciplina: libro, che discuteva l'*esistenziale idealità del Bello*. Rimanci a tratteggiare, nell'importantissimo libro terzo, il Sublime, il Comico, ed il Drammatico, ch'esprimono la stessa idealità nella concretezza. Il che ci approntiamo a fare incontanente.

—

LIBRO III.
Della concreta idealità
DEL BELLO
ovvero

DEL SUBLIME, DEL COMICO, E DEL DRAMMATICO.

A ricognizione del terreno, sul quale la investigazione è per procedere, porta il pregio di premettere alcune considerazioni dottrinali, che assicurino il carattere di lei.

Ogni ente, non illusione, ma realtà, ha a contenere ed esprimere una medesimezza fattiva; val dire il *potere essere e non essere*, conchiuso in un *questo* di tempo e luogo, che sia quel desso *che dee essere*, cioè non più contingente, ma necessario. La prima di tali fasi è la pura intellettività. Essa importa qualcosa, in quanto non più che pensata. E la nomineremo il SUISMO; perchè corrisponde al *sè*, dell'espressione *sè stesso* della medesimezza: *sè*, che potresti benissimo non concepire, ma che dei aver concepito prima a passare dipoi al concetto dell'*immedesimarsi*. La seconda fase riguarda il puro essere esistenziale; ed importa (rispondendo allo *stesso* della soprammentovata dizione; il perchè la denomineremo l'IPSISMO di una cosa);—importa, dicevamo, l'esperimentarsi de' possibili, che scindonsi ne' loro elementi, a così provarsi il *desso*, richiesto a complemento del *sè*. Finalmente la terza ed ultima fase è l'essere razionale: ossia l'*essere* non più puro, ma concreto, che in tanto addimanderemo Suipsismo, in quanto in lui la medesimezza, individuandosi, diviene motrice e vera entelechia, che copula intelligibile e sovraintelligibile, pensiero e vita in un atto solo.

La quale triade del Concreto assume per noi una significazione, che parci non leggiera variante dall'*Idealismo assoluto*. Non che conchiudere dall'inviscerarsi dell'essere nel pensiero la plusvalenza di questo su quello: il che riesce a una deificazione della funzione logica; noi ne desumiamo *il maggioreggiare perenne della Vita, tuttochè implicita e latente, sull'esplicito Conoscere*. Lo Spirito, imminente a sè medesimo all'orlo della cerchia della coscienza, enunciasi qual sistema d'*incoati esistenziali*; ed il solo filosofo può, nel supremo limite speculativo, riconoscere la *suipsia*, o individuazione, e formolarne l'umanazione modesta, o veramente l'*assolutezza non più che umana* del sapere.

In virtù delle indicate relazioni la nostra disciplina estetica avea a contemplare dapprima nel suo *essere nozionale l'Idea Bella;* a fare indi passaggio allo studio dell'*esistenza intellettiva degli elementi di lei;* i quali due stati, congiunti nella sintesi concreta, ci presenteranno, nel presente libro, Idea e Forma, quali efficienze, non più equilibrate nella indifferente astrazione, sibbene *preponderanti l'una sull'altra, a volta a volta, nella realità*.

E vedremo la prima vincere l'altra per un istante; fino a che questa, novello Anteo, avrà dal fango stesso della terrena formalità, tratta virtù a risorgere non solo, ma a sperare nel trionfo. La corona del quale, negata alle due agoniste isolate, verrà concessa, da ultimo, alla duplicazione irresistibile delle loro forze.

Con ciò tracciammo la testura della investigazione, cui siamo per por mano. Essa seguirà, in tre capi distinti,

I. Il Sublime;
II. Il Comico;
III. Il Drammatico.

Nella considerazione de'quali, alla ricchezza di contenuto, onde locupletavano la scienza le ricerche degli eroi del filosofare moderno; noi non presumeremo, per innanzi, di aggiungere che le modificazioni, inevitabili alla nostra qualsiasi specialità. Così il discreto lettore ci affidi di compatimento nell'opera importante e risicosa.

CAPO I

DEL SUBLIME.

Quando appo il Bello, tuttavia latente nella Idealità, dalla coesistenza degli elementi di lui, il pensiero indagatore passa a riconoscere la successiva prevalenza dell'uno sull'altro: due casi possono occorrere. O primeggerà l'Idea sulla Forma; ovvero la Forma soverchierà l'Idea. E ciò incontrerà innanzi che componga il dissidio, se non più nell'indifferenza dell'astrattezza, nell'integrata differenza dell'organico nesso, un terzo stato, che abbracci e corregga le esclusività dei due primi. Ora, nella vicenda, cui l'impulso all'individuarsi sospinge l'intuito, il primeggiare dell' *Idea* manifestamente precede l'altro della *Forma*. Quest'ultima comincia sempre per essere reputata *passivo strumento* della prima. E non incontra che dopo lunghe e dolorose vicissitudini, che lo strumento si nobilita, e giunge ad aspirare al monopolio dell'attenzione altrui.

Intanto, codesto predominio *ideale*, a rincontro di una relativa *formale* insignificanza, è appunto ciò, che addimandasi il SUBLIME. Alla dichiarazione di cui non crediamo fuor di proposito premettere la sposizione di due famose teorie, che lo trattarono diversamente. Esse sono:

A) La teoria dell'Empirismo inglese;
B) La teoria del Criticismo.

Estimiamo quasi non necessario avvertire che i lavori dell'antichità su tale argomento, tra' quali primeggia il noto libro di Longino; non possono interessarci gran fatto. Il semplice motivo è, che non riferisconsi immediatamente all'attuale ricerca.

A) Fra gli estetici, o, meglio, critici inglesi, il più specialmente dato allo studio del Sublime è Burke. Egli riconosce due istinti nell'uomo: quello della *socievolezza*, onde il Bello ; e quello della *preservazione di sè*, onde il Sublime. Esso Sublime interviene in effetto di una minaccia di pericolo, che desti il terrore nell'animo, e scota e robori la nervatura, che la bellezza avea accarezzata ed illanguidita. In ordine a tal vedere, ed alla azione tonica, che attribuisce al terrore, è famoso il motto di Schlegel. E' consiglia a collocarlo non ne'trattati di Estetica, ma nelle farmacie. Del rimanente, molte sottili distinzioni e giuste avvertenze incontri in Burke, innestate sull'indicato debole tronco dottrinale. P. E. che la *forza*, a poter dirsi sublimante, abbia ad essere non mogia e serva a'nostri usi, come quella del *bue*, sibbene fiera e minace come quella del *toro*. Ancora, che, fra le *dimensioni*, la più che conferisce a sublimarci sia la meno concepibile, cioè la *profondità;* che il *silenzio* e la *tenebra* riescano fonti di *Sublime* abbondevolissime ec. ec: Ma l'Empirismo, con siffatte scintillazioni esperimentali non illumina il sentiero scientifico più che le stelle, a notte alta, non illuminino le sotterranee vie di una catacomba. Il terrore, che associa molte volte la fenomenia del Sublime ; molte altre ne è al tutto eliminato. Ciò avviene in tutte sublimità morali, e massime in quella dell'Ente Supremo (intorno alla quale Burke arrovellasi a causare la blasfema sentenza, che sia sublime solo un Dio terribile). Avviene pure nel caso di non pochi grandiosi spettacoli naturali; p. e.

un cielo stellato, una vasta pianura, che biondeggi di messi a perdita di vista ec: E tralasciamo di dire del carattere esclusivamente subbiettivo, che l'enunciato vedere consacra in cosa, nella quale la subbiettività, come le ombre di Ossian, cade in un fascio sotto l'assalto della Vita.

B) Emmanuele Kant in parte accettava il magro psicologismo de'suoi antecessori: in parte ponevasi all'altro polo di quelli, investendo da tutti i lati la nozione controversa. Per lui il Sublime importava un fenomeno estetico, dalle radici nell'antinomia del *percepire* della sensibilità *(auffassen)*, e del *comprendere* della ragione *(zusammenfassen)*. Codesta antinomia valevagli qual fatto da registrare, e partita da inscrivere contro la realtà assoluta della conoscenza: e non rivelavagli menomamente l'obbiettività del pensiero, cui pure non era stato mai tanto dappresso. Singolare genio filosofico, e veramente simile al Telemaco del romanzo; che così a dilungo ebbe a guida la divina Minerva, e la stimò senno umano e finito! La mente, secondo l'acuto köenisberghese, raccapriccia all'apparire del suo IDEALE, ogni volta che un fenomeno, eccedente la misura dell'intelligibile, l'evoca, come fantasma, da'recessi della coscienza. Il raccapriccio convertesi poscia in piacere al sentimento che tutto riducesi ad apparenza *(schein)*; e che il subbietto è principio e fine del giuoco. La ragione, in somma, capace di concepire l'infinito, trae la sensibilità del mortificante impaccio, in che ponevala l'apparire enimmatico di lui in un obbietto. Ecco il principio *logico* della sublimità. Il *fisiologico* anche Kant pare lo trovi in un sovrabbondare delle fonti della vita; le quali, per un momento, facea ristagnare nell'essere sensibile la stupefazione del percepire consueto.

In tutto ciò vedesi celebrato un altro trionfo del teorismo; che pur non era assoluto in guisa veruna.

Adunque, con tutta la penetrazione della Critica, non fu dato migliore fondamento alla investigazione, che non le desse il sensista Burke. Rimane sempre intatta la difficultà capitale dell'argomento, cioè la valutazione del carattere di *originalità*, che contraddistingue i fatti estetici; e quelli della sublimità anche vie più di quelli del Bello puro. Ciò avviene in virtù della inopinata subitezza, onde invadono il subbietto a guisa di voce divina: *missa divinitus vox*, come esprimevasi Seneca. Avete bel predicare il vostro *giudizio* capace di produrre l'apparenza; ed insignito di autorità da mettere in circolazione il falso valore, la carta monetata, per dir così, dell'Infinito e delle altre Idee. Resta sempre a spiegare codesta facoltà produttrice di ciò, che l'è onninamente eterogeneo. Qui la vostra situazione non migliorasi, sibbene peggiora. Avvegnachè nel *sensibile* potevate parlare di una subrepsione delle categorie nel fenomeno; ma nel *sovrassensibile*, come non dubitate di dichiarare le Idee, non lice più ricorrere a questo stratagemma, senza affermare tautologicamente la subbiettività surrettizia a sè stessa.

Il Criticismo, per conseguenza, non meno, o poco meno, del Sensismo, rimane inferiore alla quistione. Esso, per altro, nella coscienziosa sua speculazione, rendeva alla filosofia l'inestimabile servigio di porre in luce l'antitetica attitudine della coscienza nella valutazione de'Primi ideali. Da siffatto profondo riguardo prese le mosse il posteriore convergere alla identità. E partendo da esso, e dalle contraddizioni, che segna, possiamo muoverci liberamente nello studio dell'argomento, aderendo in parte, ed in parte repugnando a' nostri contemporanei.

Ora, dalle cose esposte intorno alla genesi, che investighiamo, parci risultare che le più importanti teorie si accordino a porre una contraddizione tra Forma ed Idea nel fatto del Sublime. Dissentono solo nell'attribuire obbiettivo, o subbiettivo valore alla cosa. Che una inesplicabilità, penosa per l'intendere, eppure congiunta a indefinibile fascino, costituisca uno stato antitetico più nostro che degli obbietti : non è che il neghi. Quegli obbietti, avulsi dalla cognizione, manifestamente non esprimono nè sublimità, nè bellezza, nè nulla. Ma v'ha chi, forviato da tale relatività, ne conchiude la provvenienza *empirica* del fenomeno. V'ha, per contrario, chi ne deduce solo una *subbiettiva* inequazione di sensibilità e concetto; che ci sorprende, ci confonde, e ci fa cadere le seste di mano. Nè maravigliamo di ciò. Per la riflessione l'essere sicura di sè, è consuetudinaria *mistificazione*, come dicono i francesi. Ora, capitando di botto a dovere dubitare della sua valentia conoscitiva, in cospetto di una Idea, incomprensibile *discursivamente*; essa non può non consolarsi, persuadendosi che l'apparire di quella fu allucinazione del sensorio, ovvero una fallacia di conclusione. Nelle quali giravolte di senso comune, o logiche, la caratteristica complessione del *fe*nomeno non perdesi almeno di vista. Questa è la *c*ontraddizione soprammentovata. A lei, pertanto, annoderemo la costruzione, che proponiamo come nostra.

Ed eccola, in brevi parole.

Il *limitarsi, a potersi porre illimitato*, costituisce, per noi, il carattere del conoscere opinativo e vagante, non meno che la discursività metodica dell'intendimento. Se codesta fluenza intellettiva ad un *al di là*, eternamente dileguantesi: codesto limite, che riadergesi incontro al pensiero dopo ogni prostrazione; avesse a spegnersi in un ultimo, o in un primo, non ispegnerebbesi giammai. L'enimma della vita e del sapere rimarrebbe insoluto; ed avrebbesi l'inconcepibile attualità del nulla, e dell'assurdo, scura proiezione di lui. Ma la consistenza del mutabile non può intervenire ad alcuno de'suoi apici, limiti trascendibili tutti. Se ha luogo (e non può non aver luogo, per l'impossibilità del contrario); ciò avverrà in effetti di un *limite totale*; cioè di un limitarsi, e quasi coagularsi in ogni punto, del movimento, *proprio motore immoto*. Vogliamo dire che il pensiero, CHE LA SUA REALTÀ OCCUPA E VIVIFICA TOTALMENTE, presenziasi dapprima nella finitezza in una *latenza*, inaccessibile a'profani. Producesi, poscia, alla maravigliosa *suivisione* nella razionalità; balzando con un *fiat* geniale sull'iato, o, meglio, sull'abisso, CH'È SUA INGENITA ORIGINALITÀ IL PORSI E COLMARSI IN SENO A UN TRATTO. Cotale originalità, importanto, fattiva ed unificante due stati, e, diremmo quasi, due nature; cioè intendimento e ragione, saper volgare e filosofia; sarebbe incomprensibile senza un sistema d'incoati, imminenza dello Spirito a sè stesso, e suo trasumanarsi perenne. Il genio cessa solamente così di essere una Sfinge senza possibile Edipo.

Ora, in tutte duplicazioni spiritali riproducesi la legge della medesimezza, che indifferenzia il consueto e l'originale, il meccanismo e la *dynamis*. In virtù di tal legge, nel duplicarsi della suivisione, il pensiero, o a grado a grado, e mentendo quasi la seguenza raziocinale, speculerà sè stesso disotto al cristallo translucido della *idealità;* ovvero irromperà con subito dilaceramento del crasso involucro fenomenale. Nel primo caso, nel campo storico, interviene la vittoria di una Idea sulla linea della indiscontinua *esplicazione legale*. Per opposto, nel campo estetico, ha luogo il fatto del Bello. Nel secondo caso, l'uomo pratico gode de'dolorosi benefizii delle politiche rivolture, e de'rigeneratori cataclismi. Per contrario, nel campo nostro, enunciasi al sentimento, con brusca interruzione delle giornaliere abitudini, l'apparire del *Sublime;* che, pari all'Egioco, incenerisce la *Forma*, alla quale rivelasi tra lampi e tuoni.

Riassumendoci diciamo, adunque, stimare noi esso Sublime:

IL SUBITANEO APPRESENTARSI DEL DIVINO NELLA ESTETICA ATTITUDINE DELL'ANIMO NOSTRO, CONDIZIONATO DAL TRANSFIGURARSI DELLA *latenza* VOLGARE DEL PENSIERO IN *presenza* E PIENA VISIBILITÀ DI LUI; NON CON LA TRANQUILLA SUIVISIONE DEL BELLO, SIBBENE CON INOPINATA FULGURAZIONE, CHE PURE GRATIFICA DI ALTA VOLUTTÀ IL SENTIMENTO, PER LA MAESTÀ ED ORGANICITÀ DEL FATTO.

Da questa definizione, che parci circoscriva compiutamente l'ambito della Dignità controversa; facciamo ragione di trarre le fondamentali divisioni di lei. E non crediamo picciol vantaggio in ciò il poter tenere il mezzo tra le divergenze de' contemporanei trattatisti.

Il Weisse, p. e. pensa, non essere nella natura non meno che nell'arte, nell'obbiettività empirica non meno che nell'Idea, le *armonie* della *bella Forma*, che complemento e rettificazione delle *dissonanze* primitive della *sublimità*. Per tal modo la gigantomachia antidiluviana, ed anche più in là, le telluriche catastrofi dell'acqua e del fuoco; sembrangli il solenne esordire del genio estetico della creazione. A lui tien dietro, in età meno tumultuose, il calmo ordinamento delle forze, e la possibilità del mite regno della gran madre di Amore.

Tuttavolta, in contraddizione di tale dottrina, il Vischer mantiene, con tutta la sua dialettica, essere il Sublime posteriore al Bello; e quasi la decomposizione di esso. In fatto, il venir fuora dell'Idea da'gorghi dello Spirito, non è che il disvincolarsi di lei dalla *Forma*, in che latita in beata e giovanile inconsapevolezza. Non altrimenti che la guerra suppone la pace, la sorpresa una consuetudine, lo sbigottimento un'antecedente sicurezza; dee avvenire che lo stato violento, che umilia la sensibilità e fa fulgurare nella coscienza la maestà del Divino, sia preceduto da calma intuizione. Dee, in altre parole, aver luogo il Bello.

Ora, dal nostro vedere risulta, non antecedere il Sublime, nè succedere all'Idea bella; sia che riguardisi la razionale, o la storica esplicazione di codeste estetiche Dignità. L'una e l'altra simultaneamente s'ingenerano nell'Ideale, non meno che nel crasso aere dell'empirica osservazione. Le geologiche fasi, che, a mo' di fragorosa sinfonia, prelusero alle armonie della natura attuale; non sono sublimità, ma deformità. Non era l'Idea, sibbene la caotica fortuitezza de' primi nessi, che in quelle facea le sue prove. Dall'altro lato, un Sublime, in che il Bello decompongasi, come sale nell'acido e nella base, non dirai più fattore estetico, ma logico. Si ha bel parlare di forme attenuate; sendo incontrastabile in cotali gassificazioni il dominio assoluto dell'Idea. Ma, considerati i due aspetti siccome contemporanei, tutte difficultà cessano. Non che concepibile, diviene di assiomatica evidenza, che l'identico fondo dei due fenomeni partorisca maraviglia, congiunta a compiacimento, sì nella bellezza, che nella sublimità. Ed il loro diversificarsi modale non sarà un arcano per chiunque ponderi il riflettersi *totale* del pensiero da un mezzo diafano, ed il rifulgere *parziale* dalla opacità; come di sopra fermammo.

E notate che, pensando così, risolutamente ci discostiamo pure dall'estetico Carriere.

Egli, quasi gran senno, unifica talmente Bello e Sublime, da non più ravvisare che una sola entità in codesta diade estetica: entità, non differenziata in sè, ma quantitativamente. Ciò torna a dire che non abbia a concepirsi come Sublime, che una bellezza stragrande. Se a sublimare le Vergini raffaellesche e la Venere medicea non bisognasse che magnificarle sino a viragini; e la Flora, che i conoscitori non tengono molto bella, perchè molto grande, fosse perciò appunto sublime; se i putti in S. Pietro, che sono triviali quantunque patagonici, ci dovessero far trasalire dalla sorpresa, del pari che i profeti di M. Angelo;

se, infine, un bel fiore, un bello animale, un bello azzurro di cielo, una bella calma di mare, esagerati in dimensioni gigantesche, potessero emulare il bosco annoso, il biblico Leviatan, il tempestoso oceano: ogni cialtrone potria aprire bottega di sublimità. Basterebbe convertire in macrocosmo il proprio ed altrui microcosmo meccanicamente. Eppure converrebbe diffidare de'miracoli della quantità: categoria, meno di tutte miracolosa. Converrebbe insospettirsi dell'avere a chiamare *bello* ciò, che un Lilliputo chiamerebbe *sublime*; e *sublime* ciò, che il Saturnino volterriano appena degnerebbe dell'appellativo di *grazioso*. E si arroge che, in moltissimi casi, non è già la grandezza, o il prolungarsi indefinito, sibbene la picciolezza e la concisione, che pongono l'animo in estetico sbalordimento. I motti, a mo' di esempio il *moi* di Corneille, il *quodcumque feci* di Seneca; colpiscono, perchè brevi. Stemperateli in allocuzioni; fate del sublime *fiat lux* del Genesi, una tiritera rettorica; e loro avverrà come all'ape, che, perduto l'aculeo, muore.

Oltre di ciò, a sempre meglio fermare la differenza tra'due fatti in proposito; non perdasi di vista, essere il compiacimento, che partoriscono, un calmo e quasi estatico compiacimento appo il primo, ed una passionata e quasi convulsa dilettanza appo il secondo. Il che prova, una scaturigine unica assumere duplice modalità; sia che l'onda si arresti in laghetto montano a fare di sè specchio al cielo; sia che dirompasi fragorosa per caterette e cascate.

Non parci, dunque, da recedere, in grazia di speciosi riguardi, dalla convinzione dottrinale della qualitativa differenza di Bello e Sublime. I popoli rudi, e le eroiche loro geste, sono più sublimi che belli: le età, illustri per civiltà e temperanza, hanno, per contrario, più che pel Sublime, senso per la venustà in tutte cose. Ma nell' *Umanità*, cioè appo l'uomo compiuto, non iscorgi eccedenza dell'una sull'altra di siffatte energie; e, siccome sopra dichiaravamo: O PROCLAMANO, NELLA PACE DEGLI ELEMENTI DELLA IDEA, LA POTENZIALE TOTALITÀ, O, NELLA LOTTA, LA CONCRETEZZA DI LEI.

Avendo così assoluta il meglio, o il meno male che potessimo, l'investigazione della origine e della indole della sublimità, stimiamo portare il pregio di premunire il lettore da due consuete aberrazioni artistiche, cui un falso vedere suole dar luogo. Esse paionci:

a) Il truculento;
b) Lo sfoggiato. —

a) Il *truce* è il parodista del Sublime; ma con questo di proprio che, in luogo di far ridere, pretende far tremare, e spesso, pretendendo troppo la seconda cosa, giunge per una scorciatoia alla prima. Qui vale i sennato aforisma de' francesi: *du sublime au ridicule il n'y a qu'un pas*. Così, nel Gilblas, leggiamo di un poetastro, il quale facea perire tutti i personaggi di una sua tragedia, e non offriva che una saporitissima farsa all'adunanza. Bene, peraltro, sono triste truculenze quelle de' romani, che alla teatrocrazia sublime de' raffinati loro maestri di Grecia, preferivano gli spettacoli barbarici del circo, ed il sangue vero e l'agonia vera di migliaia di accoltellatori infelici.

Il *truce* prostra la sensibilità, e finisce per ottunderla con effetto opposto all'esigenze estetiche genuine, che propongonsi di sempre meglio complessionarla a veicolo della Idea. Lo stesso Shakespeare non è immune dal pregiudizio di credere che l'accumulare orrori conferisca a sublimità di effetti. È notevole, a tal proposito, la leggenda, che lo fa figliuolo di un beccaio, a significare le uccisioni, in che si compiace non di rado senza un motivo estetico al mondo. Lucrezio ha, fino a un certo punto, ragione, quando canta, che vuolsi essere sicuri in sulla riva a poter godere di una burrasca di mare qual di sublime spettacolo. Nel pericolo, e tra la paura e il dolore, che acciecano e perturbano, non riesce esaltazione alcuna; e, quindi, il sommovimento sublimante non può intervenire.

b) Noi italiani, che usbergano dall'ideare truculenze il mite cielo e l'amorevolezza natia, periclitiamo incontro alla seconda maniera di falso Sublime, cioè incontro allo *sfoggiato*. Esso producesi quando si cambia un modo legittimo del maraviglioso, cioè la magnificenza e la pompa; — quelle, p. e. del sole oriente in tutta la maestà de' suoi raggi, del Giove di Fidia, ec: — con la ridondanza degli ornati intorno a una magra fantasia. Tal cosa facea dire da Apelle a un pittore, che avea sopraccarica di contige ed oro una brutta Venere: « Non potendola far bella, l'hai almeno fatta ricca ».

È *sfoggiato* e non *sublime* il deplorabile nostro seicento, nella vita non meno che nell'arte. È *sfoggiato* il Papismo quando, a simiglianza del Mazzarino vanitoso, vuol coprire del fuco delle chiesastiche gale la decrepitezza e l'agonia. Dirai non più che *sfoggiato* il

Miserere del Rossini; dove, per contrario, ammirerai come *sublimanti* i cori di Handel. Inclinano allo *sfoggio* la lirica del Tasso, le dipinture del Giordano, le costruzioni del Vanvitelli. A ogni modo, codeste grandige sono proprie dell'età di decadimento; e, quindi, non guari da temere in periodo di sociale rigenerazione, come il nostro. —

Dopo le generalità logiche e critiche, che avvisammo mandare innanzi alla trattazione particolareggiata dall'argomento, ci affrettiamo a passare allo studio delle varie sfere di apparizione. Esse sono tre, cioè:

§ I. Il Sublime naturale;
§ II. Il Sublime morale;
§ III. Il Sublime sociale;

che facciamo ragione d'investigare in tre paragrafi distinti.

§ 1°

Del sublime naturale.

L'Idea, soverchiante la Forma in guisa che, rappiccinita e perplessa, costei non sappia più come adeguarsele; non può non appresentarsi quale *infinito quantitativo* dapprima. Esso solo fa assegnamento sulla inaccessibilità; ed ha il mal vezzo di preferire alla magnitudine propria l'efimera impotenza altrui. La sensibilità, avvezza a tutto volere e potere misurare al fil della sinopia, come direbbe Dante; comincia per imbarazzarsi; e poi si sbigottisce ed accasciasi al cospetto di una estensione sconfinata, di una grandezza stragrande, che, a similitudine della tartaruga del noto sofisma di Zenone, tiene imperturbabilmente a rispettosa distanza Achille, dal piè veloce. Siffatto incaglio nelle consuete funzioni dell'intendimento, e la conseguente antinomica postura nella percezione del fenomeno; — il quale, se da un lato contiene un problema, che urge per pronta soluzione, dall'altro lato è l'insolubilità, presa, a certo modo, a divisa; — siffatto incaglio, dicevamo, sarebbe eversivo del pensiero, che l'affronta, non meno che del sentimento, che se ne impressiona. Se non che, sendo il pensiero stesso, che, con subito intervento, simile al negromante della ballata di Göethe, ripone a segno la fantasmagoria del prosuntuoso senso comune: l'animo rimane compreso da riverente maraviglia; e saggia il misto di dolore e di gioia, di scoramento ed entusiasmo, d'incredulità e fede, distintivo di ogni sublimità, e di questa, che studiamo, in ispecie.

E che appunto nella percezione, ovvero nell'essere fenomenico, abbia ciò primamente ad intervenire; non negherà alcuno, che consideri la necessità dell'immediazione nel cominciamento di checchessia: immediazione, emblema della natura, universale seminario dell'esistenze. In fatto, le generazioni barbariche, ed il volgo, che rappresentano la naturalità sociale, più che al Sublime, ingentilito nel Tragico, acconciansi a quello, che affronta gli arbitrati e le misure del senso. Ne consegue dapprima una benefica oscillazione scettica; e poscia innegabile amplificazione del comprendere ideale. Così lo Spirito assume a sè e glorifica la Psiche. Così la pellegrina Umanità, ascendente il monte delle espiazioni, si alleggerisce a misura che sale, ed avvicinasi al Paradiso della verità e della bellezza.

Il Sublime naturale tira dalle categorie fondamentali della natura i suoi modi. Potendo erompere dallo spettacolo della coesistenza de'fatti nello spazio, o svilupparsi dalla loro successione, o finalmente scoppiare dal concentramento; hannosi tre distinte attitudini, che danno:

A) Il Sublime dell'estensione;
B) Il Sublime della successione;
C) Il Sublime della forza.

A) L'*estensione* è il campo, su cui spazia la Matesi, computista e misuratrice di mestiere. Conosconsi le tre dimensioni lineari di lei. Hanno sol questo d'importante per noi che, la *lunghezza*, riguardata quale protrazione in infinito di una retta, riesce poco idonea a sublimarci, come quella, che infastidisce con tutti i tedii di una lunga via, anzichè sorprenda. L'*altezza* già conferisce meglio a scuoterci e confonderci. Ma non serbasi che alla *profondità*, misteriosa genitrice di brividi ed orrori, il vanto di trarci nel vortice del maraviglioso, donde, come in allucinazione, ci fiammeggia dinanzi l'Idea.

È più importante la distinzione dell'estensiva quantità in *continua* e *discreta*; in quanto cotali forme occasionano due varianti della sublimità naturale: facendo rilevare, o l'impossibilità della *misura*, o l'altra della *numerazione*. Secondo la prima, un fenomeno giganteggia fra circostanti esistenze; che pure dovrebbero servire di modulo alla grandezza, e non fanno che deporre della immensurabilità di lui, innanzi al sentimento, perciò rapito in estatica ascensione inverso un ignoto Divino. Le *piramidi nel deserto* sono modello insuperabile di tale maniera di Sublime.

G. Paolo, in proposito, bene osserva, nascere il fascino nell'osservatore dal ricostruirle, ch'e' fa in suo pensiero, in quella che l'occhio, dalla base, viaggia alla remotissima cima. E notano alcuni estetici essere necessario alla produzione di codesto maraviglioso, non che l'anzidetta prossimità di minuscole esistenze, un visibile articolarsi, nell'obbietto, di parti costitutive, che promettano di soddisfare, e deludano, a un tempo, il bisogno di misura. Se attiensi la promessa, l'artefice mancò l'effetto magico del grandioso; e spesso a pro di una illusione, a lui contradditoria; cioè della picciolezza. Ciò sventuratamente intervenne nella basilica di S. Pietro, gigantesca fra tutte; eppure dissimulante con intenzionale o involontario fallire del magisterio allo scopo di ogni arte, di magnificare il picciolo, non di rappicinire il grande; dissimulante, dicevamo, nella volgarità della impressione, le colossali dimensioni della struttura. Visitiamo, per contrario, la chiesuola di *S. Maria degli angeli*, stupenda opera del Buonarroti. Al solo porre piè sul limitare, eccoci investiti da un torrente di luce, che inonda la croce greca del tempietto, e ci fa trasognati tentare di ragguagliarci a monumenti e colonne, che tutti ci torreggiano nell'immaginativa di là dalla mezzanità propria, e culminano 'e convergono come raggi al loro centro solare.

Secondo l'altra sublimità, cioè quella della *numerazione*, il percepire soggiace allo sforzo di accumulare numero a numero; e, come nell'immagine famosa, data da Haller dell'*eternità*, rimane sbalordito quando avvedesi che, in luogo di una approssimazione, i suoi aggregati numerici non produssero che allontanamento sempre maggiore. Le espressioni bibliche della *moltitudine delle stelle del cielo ed innumerabilità delle arene del mare*, fanno assegnamento su tale varietà di Sublime. È pure cosiffatta la grandiosa iperbole del Korano, la quale celebra di Alla che, « se tutto il mare fosse inchiostro, e tutti i boschi penne, non basterebbero l'uno e le altre a registrare le innumeri maraviglie di Lui ». Una consimile, e non minore sublimità ottiene l'Alighieri facendo esclamare all'idropico maestro Adamo, che se avesse potuto sperare di progredire alla ragione di un'oncia a secolo, a raggiungere le ombre de' suoi nemici, già sarebbesi messo in via. Il che fa trasalire l'immaginazione all'interminabile numero di millenii, che sarebbero bisognati al vendicativo siziente.

Giova, peraltro, che qui accuratamente si segnino, rispetto alla quantità, le due regioni finitime, siccome più sopra accennammo, del *Sublime* e del *Ridicolo*.

Nel primo la Forma esaltasi, umiliandosi a fronte della maestà dell'Idea; e, non altrimenti che alla canna della favola, le viene fatto di risorgere, perchè seppe piegarsi. Nel secondo, per contrario, la presunzione di valere, *in quanto Forma*, anche in cospetto della sua signora, l'espone a provare, schiantata, la futilità de'suoi sforzi. E pretende valere *in quanto Forma* tutte le volte che a quella misteriosa caligine, nella quale ha luogo l'evanescenza del limite, e l'apparizione dell'infinito, incautamente sostituisce una chiara e precisa determinazione, che non contraddicesi più che per muovere il riso; poichè si contraddice restando, ed anzi afforzandosi nella finitezza, che esclude e pretende di ammettere a un tratto.

Codesto vizioso concetto del Sublime, nel quale cadono di leggieri i mediocri artisti e le fantasie de' popoli giovani, è ciò che chiamiamo lo *spropositato*. Ma, manifestamente, se fa sorridere appo gli ultimi, fa sgangheratamente ridere appo i primi. In fatto, in quelli l'entusiasmo adeguasi a face capovolta, che fumeggia, ma rischiara alquanto. In questi somiglia un solfanello, che scoppietta e spegnesi, e non serve che a rendere visibili le tenebre. Un esempio di *spropositato* del primo modo lo abbiamo in un mito indiano, che narra di un gigante, dalle orecchie così sperticate, che vi passarono su quattro milioni di elefanti, senza ch'e' se ne avvedesse. Ma che diremo dello strafalcione di quel greco poetastro, il quale, al dire di Longino, cantava di Polifemo, che scaraventò tale sasso, che le capre pascevanvi su, ed i rivoli scorrevano, in quella che rotolavasi per aria? Qui la minuteria goffa guasta tutto, e converte in freddura l'amplificazione. E che la determinazione *spropositata* tramuti un'immagine stragrande in inezia, ci piace confermarlo con una facezia, dall'aneddotica popolare attribuita a un romano. Narrano, dunque, che un fanfarone minacciasse un trasteverino di tal calcio, che lo avrebbe balzato per ben cento miglia nell'aria. « Ohi! compare, » — disse il trasteverino ad un pizzicagnolo, ch'era colà presso; — « fammi una provigione per otto dì » — « Perchè? » domandò colui; — « Perchè, dovendo restare per aria per cento miglia di via, non voglio già morirmi di fame ».

Al Sublime naturale della estensione molti estetici aggiungono il riguardo della vacuità, ed infine del nulla, estensione negativa, o evanescenza nell'infinito. L'*Horror vacui*, e, più che altro orrore, l'orrore della morte, che natura impresse in seno a ogni animale, a salvaguardia della vita, sono sublimi; perchè fanno avvederci dell'insignificanza del proprio essere a petto dell'imminente Divino. L'incubo più angoscioso sendo quello, che ci fa sognar di precipitare senza giungere mai a valle, prova che il sentimento ripugna al simultaneo essere e non essere, non meno della riflessione. Se non che il primo salvasi dalla contraddizione, e dalla pernicie de' risultamenti di lei, genialmente sublimandosi alla visione dell'avvento di ordini e disposizioni migliori.

Sembra inutile aggiungere che il Sublime, che G. Paolo nomina *ottico*, perchè dipendente dal senso della vista; non che costituire un genere a parte, è una delle determinazioni subbiettive del *Sublime naturale*.

B) La *successione* non più appartiene a un riguardo primitivo e superficiale della naturalità; sibbene ad un posteriore e profondo, e propriamente istrumento del vedere riflesso. In effetti, se l'ingenuo antagonismo delle cose potea bastare all'intuito dell'eseso nello spazio; dee parere quasi criminale alla consapevole riflessione, che ordina in serie, e giudica ina alla volta l'esistenze mondiali ed i fenomeni della coscienza.

Il *tempo* è la forma di codesta successività; organo del tempo un'acustica interna, che fa rogiare nell'animo la fluenza e il divenire delle illusioni. Eraclito simboleggiavala con l'eternbilità delle acque; ed Orazio non meno ben mevala col suo

« *Rusticus expectat dum defluat amnis; at*
Labitur et labetur in omne volubilis aevum

Alla quale acustica interna rispondendo nell'organismo l'orecchio, comprendesi perchè gli estetici richiesero quale ingrediente necessario al Sublime, che risulta dal commosso sentimento della successione, una qualche voce, un grido, che, concorrendo col fenomeno, gli agevolasse, a certo modo, l'apparire dinanzi al sensorio estetico, per lui competente. E vedesi, in pari modo, perchè G. Paolo, che, secondo testè notammo, avea chiamato *ottico* il Sublime dell'estensione, nominasse, non al tutto improppriamente, *Sublime acustico* questo della successione, che ora esaminiamo.

Checchè sia di ciò, non parci difficile il dimostrare, in brevi parole, come ed a che titolo, nella relazione attuale, un fatto può reputarsi sublime.

Ed in vero, sendo quotidiana occupazione e vanto dell'intendimento, libertà automatizzata, non meno che il misurare, il noverare; e repugnando, quindi, come ogni istintivo abito, a cambiare andamento, ed a concepire non che l'immensurabile, l'innumerevole: esso fremerà al cospetto di un fenomeno, che minaccigli la sua computistica. Si ristorerà di poi e si esalterà a fronte della Idea, compito a sè stessa, oltre ogni computazione umana. Per tal modo, le lunghissime tratte di tempo, che schieri dinanzi alla immaginativa confusa un antico monumento; p. e. le *mura ciclopiche;* dapprima ci rendono perplessi nel calcolo della vetustà di lui, e poscia ci entusiasmano col pensiero delle sterminate dimensioni dell'attività nostra nella storica esplicazione; e così riescono a sublimarci.

E notisi che anche qui la determinazione vuole non

essere petrificata in cifre finite, ma ondeggiante a discrezione del sentimento. P. E. in cospetto di una delle millenarie querce di Winsdor, che al pedale misurano meglio che 70 piedi inglesi di circonferenza; non puoi non sublimarti alla immagine della nebulosa loro annosità. Tuttavolta, supponiamo che ci si narri, a maggiore nostra esaltazione, che furono piantate al tempo di Domiziano imperatore. Il prestigio estetico cessa, tuttochè il tempo assegnato alle gigantesche vegetazioni sia stragrande. In fatto, la misura avvenuta, ed il compito effettuato, l'intendere l'ha vinta; e noi non travalicammo dall'officina dell'agrimensore nella reggia dell'Idea.

Un sol caso conosciamo di Sublime successivo, in che l'enunciazione precisa del tempo accresce solennità alla frase. Tal caso ebbe luogo nell'enfatica espressione napoleonica, quando appiè delle Piramidi esclamava con apostrofe stupenda, concionando: « soldati, pensate che 40 secoli vi guardano dalla cima di quei monumenti ». Se non che il maraviglioso connettesi non a'quaranta secoli, ma all'infinito avvicendarsi del loro storico contenuto. A volere riprodurlo la fantasia dell'ascoltatore soggiace alla vertigine e al capogiro.

Il *tempo* adunque, quel « vecchio sagristano e calvo campanaio » come lo chiama Shakespeare, non c'inizia a'misteri del Sublime, che con gli eccitanti rintocchi del proprio funerale. La patetica squilla dantesca,

« Che sembra il giorno pianger, che si muore »,

non sublima, che in quanto fa echeggiare nel pensiero l'agonia di tutte cose in seno all'Antico de' giorni. E la spaventosa leggenda dell' *eterno giudeo*, colpito dalla massima delle maledizioni: la maledizione di non poter morire; solo ci empie di raccapriccio, perché l'Idea dell'eternità atterra tutti i tentativi di espiazione, che metta innanzi ogni sterminato elasso di pena. Nè riposa sovr'altra base la sublimità dell' *Inferno* della *Divina Commedia*, dove, ad un *aere senza tempo tinto*, dà ingresso la terribile porta, su cui sta scritto:

« Dinanzi a me non fur cose create
Se non eterne; ed io eterno duro.
Lasciate ogni speranza, o voi ch'entrate ».

Senza principio, in fatto, e senza fine, è tal concetto, che, al suo ingenerarsi nell'animo, fiaccansi le grucce dell'intendere; e diviene possibile il balzare negl'Ideali della ragione.

Volendo, intanto, toccare, il più brevemente che potremo, della varia disposizione a sublimità delle parti del tempo, stimiamo doverle distinguere in due classi, cioè dire:

a) Delle parti del tempo in sè;

b) Delle parti del tempo in rapporto alla vita dell'uomo.

a) Le parti del tempo in sè sono, come ognuno sa, il *passato*, il *presente*, ed il *futuro*. Rimandiamo alla costruzione aristotelica di tali momenti il lettore, vago dell'importantissima ricerca. Qui non ci riguarda menomamente. Avvegnachè sia bastante all'intento nostro di discorrere la loro idoneità, maggiore o minore, al Sublime, l'accettargli quali empirici dati. Un noto epigramma greco gli descriveva così:

« Il passato non è; ma se lo pinge
La viva rimembranza.
Il futuro non è; ma se lo finge
L'indomita speranza.
Il presente sol'è; ma in un baleno
Fugge del nulla in seno.
Dunque, la vita è appunto
Una memoria, una speranza, un punto ».

Dalla quale conchiusione, ch'enuncia la *puntualità* del presente, parrebbe doversi concludere la incapacità ad esprimere il Sublime nella indimensione di lui. E cosiffatta fu la sentenza di quasi tutti i trattatisti. Onde trarremmo, del resto, in codesta ipotesi, la spiegazione del sublimarci, che fa il subitaneo scoppio del tuono? L'esistenza cogliesi in flagrante momentaneità fuori de'*prima* e *dopo* del finito; e così trovasi coll'infinito faccia a faccia.

Tre le altre due parti del tempo, il *passato*, evidentemente più che il *futuro*, prestasi alla esaltazione, che contempliamo. Attesochè, nelle caliginose rimembranze, l'indeterminazione oblitera la determinazione ricorrente; dove, per converso, nelle vaghe speranze dell'avvenire, essa è sola, epperò non pregnante di effetti, egualmente maravigliosi. Scipione in esilio, Mario sulle rovine di Cartagine, Napoleone sullo scoglio di S. Elena, appaiono sublimi pel cumulo di memorie, scese su que' titanici animi, senza poterli far disperare. E le reliquie delle città, degl'imperi, e, diremo pure, di tutto un mondo primitivo, rivelatoci dalla scienza: Persepoli, Palmira, Cartagine, delle quali non si potrebbe nemmeno più cantare

« appena i segni
Di sue alte rovine il lido serba »;

empiono lo spettatore di commozione alla immagine del *passato*, che scuramente stanzia tra' rottami; e dello Spirito de'tempi, che passeggia quivi entro, ed esclama col poeta persiano, citato da Maometto II alla presa di Costantinopoli: « La lugubre civetta farà il suo nido nella dimora de're! » Anzi, se il caso, o la scienza, riescono ad esumare una città antica, come intervenne alla nostra Pompei, ad Ercolano ec:, codesta inopinata risurrezione sbalordisce il mondo moderno, rammemorando remotissime origini, in quella che conforta ognor più di fede nell'immortalità de'destini dell'uomo.

b) Le parti del tempo, in rapporto alla nostra vita, sono: la *gioventù*, la *virilità*, la *vecchiezza*. La caratteristica dipintura del vecchio Crono, in questo senso relativo al vivere dell'individuo, la tratteggia il Göethe umoristicamente in una *ballata*, che chiediamo licenza al lettore di compendiare.

« Via su, postiglione Crono », — grida il poeta; — « sferza codeste tue pigre rozze, che carreggiano all'erta la biga della mia giovanile esistenza. Avanti! avanti!, tartaruga. Che noia, che mai non si giunga! Ma eccoci, alfine, alla vetta del sentiero, onde mi sorridono onori ed amori. Fa sosta qui. Non senti, tangherone? — Ma egli già volge i cavalli più che di trotto a china. Che fai, insensato? Perchè ora tanta fretta? Più adagino, per Giove! E quel gorgo, che vaneggia laggiù; non lo vedi? Ah povero me! L'infuriato barbogio vi si precipita; ed addio, bella e fugace escursione della vita! "

La *vecchiezza* acconciasi meglio a sublimità, che non faccia la *gioventù;* pel motivo stesso, che pur dianzi ci faceva preferire il passato all'avvenire, come principio dell'estetiche maraviglie in quistione. Tuttavolta, non per le tre vite di uomo, che avea sul dosso, riesce sublime il Nestore omerico; ma per la sapienza, che può evocare dalla notte de'tempi. Il che ponci nel caso d'indicare un'equivocazione nel nostro contemporaneo Vittore Hugo. Nel dramma, che ha per titolo i *Burgravi*, egli reputa sublime lo spettacolo di tre generazioni, contraddicentisi nella simultaneità. Ma dappoichè rappresenta la prima un centenario imbecillito, la seconda un settuagenario, che si stima giovane; ed, infine, la terza un fanciullo di quarant'anni; la relazione capovolgesi, e, da maravigliosa, parci divenga un arzigogolo poco felice.

Un'adunanza di vecchi, p. e. il *senato romano*, che Cinea paragonava a un consesso di Numi, — s'accomoda assai più a sublimarci, che non faccia una clamorosa assemblea di giovani. E la popolare fantasia cristiana profondavasi nel Divino quando sostituiva all'*eterna gioventù* degli Dei della Grecia, l'antropomorfismo venerando dell'*Antico de' giorni;* che il Mefistofele del Göethe chiama antonomasticamente il *vecchio (der Alte)*. Codesta senilità sublime, del resto, s'intende che deggia non tornar *querula*, non *laudatrix temporis acti*, a mo' della derisa da Orazio; ma benevola, e degna della prossimità del Divino sul limitare della tomba.

La sublimità, propria dell'*età virile*, più morale che naturale, non va trattata in questo luogo.

C) La *forza*, cioè l'unità dell'esistenza e dell'apparizione, siccome bene le determina Hegel, esprime troppo la immanenza della Idea nel mondo, perchè non deggia riflettere, con ispeciale acconcezza, uno dei principali momenti di lei; cioè il Sublime. La vita, intensiva efficienza, corre già incontro alla identità col pensiero, e non ha più bisogno che di una sollecitazione, anche accidentale, ad esplodere in maraviglie, inattese dalla cognizione volgare.

L'*organo*, veicolo non solo, ma figurazione della forza, parci già in sè qualcosa di sorprendente, per la duplicità istrumentale, ch'enuncia. Se un dotto naturalista inducevasi a definire l'uomo: « l'animale, capace di servirsi di utensili », a motivo dell'importanza, nell'esplicazione pratica, dell'*ordegno*; non dubitiamo che, nelle alte regioni dello Spirito bensì, e nell'arte in ispecie, avvenga un prodigio quando la mente assicurasi l'*organicità*. Codesta è la porta di oro de'maravigliosi sogni del Bello e del Sublime; ed indi vedremo apparire, in breve, il subbietto sulla scientifica scena.

Può, intanto, intervenire che il rapporto della forza all'organo sia squilibrato; e, nel fenomeno, e preponderi l'*impressionabilità* dell'uno, o l'*impellenza* dell'altra. Siffatti due casi paiono poco acconci alla produzione del Sublime. Esso più facilmente e luminosamente folgoreggia in circostanze intermedie, che meglio contemperino attività e veicolo esterno. Sia-

mo da ciò indotti a riguardare l'obbietto da tre punti di veduta diversi. Essi hanno luogo
a) Quando l'organo soverchia la forza;
b) Quando la forza soverchia l'organo;
c) Quando sono l'uno all'altra proporzionati.

a) Il primo è precisamente il caso del *parturient montes*.

L'apparato di mezzi imponenti di rincontro a piccioli fini; di poderose leve e carrucole, impiegate a smuovere esigue masse; di sesquipedali paroloni, usati ad enunciare volgari pensamenti: contraddistinse sempre la *futilità*, la quale, non che sublime, può dirsi la sublimità capovolta, o la *spregevolezza*. Aspettazione angosciosa provi in ambedue i frangenti. Ma quivi la scena terminasi in entusiastica maraviglia; qui in derisione, o, nella più favorevole ipotesi, in freddo compatimento. Le cateratte del Nilo, che assordano il viandante; la gigantesca Niagara, che abbaglia occhi e pensiero, sono, senza contraddetto, sublimi. Ma *frivole*, anzichè no, dirai le cascatelle di Tivoli; che, con tanto artifizio, non paiono nemmeno capaci a far andare un mulino.

Tutti i bravacci tagliacantoni, dal Pirgopolinice d Plauto al Fallstaff di Shakespeare, rappresentano co tale pervertimento di relazione estetica. Il genere comico, come vedremo più sotto, sa bene usufruire una miniera, così feconda di *ridicolosità*. Quante romorose spedizioni: p. e. quella della invincibile *armada* di Filippo II; non riuscendo che a vanità, non ebbero menomamente la scura sublimità di una grande rovina; come l'esercito di Cambise, inabissato nel deserto, e la *grande armée* napoleonica, sepolta sotto le nevi russe. La spaventosa battaglia, che Machiavelli irride a ragione, era essa sublime o ridicola, in effetto della singolarità marziale che, dopo avere accanitamente combattuto dall'alba a vespero, i due eserciti non perdettero che un fantaccino, soffocato dal caldo?

E notisi che la situazione, che contempliamo, dovrebbe dichiararsi, sendo in lei preponderanza della Forma sull'Idea, qual caso di *comicità pura*, e non di *sublimità mancata*. Se non che la *frivolità*, pur talvolta ridevole, non è sempre cosiffatta: ma trabocca nella *spregevolezza*. Ciò appunto le avviene nel caso di un organo maiuscolo fuori di proposito; cioè in correlazione di una forza pusilla.

b) Il secondo caso dell'*eccedenza della forza sull'organo* ammette parziali lampeggiamenti della sublimità; e rendesi precipuo per una specie di deforme, cioè del *mostruoso*. Alludiamo a un noto aforisma di Lessing, che autorizza le *mostruosità* a coadiuvare l'opera di arte; purchè *paurose*, cioè sublimi. La forza, in fatto, in tanto esubera in un organismo, in quanto complessionasi ad *escrescenza*, ovvero a magnificazione eccessiva di un arto sugli altri. Così nel coccodrillo, che può dirsi tutto bocca, quelle formidabili caverne fanno fremere, e danno, se non la genuina espressione, almeno un surrogato all'espressione del Sublime. Così ci sublimizza, col concetto di una vigoria soverchiante, un'arbore bitorzoluta per soverchio di vegetazione; ed anche più quando, nella stessa mutilazione, serba l'*indomito animo*, come magnificamente canta Orazio dell'elce, che

" *Per damna, per caedes, ab ipso*
Ducit opes, animumque ferro ".

La quale deformità, peraltro, non dovrebbe esagerarsi in alcun membro a denotare una immensurabile forza colla misura di un numero finito; a simiglianza del Briareo della favola, che, centimano, qual è, parci non più che *spropositato*.

I *nani*, quando non concepiscansi in foggia comica, siccome tipi di naturale buffoneria, al modo di Gualtiero Scott, che gli fa balzare da un pasticcio a mensa, o appiattarsi in un contrabbasso a spioneggiare una congiura; quando, per contrario, si rappresentino dotati di gigantesca vigoria, secondo finge lo stesso Scott nel *nano misterioso;* sembranci esibire esempii compiuti della parzialità, che trattiamo. Il picciolo per sè, congiunto con la malvagia indole, e co' pericoli, quasi invisibili, onde siamo minacciati, singolarmente adattasi a commuoverci sino a' brividi di ansia indefinibile, prodromi del Sublime nella immaginazione. Ecco il motivo perchè temiamo i serpenti; e, fra i serpenti, i picciolissimi forse più che le grandi fiere. E gl'insetti medesimi perciò privilegiamo di eccezionali poteri sulla nostra nervatura. G. Paolo, col finissimo sentire, che gli conosciamo, potè, a tal proposito, esclamare piacevoleggiando: « Non v'ha duce, a bastanza animoso, da non impaurirsi di un tafano irritato, che gli ronzi all'orecchio, del pari che non s'impaurisce al rombare del cannone. »

Nemico mortale, del resto, del monco Sublime della deformità e della picciolezza, dimostrasi lo *stomachevole*. Badi il giovane artista a non tentare di sorprendere i nostri sensi, sbucando da tale cloaca. Veramente, la rigurgitanza naturale ingenera le eteronome cancrenose ulcerazioni; e la putredine stessa non diremo che rudimentalità di nuova vita. Ma siffatto eccesso della forza organica non è di nostra pertinenza; attesochè il brutto, non in quanto tale, sibbene in quanto momento dell'Idea, può essere impiegato a geniale fattore.

Lo stesso Dante non cansò lo *stomachevole* dove non si peritò di descrivere

« Le pareti grommate d'una muffa »,

« le unghie merdose » ec. ec: E peggiore prova faceva il volgare dipintore, che, a bene esprimere il quatriduano Lazzaro risorto, effigiava gli astanti in atto di turarsi il naso, e così, dinotando a chiara nota un putore insopportabile, *stomacava* e non sublimava gli spettatori.

c) Il terzo caso, cioè quando *forza ed organo equilibransi*, quello è, che aggiunge la totalità delle condizioni, richieste alla produzione del Sublime.

Il leone, l'aquila, tra le forme belluine, e l'Ercole, tra le umane, proporzionano maravigliosamente l'esterno abito alla straordinaria vigoria, che l'esperienza riconosce, ed il mito fantastica in loro. E non si pensi che il gigantesco delle dimensioni sia qui escluso. Trovasi tanto al suo posto, quale indizio del giganteggiare della potenza, che sbeffeggeremmo molte delle sovrumane bravure del figliuolo di Alcmena, ed anche del Sansone biblico, i quali ci rappresentiamo di poco eccedenti la statura ordinaria, se non soccorressimo all'immaginare col concetto di una miracolosa celeste intervenzione. Il Leviatan, sublimemente tratteggiato nel libro di Giobbe, dimostrasi colosso non meno di forza che di corpo.

Ma egli è nelle stupende esplicazioni della cosmica e tellurica attività, che il Sublime della forza s'innalza al suo apice. Le inondazioni, gl'incendii, le pestilenze, le guerre: in somma, la triplicità tremenda de'flagelli, proposti a David re, con la giunta di altre pernicie non minori: spiegano forze, incontro alle quali il vigore corporeo e mentale dell'uomo si accascia; ed e' non può non rifugiarsi, quasi colomba spaventata, in seno al consolante Ideale della Divinità. Ecco il Sublime. Le millanta scene del Diluvio, che ci regalano tuttodì i dipintori, dimostrano che messe pingue di forti impressioni faccia sperare da artistiche ed inartistiche menti quel cataclismo. Uno de' capilavori della pittura moderna, l'*ultimo giorno di Pompei*, creato in Russia ultimamente, deesi a questa inspirazione, provveniente dal gigantesco delle convulsioni naturali.

Non trascureremo di avvertire che i critici segnano varii gradi di approssimazione all'Idea, nell'attuale fenomenia. Il *grandioso*,—a mo' di esempio *una levata di sole*; è confine al *pomposo*, che più converrebesi al processionale incedere di un'adunanza di autorevoli persone; e distinguesi dal *maestoso*, che accenna a dignità regale, e dal *solenne*, che innalza il pensiero al Divino. Codeste gradazioni non menomano l'effetto, sibbene moltiplicano e diversificano l'efficacia estetica indefinitamente. Lo Spirito finisce per superare il riguardo della *forza*, e per innalzarsi al subbietto, come vedremo più giù.

Si rallegano, intanto, alle magnificenze visibili e fattive della energia, le invisibili e presunte virtù del mondo degli spettri; che la demonica de' romantici ha circumnavigato sulla sua fantasia, vera barca di Caronte per questo rispetto. Shakespeare, non meno che in tutte prestigiazioni, incede anche da gran maestro nella indicata. L'ombra di Banco, e del padre di Amleto, resteranno eterni modelli del modo da profittare con temperanza delle superstizioni della folla, a provocare l'eccitazione e lo sgomento all'idea di una forza arcanamente irresistibile. Che se vuoi toccare con mano in che barocca guisa possano falsarsi e distorcersi le creazioni del genio, paragona, come fece il Lessing nella *Drammaturgia*, l'ombra di Nino, che, nella *Semiramide* di Voltaire, appare in pieno meriggio nella pubblica piazza a tutto un popolo ragunato, con lo spettro, che, a mezza notte, incontra Amleto; ed inarca le ciglia al senso estetico del poeta francese!

Prima, intanto, di sospingerci alla importante disamina del *Sublime morale*, ci sia lecito far seguire una osservazione alle cose testè considerate.

OSSERVAZIONE

Ei pare, a credere alle declamazioni di molti, che l'Asia, dalla vetustissima civiltà, abbiasi prescritto il monopolio del *Sublime naturale*. Le paradossali movenze dell'inventiva in tutte arti; la predilezione del magniloquio; provvengono troppo immediatamente da coscienze naturalistiche per eccellenza, per potere essere sconosciute. Ma la parzialità del vedere sta nel circoscrivere nell'ambito asiatico l'intera umana naturalità, di per sè inchinevole al modo in disamina. Ne'primordii di ogni storico periodo, ed appresso ciascuna razza, veggiamo riprodursi le condizioni d'incoscienza, nelle quali l'Idea non può farsi valere che giganteggiando. Anzi, oggigiorno benanche, il volgo delle vecchie nostre consociazioni civili, fanciulleggia magnificando il Divino; ed i bimbi

« Nelle paure della veglia bruna »

largheggiano di superlativi agli spauracchi della immaginazione.

Bene fu preponderanza del Sublime sopraddetto appresso i popoli orientali, fanciulli della storia: e propriamente que' fanciulli che, innanzi a' cinque anni, secondo Kant, non hanno ancora profferito *Io*. Ma ogni orientalista sa quanti esempii di Sublime più profondamente psichico, offrano le arti iudiche, e la poesia arabica e neopersiana.

Per converso, i sobrii canti greci non iscarseggiano di materialistiche rappresentazioni. P. E. quando il Giove omerico millanta di sè, che tutti i Numi dell'Olimpo non potrebbero sommuoverlo, e ch' e' basteria a strascinarsegli dietro, incatenati che fossero insieme. E que'passi di Nettuno, tanto ammirati da'retori, che si vergognerebbero di parimenti inarcare le ciglia alla leggenda degli stivali di Sciamil, che facevano correre dieci miglia a ogni piè sospinto; non sono eglino un notevole esempio del Sublime dell'estensione? Milton, fra' moderni, ricorre il più soventi a siffatte magnificazioni popolari, a sensibilmente rappresentarci le demoniche nature. È quasi spropositato quando al protagonista Satana, in atto di duellare con l'angelo Uriele, dà dimensioni corporee, che l'innalzano sino alle nubi. Non parliamo della forza di Orlando, che arrandellava un asino non so quante miglia lunge, e svelleva i pini e i cerri

« Come se fosser ebuli od aneti »;

chè tali caricature non hanno che fare col proposito nostro.

Solo osserviamo che la fantasia popolare, fa valere qui tutto il suo estro; e con eguale entusiasmo canta di una donna, « ch'è bella come un sole! », e di un qualche bravaccio: « che pare un vero tremuoto! » Il perchè anche il Tasso, nella lodata iperbole sulla bravura di Solimano:

« Terremoto, che il mondo empia d'orrore,
È picciola sembianza al suo furore »;

non ci riesce cortigiano, nè odia il profano volgo quanto si pensa.

In conclusione, il Sublime naturale incontrasi in tutti i tempi ed appo tutti i popoli, quando la gelida riflessione non ha ancora ammorzate le vampe dell'intuito. L'Asia non ha di speciale in ciò, rapporto a noi, che la permanenza relativa in condizioni più idonee alla concezione e produzione delle quantitative maraviglie.

§. 2.°

Del Sublime morale.

Passando alla sposizione particolareggiata de'momenti del Sublime, che concentrasi nel subbietto, diciamo potersi ridurre a tre, secondochè si consideri la *passività*, o l'*attività*, buona o mala di quello. Tale divisione, che accettiamo dal Vischer, attagliasi alla materia con bastante adeguatezza. Avvegnachè l'animo nostro sia innegabilmente la platonica biga, balestrata su e giuso da due focosi destrieri d'indole impari, e capaci o di sublimare alle stelle, o di travolgere nel fango il perplesso auriga. Ma, perchè nasca l'antagonismo nell'azione, fa d'uopo preceda uno stato di pura *impressionabilità*, che apparecchi alla posteriore gara, a' premii della virtù, ed alle pene della Nemesi morale, cioè del rimorso. Siffatta disposizione passionata, formante e disformante la volizione; è capace di sublimi atteggiamenti. Di qui la triplicità dei momenti soprammentovati. Essi, in breve, sono:

A) Il Sublime della passività, o delle passioni;
B) Il Sublime dell'attività mala, o del vizio;
C) Il Sublime dell'attività buona, o della virtù.

A) « Non si dà figliuoli nati della libertà », esclama molto giustamente Schelling. Non havvi libertà gentilizia, non Blasonica, non libro d'oro della libertà verace umana, cioè del carattere: commentiamo noi. L'uomo s'ha a fare persona da sè. Non può essere armato cavaliere, nella franca milizia della dignità propria, da chicchessia; e meno che da tutti, dalla natura. Gl'istinti, anche commendevoli, che rediamo dalla gran madre, non provansi più efficiente principio in noi, che il marmo sia della statua, lo strumento del magisterio, che moltiplica i prodigii artistici ed industriali.

Lo stato di quasi compiuta passività da' mezzi, in che abbatteronsi a vivere, che perpetuasi negli uomini rudi, e precede, quasi crepuscolo mattutino, la levata dell'astro glorioso della personalità, anche negli animi poderosi e predestinati all'imperio di sè; lo stato di semianimalità, in cui l'uomo non vantaggiasi sulla incoscienza ferina, che per una erronea suicoscienza, e per una libertà, amara ironia del servaggio; è incontrastabilmente ciò, che vi ha di più deplorabile nella compagine nostra. Le passioni — codesti vespertili, che piaccionsi tanto, al dire di Bacone, del suboscuro aere delle nozioni confuse ed inesatte; svolazzano irrefrenate pe' caliginosi dirivieni di chimeriche aspirazioni, di assurdi progetti, di voli repentini e precipizii imminenti, quando l'umano fantoccio credesi libero, perchè non vede i fili, onde la fatalità fa di lui il suo zimbello. Allora la forza diviene motto di ordine, irresistibile talismano: quella del braccio, nella barbarie, quella della moneta, nella civiltà. E il subbietto ignora essere sol forte la temperanza, solo produttiva l'abnegazione; e non darsi virtù emancipatrice che nel libero assoggettamento al dovere. L'insaziabile conquistatore, che desiderava, oltre il sublunare, altri mondi, su'quali potesse estendere il dominio; sarebbe rimaso esterrefatto al sentirsi provare, essere stato assai più poderoso di lui il cencioso cinico, al quale, accovacciato in una botte, egli eroe non poteva fare altro male, o altro bene, che impedire, o concedere, il transito di un raggio di sole.

Tuttavolta, il dare di cozzo nelle fata, come diceva Dante, non potendo che riuscire a rovina del prosuntuoso arbitrio; ed il mare delle ambiziose passioni sendo infame per inevitabili naufragi; segue che, all'ora della catastrofe, le speranze deluse, la preda sfuggita con ischerno e dolore della belva umana, la fanno ruggire di collera a fronte a una possanza maggiore della sua. La situazione diviene, dunque, a un tratto, estetica. L'incomprensibile insuperabilità dell'ostacolo dall'un lato, e la sanguinante passione dall'altro, occasionano il prodursi del modo di Sublime, che studiamo, e che nominammo *della passività*. Erompe, innanzi tutto, nelle repentine rivolture, che la forza bruta delle masse popolari partorisce nelle sorti della nostra specie; ed in Asia, più che altrove. Il succedersi vertiginoso d'imperii, di quasi vulcanica momentaneità di formazione: d'imperii, che, simili al noto colosso biblico, un sassolino basta a traboccare nel nulla; le battaglie, che fanno passare un sultano, il quale reputavasi onnipotente, in una gabbia ferrata a mo' di avoltoio, con maggiore approposito di titolo e destinazione; quelle immigrazioni d'intere razze, che, sotto alla zampa del cavallo dell'Unno, flagello di Dio, non permettono che nasca più erba; sono pure spettacoli di sublime terribilità! E sono pure spaventosi artisti e giuocatori con le sorti umane, i Ciro, i Cambise, i Gengiskan, gli Ackbar!

Se non che, l'ira popolare, nel precinto angusto delle città, incontrastabilmente offre qualcosa di più grandioso e pauroso, che le stesse rivolture, testè citate. Quando la mala signoria, da'*vespri* del medio-evo al maggio dello scorso 1860, movea più volte Palermo a gridare «mora, mora!»; quando un pescivendolo napolitano scrollava con la sua plebe il più vecchio e perfido de'dispotismi; quando l'eroico volgo genovese fiaccava le corna, con insuperabile energia, alla oltracotanza tedesca: riuscivano pur sublimi que' furori, e prodigioso quello sforzo! Narrano de'selvaggi bufali americani, che il fracasso del loro galoppare in molte migliaia, scote il suolo delle praterie come il tremuoto, ed empie l'animo dello spettatore di raccapriccio infinito. Ma nulla, per nostro avviso, può agguagliarsi allo spavento, che agghiada e sublima ad udire l'urlo della collera del popolo; che, simigliante al gigante dantesco, non iscote solo, ma spezza, quasi aracniche fila, le sue catene.

Non egualmente grandioso che nelle turbe, ma non meno compiuto, il Sublime della *passività* erompe dall'individuo. L'ira di Achille costituisce il motivo estetico del più stupendo *epos*, che mai fosse. Le furie di Aiace, di Alcide morente, in Ovidio, falliscono alquanto all'effetto, cui erano accomodate, pel malaugurato vezzo del poeta latino di sopraccaricare l'ornamento: cosa che riesce funesta alla sublimità.

Più magistralmente la plastica greca assolvea il compito di esprimere le passioni. Il loro apice, cioè la disperazione, non fu forse mai meglio afferrato che nel ciclo statuario della favola di *Niobe;* dove s'impietra il dolore nelle pose, ne'gesti, nelle fattezze, non che ne'panneggi e ne'contrastanti gruppi. E non parliamo del *Laocoonte;* perchè pensiamo con Lessing, essere morale e non passionata e fisica l'energia, che ci sublima al suo cospetto. Per la medesima ragione l'*Edipo*, il *Prometeo* ec: non appartengono a questo luogo.

Nel desumere esempii di Sublime passionato dai moderni, non sappiamo allontanarci da Shakespeare, storico prammatico, e talvolta libellista del cuore. Il Northumberland, nell'*Errico IV*; il *Riccardo III*, che in agonia disperata grida " datemi un cavallo, un altro cavallo! "; e l'*Otello*, il re *Lear*, gelosi e dispetti, offrono modelli della subbiettività, che soggiace al proprio peso, e così fa luogo al trionfo della Idea. Citeremmo pure l'Ugolino dantesco, che

« come il pan per fame si manuca »

rode rabbiosamente il cranio del nemico; ed il terribile

« Ambo le mani per furor mi morsi »;

se non considerassimo codesti brani, quali lampi fuggitivi di un Sublime, di ordine inferiore a quello più morale, che anima tutto il canto, e fa alfine sclamare alla Nemesi poetica:

« Ahi! Pisa, vituperio delle genti! ».

Lo Spirito fiorentino bizzarro, che

« In sè medesmo si volgea co'denti »,

parci troppo rabbioso per pretendere ad alcuna sublimità. Nè può di vantaggio esaltarci l'indurata pervicacia di Capaneo, che gli fa sfidare Giove ad avere vendetta allegra di lui, anche che stanchi a fargli de' fulmini *a muda a muda* i Ciclopi, più che nella pugna di Flegra.

Il che dimostra a chiare note, essere il Sublime della passione solo possibile quando essa scoppii subitanea e parziale, e non permanentemente invada l'etica totalità. Il vizio, non che accomodato a partorire effetti di estetica stupefazione, riesce piuttosto idoneo a disgustare ed indispettire. Perciò ci accordiamo pienamente con Vischer, che nega alla degradante ed *arsenicale*, siccome egli la chiama, passione del giuoco alcuna efficacia artistica. Seguene un giusto rabbuffo a drammaturghi e romanzieri, che con tanto compiacimento la tolsero spesso a tratteggiare. Il cronicismo morale attrista, non eccita l'interesse; ed una callosità di carattere è bene punita da una relativa callosità nel sentimento, che la respinge.

Vedremo più sotto come, nel Comico, alcune perversità abituali possano prestare materia all'artista a figurazioni, proprie di quella sfera. L'*Avaro* di Plauto, il *Tartuffo* (il collotorto, diremmo noi) del Molière, il *Bugiardo* del Goldoni, la *Lusinghiera* del Nota; sono veri viziosi, dalla coscienza cauterizzata; eppure si potè fazionargli a figure drammatiche. Ma sublimi non avrebbegli renduti nemmeno il genio di Shakespeare, che non bastò a conferire alcuna altezza alla repulsiva creatura dell'ebreo nel *Mercante di Venezia*. Il perchè rimane indubitata l'incompatibilità di vizio e Sublime; e tanto vale il volergli unificare, quanto il dire acqua ed olio, atrofia ed esaltamento nervoso.

L'amore—furor prolungato, risponde meglio, all'altro polo dell'odio e dell'ira, furor breve *(brevis furor)*, all'esigenze estetiche. Uno de' migliori esempii di delirio sublimante, citati da Longino, è l'estasi, descritta da Saffo in alcune strofe, veramente pulsanti della febbre della voluttà. Eccole, tradotte dal Foscolo:

« Quei parmi in cielo fra gli Dei, se accanto
 Ti siede, e vede il tuo bel riso, e sente
 I dolci detti e l'amoroso canto!—
   A me repente,
Con più tumulto il core urta nel petto:
 More la voce, mentre ch'io ti miro,
 Sulla mia lingua: nelle fauci stretto
   Geme il sospiro.
Serpe la fiamma entro il mio sangue, ed ardo:
 Un indistinto tintinnio m'ingombra
 Gli orecchi, e sogno: mi s'innalza al guardo
   Torbida l'ombra.
E tutta molle d'un sudor di gelo,
 E smorta in viso come erba che langue,
 Tremo e fremo di brividi, ed anelo
   Tacita, esangue. »

Ne' moderni v'ha modelli a iosa della più baccanale delle passività del subbietto. Scartabelliamo qual più grande poeta si vuole, nostrale o straniero. Dante esclamerà, per bocca di Francesca, con concisa profondità:

« Quel giorno più non vi leggemmo avante. »

Shakespeare, con alta intonazione lirica, esprimerà l'addio di Romeo:

« Buona notte, buona notte! Il partirsi è così dolce angoscia, che vorrei dire buona notte sino a mattina! »

La quale ebbrezza amorosa dando luogo a gelosia, non perde della forza, che possedea. Ciò provano le tragiche figure della Medea, della Fedra, dell'Otello, dell'Orosmane ec, ec:

E notisi, che le sopraddette passioni hanno occasionato, in due lirici nostri, il Tasso e Monsignor della Casa, due famose definizioni poetiche, ne'sonetti:

« Amore alma è del mondo, amore è mente »,
e
« Cura, che di sospir ti nutri e cresci »;

veramente magnifici, se non puramente sublimi.

B) Il kantiano, che, non per bizzarria, sibbene in effetto di calmo convincimento, scriveva l'*apologia del diavolo*; avea certo in mente la negazione, principio etico ed intellettivo a un tempo. E quando, in un ultimo saturnale del pensiero, scandalizzavaci l'enunciato prudhoniano che il *demonio è Dio*; a salvare dalla nota d'insania il socialista, potevasi pure intendere significata la fenomenicità illusoria del mondo, strumento dell'insaziabile ambizione, e dell'ironizzante maltalento dell'arbitrio umano.

Se è di tutta necessità che la luce *facciasi*, ciò implica, o che perennemente *non sia*, il che contraddirebbe al postulato, o che solo *non sia* parzialmente; ovvero in una efimera realtà, la quale causi che il

Bene *si realizzi man mano in* Ispirito e verità. Siffatta inevitabile imperfezione, in virtù di cui la razionale centralità risulta da'movimenti più eccentrici; siffatto dissonare degli echi terrestri dagli accordi della celeste lira; costituisce ciò, che addimandiamo *mala attività dell' Io.*

Distinguesi essenzialmente dal vizio, determinato di sopra. Avvegnachè il *vizio* sia negativo, e le più volte non esiziale che a sè; ma dolorosamente positiva, e flagello del prossimo la *mala attività.* Dove l'uno dimostrasi ilota del concupiscibile e de'bassi istinti di lui; l'altra lo signoreggia, ed incatena al carro de' suoi perversi trionfi. La *viziosità* non può e non sa adergersi dal braco, in che si voltola. La *malvagità*, per contrario, ha tutto il nerbo della virtù, senz'aureola di nobili fini, o consacrazione di genio morale. Colei *non si conosce;* epperò non si maschera. Costei *si sconosce* e sofistica a sè medesima ed altrui; non per istima che abbia del mondo, che sacrifica; sibbene per disistima profonda della lealtà, quale strumento di riuscita.

Il codice eterno di simigliante sistematico pervertimento leggesi nel *Principe* di Machiavelli: cinismo della pravità pratica, onta de'nostri padri; ma che si professò, e si professerà da tutte ambizioni, impazienti d'intoppi, ed autocratiche ne'loro divisamenti. Che se l'infernale patto, che lega il malvagio alle potenze tenebrose, le quali sussidianlo nell'opera corruttrice, finisce infranto a sterminio di lui; e la Nemesi storica parifica le partite a dispetto, anzi con la cooperazione involontaria, de'maleficii della presuntuosa individualità: ciò non disinganna nessuno. Nè l'arbitrio si educa, il quale, a differenza di alcuni famosi suoi rappresentanti, *dimentica sempre e non impara mai*.

Non pertanto, l'incorreggibilità del mal volere, principio di commiserazione per l'etica bassezza, convertesi in grandezza, anzi in sublimità, tutte le volte che connettesi ad una grande vigoria di carattere, ed a fatti di strepitosa efficacia su'destini altrui. In tal caso, funzionano ambedue le leve, che stimammo necessarie ad esaltare gli animi. Da un lato, un titanico dare di piglio nelle convenzionalità della minuta gente ci empie di orrore. Dall'altro, la finale inutilità degli sforzi e disordini, che il buon genio dell'Umanità disperde come pule; al solito, ci riconforta e sublima.

Ora il primo sentimento non era nè abominazione pura, nè puro ammirare. Era un misto di odio e maraviglia; cosa necessaria a notare, a distinzione, più sotto, del falso in molti rincontri del Sublime della *mala attività*. L'esempio più classico, che di esso assegnisi, e che a buon diritto veggiamo levato a cielo da'critici, è, in Shakespeare, il personaggio caratteristico di Riccardo III. Quanto ha di meretricio e ferino la Sfinge umana; quanto incontrasi satanicamente beffardo nella lettera, ed angelicamente significativo nello spirito dell'enimma eterno, che il mostro propone al filosofo ed all'uomo mondano; concentrasi in quel maraviglioso furfante, dispregiatore della virtù e del suo simile, eppure non bastante a sè per modo, che grida indispettito "sono solo nel mondo!" Al vederlo a smascherare la donnesca ipocrisia, quando seduce una vedova al cospetto del cadavere del marito, lo diresti un filosofo, causticante le morali ulcerazioni de'suoi tempi. Ma volgete la pagina; e, nel famoso sogno, vi vaneggerà dinanzi l'abisso di una tristizia senza principii, ed istintiva al pari della ferocia del tigre, e, quindi, sprovvista bensì della sofistica del male.

Noi italiani possiamo menar vanto di una demonica natura, che non ha nulla a invidiare al famigerato despota inglese. Intendiamo parlare di Cesare Borgia. È una prova di fatto, almeno per noi, dell'ancor fiacca drammaticità delle nostre Muse, che nessun grande poeta abbia voluto, o saputo, sinora, in Italia, razzolare nel letamaio di quel cuore e di quella mente, a cavarne la gemma, che pure indubitatamente ascondono, della sublimità della colpa. Il laido libertinaggio, che colpì la castigata fantasia del D'Azeglio; la fredda perfidia co'signorotti di Romagna, che fecesi ammirare dal pensiero politico di Machiavelli: non paionci che le macchie superficiali di un carattere caliginoso, il quale racchiude in sè i misteri di tutto un secolo ed un popolo illustri. Due stranieri, il filosofo Amadeo Fichte, e lo storico Mac-Auley, hanno di corto cominciato a levare la coltre d'in su i cadaveri delle pretese virtù ed infamie de'nostri avi. Attendiamo l'artista, che da tanti deplorabili mezzi, da tanti fini onorevoli, da trionfi così effimeri, da catastrofi così durature: tra uomimi oppressori e vittime a volta a volta, e spesso insiememente ribaldi ed eroi; faccia emergere intero il concetto della passionata gioventù, ed il Sublime della *mala attività* degl'italiani.

Riescono meno idonei a sublimità i malfattori di second'ordine; i Jago, p. e: e tutta l'orda de'seduttori di donne da Lovelace a D. Rodrigo, che invade i romanzi moderni non sempre edificantemente. I tiranni alla Crebillon, ed aggiungiamo a malincuore, all'Alfieri, non paionci creature umane, ma specie di arcigni grifoni, onde popolansi i monti Iperborei della rettorica; e che, campando in aria, non hanno storici problemi a proporre, o risolvere, e non possono destare maraviglia in persona del mondo, se pure giungono a non far ridere. Bene vanta la tragedia greca i suoi Creonti, Egisti ec: Ma le potenze antitetiche della famiglia e dello stato antichi, ingenuamente accettate dalla Melpomene classica, non peranco si esprimono quale *attività mala;* il che le esclude dall'assunto attuale.

Riannodando ora a quanto accennammo sopra: cioè, che la personalità, da' maleficii della quale disegnisi fare erompere il Sublime, non ha a destare in noi solo ribrezzo, e nemmanco a disporci a sola ammirazione; stimiamo delucidare meglio la cosa con un esempio, che desumiamo da due figure artistiche, a tutti note. Esse sono:

a) Il conte Cenci del Guerrazzi;

b) Il Sardanapalo di Byron.

a) Il Guerrazzi, illustre contemporaneo nostro, nel noto romanzo *Beatrice Cenci*, s'indugia a tratteggiare, quanto più possa e sappia minutamente, la serpentina nequizia del conte Cenci; studiandone una ad una, e quasi assaporandone le nefandigo colla leccornia di un amatore di cacio inverminito.

L'autore, largheggiando di documenti nelle note, non dura gran pena a provarci che il suo mostro, a vituperio dell'umana natura, in carne ed ossa esistette quale ei lo descrive. Ma che fa questo all'artistica verosimiglianza, non violabile a nessun patto, e spesso indipendente dalla esistenziale verità? Il conte Cenci è, a dispetto della storia, un estetico paradosso, un estetico nonsenso; e guai all'artista, cui mancando sotto a'piedi il suolo ideale, a lui proprio, tenta, facendo forza di note, approdare ad un reale, non suo. Un padre, che odia tanto la prole, da banchettare alla buona nuova, che parte di essa perì di ferro e di veleno; che ama un cagnaccio più di un figliuolino infermo, e tanto da darglielo a divorare; non sia almanco scorno della natura artistica, come fu dell'empirica. Speriamo che i nostri lettori abbiano tutti fremuto di disgusto, non meno che frememmo noi, all'improvvido sfoggio di simili orrori.

Ma fa più al proposito attuale il considerare, come il superlativo diabolico dell'attività, non che sublimi, riesca ostacolo insuperabile a sublimare: stantechè, nell'abborrimento, l'animo si avvilisca e non esaltisi; e, conseguentemente, non sia possibile intravvedere Idea alcuna (1).

b) Il personaggio del Sardanapalo, nella notevole tragedia di Byron, che s'intitola dal famoso antonomasta dell'abbiezione, innalzata a sistema; non meno studiosamente ritratto del Cenci, se ne diversifica in questo, che ha effigie adulata, e non, come costui, denigrata e malconcia.

Il mal vezzo d'ingraziare col lettore protagonisti, non più che volgari scherani, dando loro una posa eroica, è abituale al gran poeta inglese. Il Lara, il

(1) Il Shelley, nella sua tragedia *Beatrice Cenci*, si avventurava alle stesse inestetiche situazioni; ma certo, non con migliore frutto.

Giaour, il Child-Harold, il Manfredi, Caino stesso, riabilitato da una officiosa indulgenza plenaria, a mo' della teologica di Origene; costituiscono una consorteria di strani spettabili, che solo un pervertimento de' criterii etici può concepire e cantare. Ma in nessun caso ci urta più cotale maniera, che nel caso di un re, vituperevole per l'andazzo pessimo di corrompere ed infemminire il suo popolo, offertoci qual tipo di paterna benevolenza, e glorificato qual martire della più barocca delle Idee. Il quale controsenso, messo a rincontro della figura bellissima e verissima di una schiava greca, renderebbe quasi comico il posticcio eroismo, se non fosse la straordinaria vigoria del dialogo e della versificazione, che salvano il tutto. Non pertanto, per martellare che il Byron faccia col focile poderoso della fantasia sulle pietre, che si accumula dinanzi; il Sublime non divampa spontaneo, ma scintilla a lunghi intervalli, e rifuggendosi nella dizione: pari all'elettrico, che, dovendo pur propagarsi, abbandona i cattivi conduttori, pe' mezzi più capaci e degni di lui (1).

A conclusione della disamina del Sublime della *ma-*

(1) Il Rosenkranz (*Estetica del brutto*, pag. 194), scrive: « nel Sardanapalo, una natura nobile in sè, ma troppo debole: umana, ma troppo condiscendente, s'innalza passo passo dal sereno e spensierato abbandono al godimento della vita, a vera dignità regia, all'eroismo, alla bravura, alla sublimità del sacrifizio di sè: quadro psicologico di così inimitata profondità e bellezza, che riesce altutto misterioso, perchè nessun teatro ce lo rappresenti ». L'illustre critico ci permetta di dileguare il mistero con due parole. Il Sardanapalo sarebbe poco accetto, perchè *carattere falso*. Il passaggio *passo passo* dalla debolezza all'eroismo parci non naturale, e, quindi, non che una profondità, una psicologica stiracchiatura.

la attività, facciamo notare che le immagini, riferentisi all'Ente Supremo, invariabilmente sublimano; e le immagini, che connettonsi al principio assoluto del male, riescono più comiche che serie. Il beffardo Mefistofele di Göethe è la forma più poetica del demonio. Lasciamo ai lettori la facile soluzione dell'estetico problema, che risulta troppo immediatamente da' precedenti principii da bisognare d'indicazione.

C) Il subbietto, la cui eteronoma attività frangevasi appiè della torre, che sola

« non crolla
Giammai la cima per soffiar de' venti »;

cioè appiè della salda torre del dovere; non soggiace che al folle assunto di sostituire l'arbitrio alla legge, ed in effetto della più pazza delle ribellioni di schiavi: la ribellione degl'istinti contro il dominio della ragione. La iattura di tante ambizioni, di tanti progetti, nutricati a prezzo di lagrime e sangue; prostra nella polve il volere temerario, che pretese deificarsi in tutta la caducità della finitezza, e disse all'Umanità: » adorami, chè io sono il Signor tuo! ». Ma l'ordine morale dell'universo si vantaggia delle follie e sconfitte dell'individuo; l'opera obliqua di cui, a simiglianza della tenebra, condiziona il farsi della luce.

Ora, la vittoria della necessità etica, enunciandosi con l'imponente ritmo di una giustizia, adeguatrice delle sorti umane; fassi luogo, in sulla scena del mondo, alle prove dell'antagonista della malvagità, cioè dell'*attività buona*, o, vogliamo dire, della virtù. La quale direzione delle forze psichiche ad Ideali di perfezione, non che astrattamente ammirati, praticamente asseverati nella lotta; riesce a sublime spettacolo e quando perviene, e quando fallisce alla meta. In fatto, in ambedue i casi è sufficienza di condizioni idonee all'effulgere dell'Idea.

Gl'indicati casi porta il pregio di contemplare partitamente.

E cominciando dal primo, ossia dal non frequente, ma nemmanco rarissimo trionfo della virtù; ammiriamo l'evidenza, che tutela le azioni davvero riformatrici dal pettegolo osteggiare de' partiti, in certi frangenti solenni, quando pare compromesso l'avvenire della ragione, e conviene francheggiare e redimere. Epaminonda, Timoleone, Alfredo, Gustavo Vasa, Washington: sono gli uomini fatali, che allora ghermiscono con mano di ferro il governo de' popoli. Incarnano in sè la più vera, perchè la più umana moralità; ed empionci di stupore, ponendoci in presenza del Divino.

Se Kant avea ragione di esclamare: « due cose parergli davvero sublimi nella vita, val dire un cielo stellato sopra di noi, ed una legge morale, scolpita ne'nostri petti »; noi ci reputiamo autorizzati ad aggiungere, sembrarci sublime il trionfo inopinato della bontà, ch'è, in risultante, tra'dissidii de'tempi, l'arbitrato dello Spirito in un subbietto finito. Codesto innegabile momento, sconosciuto agli estetici oltramontani per manco di fede nell'originalità storica; costituisce precisamente la *genialità della dialettica esplicazione del reale*, che vorremmo intercalata nel sapere contemporaneo.

La negatività, che, nella cognizione, risponde al

fatale ordito delle esistenze, muta stile quando passa alle figurazioni dell'arbitrio, *trama libera* di esse. Può, quindi, e dee divenire positiva, negando la negazione in una libertà d'indirizzo, che ricondizioni a normale congegnamento le fila, arruffate dalla *mala fortuitezza* individua. All'*Idealismo assoluto* converrebbesi negare l'*arbitrio*— puntualità, ond'emerge l'istinto; ad avere diritto a combattere, dall'altro lato, il *fortuito* del genio etico, che solo annichila al tutto le perturbazioni del caso. IL PRIMO NON *sarebbe*, E NON PROVEREBBESI IL *nulla*, SE IL SECONDO NON LO CONFUTASSE GENIALMENTE, FACENDOSI REALITÀ IN LUOGO DI LUI.

La storia non manca di testificare di risurrezioni morali, religiose, politiche, dell'animo adimato dalle passioni nel fango. Ma passioni han pure da essere le altre, che rimpennano lo strale a virtù; e tendono, con nerbo sovraumano, l'arco di Ulisse del buonvolere. Le fiamme dell'entusiasmo, ed una specie di santa ira del Bene, non trovansi che al posto loro nel petto degli eroi. Compresi da ciò, che chiameremo affetto, ma, con Hegel, glorificheremo qual *pathos* de'protagonisti del dramma delle grandi Idee, essi *non erubescunt evangelium*, e costringono la carne e la muliebrità delle avversioni istintive, non che a tacere nella chiesa, a predicare la legge del dovere e del progresso. E bene insisteva su tale punto il filosofo soprammentovato, esclamando: " niente di grande fu operato al mondo senza passioni! " La generosa ira dell'italiano poeta massimo, quando flagellava, amandola tanto, la città di Flora, simile all'inferma

 " *Che* con dar volta suo dolore scherma ";

ed il cruccio patriottico di un fiero pontefice, diciamo di Giulio II, quando indiceva a tutti stranieri la uscita da Italia, provano la verità dell'apotemma.

Nè l'arte, nè la vita sarebbero concepibili, se valesse la mummificazione etica, che addimandasi formalismo kantiano. A lui già ribellavasi il buon senso di Schiller, che reclamava sangue pulsante ne'cuori, e ne'cerebri delle artistiche, non meno che storiche individualità. Al solo genio morale riesce, nelle grandi crisi, la soluzione de'conflitti più disperanti del dovere e della libertà, a dispetto del vieto formolario della casuistica delle scuole; e così ascendesi al fastigio del Sublime dell' *attività buona*. Non diremo la virtù meno virtù per essere fortunata. Non la reputeremo meno pura pel *patetico* dell'entusiasmo delle sante sue escandescenze; non meno legittima per l'antitesi, che affronta, *della originalità morale e della regola codificata*. Ed in tutte cotali sembianze c'innammora di sè e sublima.

Badisi, peraltro, a non esagerare, nell'espressione di un'attività eroica, il *pathos*, a lei consentaneo. Per converso, non se ne vilifichi il valore sino ad una inumana *atarassia*. Siffatte eccedenze, provvenienti nell'artista da due psicologici vizii, vanno preliminarmente escluse dal dominio dell'arte vera. Esse sembranci:

a) Il fanatismo,
b) Il quietismo.

a) Tra le esclusività, la ieratica più specialmente significata dal *fanatismo*, è la meno tollerabile e maneggevole di tutte. Il concentramento delle forze dell'animo in un punto solo; l'ipertrofia, diremmo quasi, di un affetto a spese e discapito degli affetti circostanti, egualmente meritevoli di riguardo nell'interna economia; producono, in grazia della santità medesima dell'obbietto, una ossificazione così compiuta del sentimento, che reputerebbesi favolosa da chiunque la volesse giudicare, ignaro delle storie, contaminate per lei da tanti orrori.

Dalla cicuta di Socrate al rogo di Bruno; dalla croce del Golgota al verace disonore di essa, cioè agli *auto da fé* della Inquisizione, non v'ha martirio, che non deggiasi al *fanatismo*. Non che un *pathos*, va nominato una monomania. Quantunque, a rigore di termini, non possa dirsi una scelleraggine, coesistendo, le più volte, con fini onorevoli; pure riesce così inamabile e repulsivo, che l'artista ha mestieri del magisterio più sottile a cavarne qualche scintilla di effetto. Lode, dunque, al nostro Alfieri, che, in luogo di un volgare Torquemada, la cui torbida gloria fiammeggia in migliaia di roghi; in luogo del feroce abate, che, all'espugnazione di una terra di Albigesi, gridava a chi volea salvi gl'innocenti: » uccideteli tutti, chè Dio poscia sceglierà i suoi! »; in luogo, in somma, di codesti santi antropofagi, ci dava, nel *Filippo*, un Leonardo, fanatico idealizzato.

Non parliamo della *Pulcella orleanese* di Schiller, nella quale ogni traccia di fanatismo obliterasi in una aureola di alta poesia. Nè mentoviamo quell'anacronismo del marchese di Posa, visionario filosofico, fantasticato dal medesimo tragico in piena corte spagnuola del XVI secolo, e troppo poco palpabile e reale da resistere ad una critica seria. Solo invitiamo il lettore a ponderare, nel *Maometto* di Voltaire, l'impossibilità di poetizzare il fanatismo. Ridotto ad incolore vanità declamatoria, non atterrisce, non sublima uomo nato; e, nella pallida immagine compostagli, non ha presa alcuna per l'arte.

b) I *quietisti* meriterebbero ch'esclamassimo con l'Alighieri:

« Non ragioniam di lor, ma guarda e passa! »;

tanto manifestamente ripugnano a inspirare sensi, che non sieno di disprezzo. L'aspetto della fiacchezza e del torpore disgusta e indispettisce. Stantechè la probità più indisputabile, gl'intenti stessi più irreprensibili, non bastano a rendere estetiche le attività, che una certa dose di *pathos* non robori ed umanizzi. Siffatti Dei di Epicuro, i quali *super caelum perambulant et nostra non considerant*; siffatti flosci consorti di Pier Soderino, cui il malumore del Machiavelli facea gridare da Pluto:

« Che inferno? Vanne al Limbo de' bambini! »;

hanno troppa inconsistenza da sopportare alcun'artistica elaborazione. Non che al Sublime o al Bello, non gli alzerai alla comportevolezza. Il Dumas, nell'Errico III, sforzasi di drammatizzare un apata, nel duca di Guisa; il quale, di fatto, esordisce parendo la più irresoluta talpa del mondo. Or sapete a che il poeta riesce, disperato di avere alle mani quel fantoccio dalle membra dislogate e penzolanti? A un bel punto, cioè quando madama la duchessa comincia a vacillare, il nostro apata, che se ne avvede, torna uomo, anzi belva, e fa bellamente strangolare il suo rivale. —

Passando ora a ragionare del secondo caso, propostoci; cioè del caso dell'*attività buona*, che soccombe nella lotta con le potenze avverse; non possiamo non prendere ad epigrafe la bellissima sentenza di Seneca, ch'enfaticamente esclama: *ecce spectaculum dignum ad quod respiciat intentus operi suo Deus: vir fortis cum mala fortuna compositus!*

Ed in verità, nel problema della destinazione dell'uomo, misterioso dato quello è della inadeguazione fattiva del Bene e della felicità; in effetto del quale dato, moralmente indeterminabile, si fa sol luogo alla mistica soluzione di un mondo migliore di premii e pene, proposta dalle teodicee religiose. Se non che, nella sfera puramente speculativa, attualmente nostra, essendoci inibita ogni trascendenza; noi ci guarderemo con rammarico di promettere alla martire virtù altro compenso, che la simpatia de'buoni, e la consolante testimonianza, nel foro della coscienza, della rettitudine del proprio volere.

Ma v'ha di più. Il vedere filosofico, cui Leibnitz, profondissimo filosofo, interdice il sospingersi al Primo, che, nella teologica sua terminologia, e' chiama *Provvidenziale*; può scorgere in codesto indeclinabile sostituirsi dell'incomprensibile Divino, al comprensibile umano, nel finale ordinamento etico, la ragione della disfatta dell'*attività buona*. L'Alighieri, in presenza alla difficoltà, rassegnasi passivamente all'ignorare, ponderando che

« Quel serafin, che in Dio l'occhio ha più fisso,
Alla domanda *sua* non soddisfara ».

Noi, per contrario, ammettiamo un'*attiva ignoranza;* e reputiamo il mistero non compreso *in sè*, sibbene nella istrumentalità sua, principio di spiegazione di molti fenomeni controversi.

Ed invero, se l'indirizzo benefico giungesse sempre a buon porto, e gl'intenti filantropici della individualità si effettuassero indefettibilmente nel mondo ; la bontà e la virtù non darebbero mano che meccanicamente al tessuto pratico, francate dagli ostacoli; il che torna a dire che non sarebbero individue. O vogliamo l'azienda de'subbietti, e non possiamo cansare la guerra e le sue peripezie; o preferiamo il trionfo certo di un'attività, uffizialmente virtuosa, e mal ci volgiamo al braccio ed al cuore di un singolo umano. Artefice del proprio ed altrui destino, e'riuscirà enimmatico; sia che farnetichi tra le allucinazioni della passione e della colpa, sia che beisi in nobili aspirazioni.

Non si perda, peraltro, di vista la seguente differenza. Nel primo caso, gli altri uomini, e spesso gli altri tristi, distruggono l'opera efimera del vizio, che non lascia di sè traccia. Nel secondo caso, un Bene, superiore alle utopie individue, o l'*Umanità*, correggitrice de'nostri quotidiani errori, vince alfine la prova. Il quale prevalere definitivo sulla non-entità del male, non meno che sull'unilaterale riguardo del Bene; costituisce la vera personalità dello Spirito; coadiuvata e dall'osteggiarla, che fa il reprobo, e dal fraintenderla involontario delle sublimi vittime del dovere. Sa il buono agonista che dee perire. Ma nell'atto che grida al suo Ideale il gladiatorio: *ave Caesar, moriturus te salutat*; avvedesi che la Nemesi divina lo punisce a ragione della pecca dell'individualità. Così il toro de'Caffri, all'approssimarsi del leone, gli si fa incontro, conscio dell'imminenza del sacrifizio alla salute dell'armento.

Ora, chi non vede il vantaggio estetico dell'insuccesso delle magnanime imprese, e del supplizio del giusto, espiatore di una mistica colpa? L'immaginazione, che, in un Olimpo di Numi, proiettava nell'esistenza le arcane potenze morali; dichiara que'Celicoli gelosi dell'uomo, che gli dissacra. Ciò mitifica in Prometeo, incatenato alla rupe, perchè osò fare sue le vampe del sole. Parci figura questa delle più sublimi, che mai pennelleggiasse il genio artistico di tutti i tempi. In effetti l'Idea teandrica, fondamentale alla coscienza, non potea esprimersi che col gastigo del fatto più umano nell'Umanità, cioè dell'incivilimento; il qual gastigo perciò riesce ad ignominia degl'Immortali. Anzi, rivelando, essere lo Spirito sul vero e legittimo Immortale, la fantasia converte in trofeo la rupe del Titano; nell'interminabile agonia di cui adombrasi il destino dell'*attività buona* sulla terra.

Non conosciamo, in tale regione, che un secondo esempio di sublimante lotta tra città e famiglia, tra legge e pietà, nell'*Antigone* sofoclea; l'inspirazione profonda di cui diresti appartenersi alla totalità dell'ellenica coscienza, anzichè ad un individuo poeta.

Che se discendiamo da codeste vette estetiche, non possiamo non volgere uno sguardo al saggio, e, diremmo di buon grado con Erasmo, al santo, che bevve la cicuta ad espiare la colpa di avere smascherati gli errori dell'età sua. Nè obblieremo il martire filosofico, che morendo esclamava: *maiori, forsitan, cum timore, sententiam in me dicitis, quam ego accipiam!*

In altro modo, ma non meno efficace, opera sulla immaginazione commossa Attilio Regolo, che affronta i tormenti a serbare intatta l'antica fede. Il che ci fornisce, anche una volta, occasione a far notare, come il fenomeno ha da ascondere una Idea, perchè ci affascini ed esalti. Se, in quella vece, c'imbattiamo in pregiudizii, non che entusiasmarci, c'indispettiamo. Così il fanciullo spartano, cui una volpe dilacera i precordii, senza ch'e'si ritratti da una bugia, non dimostrasi che deplorabile vittima di una vanità nazionale.

Codro, Decio, Arnold-von-Winkelried, dirai ammirandi; ma non classificabili con gli eroi, di cui ora è discorso. Per contrario, il *Principe costante* di Calderon è tipo perfetto in questo luogo. La sua abbiezione, appresso i Mauri, e l'animo indomito nell'agonia, ci esaltano, perchè immeritati, eppure sostenuti con eroica fermezza.

Parleremo ora di due personaggi, che, per nostro credere, ondeggiano tra il Sublime ed il bislacco, secondo che vengano variamente giudicati. Vogliamo dire di *Giuliano l'apostata*, e *Cola di Rienzo*. Ambedue fiaccansi incontro al Destino: del *nuovo Ideale* cristiano l'uno, del *nuovo Ideale* cattolico l'altro. Ambedue furono celebrati: il primo da Gibbon, suo panegerista, il secondo dal Petrarca, che credesi l'apostrofasse quando cantava

» Spirto gentil, che quelle membra reggi ».

Ma chi valuta la grandezza umana con minore preoccupazione, non può non tener conto della ignoranza de'tempi, caratteristica nelle anzidette equivoche personalità.

I *protagonisti* del dramma della storia grandeggiano quali incarnazioni dello Spirito popolare. Si coordinano a costoro i *magnanimi*, che videro male, perchè non videro tutto; che sperarono indarno, perchè sperarono, o troppo, o inopportunamente. In fondo alla scena, o meglio, dietro alle scene, si agitano i *malevoli*, che non servono che a motivare le inspirazioni della virtù e dell'eroismo. E, tramescolati a tutti, perturbatori talvolta, e talvolta coadiutori di fini non proprii, veggionsi i *caratteri mediani*, veri Patrocli, gravati delle armi, e non animati dal cuore di Achille. Di un sol modo, val dire ribattezzandoli nell'arte, gli renderai sublimi. Ma non consigliamo la difficile opera, di rado riuscita a'più solenni poeti, ai nostri giovani lettori (1).

§ 3.º

Del Sublime sociale.

Il punto, cui giungemmo, cioè il risolversi del fatto individuo, anche provveniente dalle nobili aspirazioni della virtù, in colpa e conseguente pena, a fronte di

(1) Il De-Virgiliis, egregio nostro concittadino, dava testè fuor un notevole lavoro drammatico su Cola di Rienzo. L'A. ha larghe vedute della tecnica scenica, che l'età moderna impone all'artista. I personaggi sono studiati con amore, e spesso tratteggiati con evidenza grande. Raccomandiamo il dramma al lettore, perchè ponderi in esso la giustezza di quanto sopra asserimmo.

una misteriosa necessità etica di ordine superiore, e di un subbietto sociale, che assorbe i subbietti singoli; va riguardato siccome capitale pel nostro vedere. Egli è qui che la funzione logica, che rifulge assoluta per l'Idealismo, per noi appannasi alla coscienza, e rivelasi limitata; in quanto *primitivamente* subbiettività, ragione e fine delle transitorie subbiettività umane.

La tendenza ad un perenne *al di là* costituisce il peccato di origine della finitezza, che *fa vana opera* di compiersi, abdicandosi: di trovarsi, uscendo di sè. La medesimezza, *infinità genuina di ogni cosa*, non mostrasi, dunque, intera che nell'ultima puntualità del *questo*; e se esiste, non ha a totalizzarsi diversamente. Così il *sè* della universalità, non potendo non possedersi e non farsi *per sè*, sorge un UNIVERSALE SUBBIETTO, ossia un'infinità non *infinita che umanamente*, cioè immanentemente *al suo limite*.

Or codesto subbietto sottostà a tutti i singoli, non perennandosi nella latenza, e tanto meno producendosi a visibilità a grado a grado, e per processo di logica evoluzione. Piuttosto appare e ascondesi insiememente nel fatto stesso della scissione in due mondi di attività. L'uno, ossia la originale volontà individua, buona o mala che sia, sdegnasi di avere a roteare, *ignobile satellite*, intorno al *costume*. L'altro, ovvero la consuetudinaria folla, impone doveri di famiglia, doveri di ceto, doveri politici; e tiraci inesorabilmente a soccombere in qualcuno de'mille aguati, che tende. Ma ambedue costituiscono la *personificazione* in genial guisa; poichè *occasionano l'apparire inopinato di nuovi Ideali religiosi e politici;* mercè i quali *il* pensiero sospingesi alla suivisione. Perciò non diremo uomo vero il pigmeo, che delinque affrontando i colossi monumentali della saggezza del passato, e le santimonie ufficiali del presente; e sereno subisce il supplizio, perchè sentesi incolpevole *nella colpa della individua natura*. Uomo vero nè tampoco stimeremo il dittatorio costume, che dommatizza tanti *veto*, promulga tanti *crimenlese*; e crea barriere e pianta termini in caste, ceti, classi, retaggi, dominii: vere chiuse pe'novatori imprudenti. Ma giudicheremo uomo vero, cosmopolita compiuto, la persona sociale, che vendica il martirio dell'eroe *genialmente correggendone ed umanizzandone le utopie;* per guisa che famiglia e stato, individuo e comunanza, adaginsi in novella postura. Ecco il caso, in che bene esclamerai di un agente empirico delle umane palingenesie: « tanto picciolo, eppure tanto grande! »: il che torna ad aggiudicargli la sublimità. Ecco il senso, in che pare doversi intendere il noto aforisma di Schiller: « la storia del mondo è il giudizio del mondo! » In fatto, il perentorio arbitrato nel dissidio del singolo, ch'è *un vizio in atto e una virtù in potenza*, col genere, *virtù attuale e potenziale errore;* non può che pronunziarlo la Umanità, in cui imperiano libertà e necessità, e che si *ripersonifica e ricrea* perennemente. Qui hassi esplicazione indiscontinua, ed irrompere geniale, indipendente da tutte categorie: epperò ci troviamo in presenza della *personalità teandrica* unica e sola.

Del rimanente, non perdasi di vista la relazione notevole, emergente dalla genesi del Sublime sociale.

Tutto riesce a uno scherno di valori illusorii incontro a valori reali; il cui significato di nuovo irride un significato più alto. Il caso è questo dell'*ironia*. Hanno, quindi, ragione i trattatisti, se non di tenere ironico l'essere intero delle arti, almeno di riconoscere, nell'apparizione dell'*uomo assoluto* al soccombere delle individualità, un ironizzare gli sforzi, vanamente ribelli allo Spirito, imperiante nella storia. Che possa darsi un'architettura ironica, una musica ironica, non lo crediamo punto co'fantastici dottori di oltre Alpi. Ma che gli altri magisterii, ed in ispecie il poetico, traggano dalla sarcastica disposizione dell'animo i più vivi colori; sembraci non potersi negare. La culminanza del Sublime, in ispecie, nasce ora dal profondo ludibrio di ciò, che reputavamo più santo e glorioso. E lo sbigottimento all'inaspettato spettacolo, c'innalza alla contemplazione del Divino.

La quale si articola, nella stessa ironia, in tre momenti; secondochè o il nullificarsi de' singoli ci appare qual *legge mondiale*, o qual *contraddizione* ed ingiustizia nell'individuo, o finalmente quale *ironia della ironia*, nell'alto concetto del Provvedere Supremo. Codesti tre momenti obbligano alla trattazione

A) Dell'ironia mala, o del Destino;
B) Del Tragico;
C) Dell'ironia buona, o della Provvidenza.

A) Non havvi cosa, su cui più siasi menato e menisi romore, senza ben sapere che si voglia, di questo *Destino:* chimera o realtà, ingiustizia o giustizia, secondochè riguardisi da un lato, anzichè da un altro. V'ha chi confondelo col *caso*, e chi prendelo in cambio della *fortuna:* concetti a lui contermini dal lato della originalità del prodursi, e della caducità delle grandezze terrene. Concepiamo, del resto, la cieca Dea sfornita al tutto di senno, anche implicando volere nella contraddittoria personificazione: dove nel *Destino* ponsi un contraddirsi, a certo modo, inverso; cioè una *impersonale intelligenza*, e quasi una volizione ferrea, e, ad un tempo, cieca, di scopi, superiori alle mire del subbietto. I quali riguardi frammentarii hanno per l'estetico lo svantaggio che fanno obbliare, nel concetto del divenire, cui mettono capo, la cooperazione delle attività alla loro destinazione.

L'uomo, conscio o ignaro che sia, volente o ricalcitrante, male o benemerito del mondo e di sè; dee essere fattura delle proprie mani, creatura del proprio afflato, suigenito, in somma, nelle colpe e nelle virtù, a potere aspirare alle corone dell'arte. Tuttavolta, innanzi di farci liberamente Destino a noi stessi, per legge organica della diade, che unifichiamo, abbiamo lungo tirocinio a compiere tra gl'impacci della natura; e dobbiamo *individuarci* prima di essere *persone*. Il perchè è chiaro, come l'operare consuetudinario, che riesce a un incosciente impulso alla emancipazione, nell'illusoria coscienza di forze, che non posseggonsi; intoppi, ne' suoi tentativi, nell'impreveduto ostacolo, di una possanza, superiore a gran pezza alla umana, e più insuperabile del *non plus ultra* di Alcide. Ecco il Destino. Ed ecco le radici estetiche di una rappresentazione, che compendia le maraviglie, ed adombra i misteri della Psiche.

Il volere è presuntivamente libero, tuttochè alberghi in un singolo, connesso ad una totalità di singoli, simili a lui; e, quindi, emuli ed oppugnatori. L'azione, imperscrittibile diritto da un lato, costituisce, dal lato opposto, l'umano peccato di origine, la semicolpa cioè, di perturbare l'ordine, che imponcisi a titolo di reciprocità universa. L'iniziativa individuale è colpevole ed incolpevole a un tratto. In effetti, delinquesi viluppando in conflitti ritardatori l'andamento dell'eterne Idee; eppure non può non delinquersi, in virtù della monadica impellenza, postulata dal complesso sociale. Il cuore, « voce del Destino » al dire di Schiller; ed il carattere, » Demone dell'animo» come lo chiama un antico, appaiono, a volta a volta, instigatori dell'Io, ingenuamente vago di azione, e fidente nel successo al pari di tutti i giovani e di tutti gli eroi. Eccolo in lizza, armato delle dorate speranze dell'amore e della fortuna; eccolo levarsi in su' trampoli dell'ambizione; eccolo, infine, incontro a un centimano gigante, che con amara ironia, dichiaragli, abbrancandolo, di averlo egli stesso esaltato, affine di potere meglio fiaccarlo al suolo.

Quel terribile, e non favoloso, ma pur troppo reale Briareo; è il Destino.

La catastrofe, tuttavolta, che descriviamo, ha due momenti, i quali si vuole diligentemente distinguere. O l'individualità, incosciente nell'impulso, che presume di dare alle masse, soccombe alla reazione di quelle; ed in tal caso la fatalità cogliela quasi da fuori, ed in virtù di una legge misteriosa, che parrebbe un dispotismo odiosissimo, senza il monito, che testifica del Divino in fondo al cuore. O ha coscienza dell'immanità de' suoi fatti, e caccia volontariamente la mano nell'urna, in cui i lapilli neri sono tanti, ed i bianchi così pochi; ed in tale secondo caso soggiace internamente al supplizio dell'antinomico agitarsi degli affetti, tra una pena voluta e subita come giusta, ed una inalterabile fede nella santità dei proprii intenti. Qui due principii, del paro necessarii, anzi due Iddii, pare che tenzonino nel fenomeno; in guisa che ne rimane sospesa l'ironia, che dominava la scena, a fare luogo alla tetra serietà del tragico sentimento. Ma nella prima delle alternative, non vi ha peranco traccia di psichica lotta. La fantasia, che proiettò in un ciclo di Celicoli le sue potenze ideali, le contrappone alle perturbazioni dell'individuo; e, nell'antagonismo degli estremi, comprende, la corona olimpica non appartenersi nè agli uomini, nè a'Celesti, nè alla singolarità, nè all'universale astratto; ma al *Concreto*, che non conosce ancora, eppure presente ne'*Fati*, che dominano Giove, non meno che i mortali; e nelle *Parche*, che filano e recidono, con assoluta irrisponsabilità, gli stami delle vite nostre.

Da siffatta relazione, intanto, nella geniale antichità ellena, nascevano rappresentazioni d'inimitabile freschezza. Ne indicheremo due, che commenteranno il fin qui esposto, meglio che qualunque altro ragionamento. Eccole:

a) L'invidia de'Numi;
b) La morte de'giovani.

a) Il più obbiettivo concetto della famosa invidia delle sorti umane, che la volgare sapienza attribuiva agl'Immortali, incontrasi in Omero, che canta essere a ragione la grandezza e prosperità segno alla vendetta del geloso Olimpo; stantechè rendono deserti i templi, e non fanno fumare incensi sulle are. Ecco, dunque, il motivo perchè

 « la folgore non cade
 In basso pian, ma sull'eccelse cime »

secondo la Metafisica del popolo. E tralasciamo, che già, in simiglianti apprensioni vetustissime, scorgesi l'agitarsi de'teandrici germi in fondo alla rappresentazione religiosa.

I tragici migliorano notabilmente il mito; attribuendo al *divino intervento* la giustizia di calcare buoni e pravi, non sollevando che la saggezza dell'ordine, e la infallibilità della legge. La fortuna e la gloria, conseguentemente, reputavansi quasi sacrileghe. Il filosofo poetico vedeva in esse i fiori, onde incoronasi la vittima, per cui già balena la scure. E l'esempio più significativo della misteriosa Nemesi delle grandezze offriva Policrate, tiranno di Samo, che la leggenda, da cui Schiller avea poscia a trarre una notevole ballata, facea balzare dal fastigio di straordinaria felicità in perdizione inopinata. Ma stimolava la greca immaginativa, ironizzante i suoi idoli col dichiarargli invidiosi, epperò non *divini*; il sentimento della inequazione fra le universali efficienze, che affermava, e l'indomita originalità del singolo, che vilipendevale, maggioreggiando loro a rincontro. La biblica confusione babelica, o, in una parola, le gigantomachie sotto qualsiasi forma, riposano tutte sopra presentimenti dell'insufficienza de'dati religiosi e politici del problema della vita antica, a risolverlo.

Intanto, se il fantasma del Destino, ombra gigantesca, proiettata sul mondo greco, umilia, da un lato, l'orgoglioso pensiero, che vede riuscire a inconciliata contraddizione i fasti trionfali di una razza di semidei; produce, dal lato opposto, le più grandiose forme di Sublime, che mai fossero. Melpomene è la Musa classica per eccellenza. Il suo coturno e la sua maschera non paionci vani simboli, in quanto adombrano quel misterioso eroismo, irriso irrisore di un Cielo, non più santo, e, certo, non più eroico di lui; che strascina alfin seco, dietro al carro trionfale dello Spirito Storico, procedente ad altri Ideali.

b) « Morte fura
Prima i migliori, e lascia stare i rei »;
e
« Cosa bella e mortal passa e non dura »;

sarebbero acconce epigrafi al cenno, che facciamo della *morte de' giovani*, quale l'antichità la riguardò ad estetico complemento del concetto del Destino. Adone, che perisce nel fiore degli anni e della bellezza, rappresenta tutte le vittime della fatale caducità dell'esistenza. Le querimonie dell'Asia, alle annuali esequie di lui, danno il tuono ad ogni posteriore nenia sull'immatura fine di città e persone. Achille ed Alessandro, giovani ed eroi, iniziano e compiono, secondo la nota osservazione di Hegel, la vita greca, transitoria efflorescenza dello Spirito. La moderna virilità pratica non ha che donzelle a contrapporre a ciò: le Tecle, le Ofelie, le Ildegonde, le Imelde. Sono muliebri echeggiamenti, solo possibili per noi, della patetica sublimità dell'interito, immeritato da colpe, che spieghiamo, recidendo il nodo, con una *colpa del Destino*. Ciò esprimono a maraviglia i versi di Schiller, nel Wallenstein, ne' quali il poeta fa che Tecla esclami:

« Giunge il Destino, gelido ed aspro. Afferra le tenere forme dell'amico; e le scaglia sotto la zampa dei suoi cavalli. Ecco sorte della beltà sulla terra! »

In conclusione, manteniamo parerci il conflitto degl'individui fra loro, e della individualità con le potenze ideali, espresse da'Numi, ciò, che si può chiamare la *mala ironia del destino;* cioè, la celia di mal gusto, che, senza correggere alcuno, offende tutti. Essa, nella tenebria della incoscienza, fa passare la sublimità dall'*umano* all'*assoluto* subbietto; al meno nelle rudimentarie determinazioni popolari, che paventano l'invidia degl'Immortali, o deplorano il fine immaturo della gioventù e della bellezza.

B) L'incoscienza, peraltro, non potendo valere che quale stato di transizione, le succederà indiscontinuamente, ne'conflitti subbiettivi, una consapevolezza d'intenti, in cuori, penetrati della illegalità di operare; eppure volti all'opera, in virtù d'inspirazioni superiori. Le potenze celesti passano dalla incomprensibile giustizia de'Fati, alla quasi ingiustizia dell'applicazione letterale della pena al genio. Laonde l'Olimpo, che non espugnava il titanico *diritto della forza,* cede alla *forza del dritto,* che sorge in una incipiente personalità. Il Destino tentenna, per indi rovinare dinanzi al concetto della cristiana *Provvidenza,*

« come dal vento le gonfiate vele
Cadon ravvolte quando l'albor fiacca! »

Se non che, alla guisa che la fiamma, dinanzi allo spegnersi, divampa maggiormente; la situazione dei varii attori del mondo etico complicasi, e diviene terribile prima di risolversi nel suo contrapposto. Il Sublime, che, dal vaso angusto del *subbietto finito,* schiavo riottoso delle passioni, ovvero signore limitato di una *mala* o *buona* attività, rigurgitava sull'*infinito subbietto*, pargoleggiante nella intuizione di un *Destino geloso*; erompe alfine, senz'alcun rattento, dall'antagonismo del riformatore e dell'ordine sociale, ed appresentasi come *Tragico*. E badisi a non trasandare le distinzioni, necessarie qui a causare gli equivoci. Anche testè, nel paragrafo secondo, avemmo a tratteggiare trionfi e disfatte, nel collidersi dell'eroe con la compagine del costume. Sicchè la *tragicità*, che introduciamo adesso, decorata della stessa divisa, potrebbe reputarsi inutile ripetizione.

Ma non s'ingannerà chiunque ponderi, essere la estetica considerazione variata essenzialmente. Ora riguardiamo quali rappresentanti dell'assoluta subbiettività que'medesimi personaggi, che di sopra studiammo parzialmente dal lato morale. Alcuni di essi paionci tipi *tragici* non in sè, ma in effetto di acconcia elaborazione artistica. Ajace, p. e. non perspicuo che pel *basso Sublime* (se potessimo così esprimerci) della forza; Aristodemo, più elegiaco che operoso; dettero pur materia a poemi, vanto non mediocre della Musa antica e moderna. Ma ci ha caratteri, che diresti *una vivente tragedia;* poichè, indipendentemente da ogni magisterio, condensano nel loro cuore le forze pugnaci della realtà e della Idea, ed appariscono veicoli del Divino, anche fuori dell'arte, ovvero nella storia. Di tal fatta sembraci il Serse, che, con ambizione oltracotante, occasiona il glorioso prevalere della ellena libertà. Di tal fatta stimiamo eziandio uno de'più tragici tipi, che mai fossero; cioè Demostene, che combatte a pro della macedone egemonia, anche oppugnandola, ed invano adoperando a salvare la patria agonizzante. Nè il Socrate di Senofonte, nè il Germanico di Tacito dirai dissimiglianti. Le quali personificazioni del *Tragico* quando dominano da protagoniste un'azione, rendono, a certo modo, possibili quelle tragedie di carattere, che gli estetici alemanni condannano quale genere ibrido. In fatto, la *caratteristicità*, nel caso presente, dipende, nella favola, dal preponderare di un subbietto finito, spiracolo al Sublime dell'assoluto subbietto.

La *tragicità*, insomma, parci più alta di un grado della *pateticità*; di cui, ciò nondimeno, un tragedo geniale può e dee profittare nelle sceniche strutture. Essa trasporta dal mondo esterno nella coscienza individuale le lotte della libertà e della legge, in tutte forme e vicissitudini. Così apparecchia, sulla prostrazione delle nobili colpe dell'*uno*, non che sulle lagrimevoli vittorie dell'ignobile meccanismo etico dei *più*, il trionfo della Idea. Qui il peccato, non più originale, non è nemmeno ancora il magnanimo misfare de' messi di Dio, assolti dalla voce del popolo, voce di lui. Ma se havvi colpa, essa onora; almeno nel senso, in che Hegel esclama col solito acume: « è pregio dei grandi caratteri, esser colpevoli! » E se il pensiero non peranco possiedesi compitamente, la residua inconsapevolezza non oltrepassa l'ideale significato, attribuitole da Göethe quando sentenzia: « chi opera non avere propriamente coscienza, sibbene averla intera lo spettatore disinteressato ». Il che se, per un verso, causa che l'eroe tragico giustamente soccomba, non menoma, per un altro verso, cioè per la istrumentalità di lui negli alti scopi umanitarii, — la nostra simpatia. Ciò vorrebbero Schiller e lo Schlegel, che preferiscono l'innocente vittima all'innocente punito. Anche quel piacevolone del Fortiguerri la pensava così, quando con semicomico senno cantava:

« Non voglio entrare in quello, che fa Dio;
Perchè fa bene, e io sono uno stivale.
Ma se potessi fare a modo mio,
Vorrei punire solo chi fa male! »

Ma altro è celiare, altro ragionare. Noi di buon grado aderiamo, in tale controversia, al Solger, che profondamente obbietta al vedere di Schiller: testificare la debolezza del compatire al reo di *forza del tragico sentimento*, in quella che il rimpiangere il giusto dimostra *fiacchezza estetica*, perchè proviene da necessità naturale.

Premetteremo ora alla disamina del terzo ed ultimo tipo di *Sublime sociale*, ossia all'*ironia buona* del subbietto assoluto, o alla *Provvidenza*, la considerazione di tre esempii del *Tragico*, che siamo per abbandonare, a maggiore illustrazione dell'argomento. Gli desumeremo da tre momenti del progresso, cioè: dall'assenza di lui, ovvero dalla *immobilità teocratica*, dalla *parziale perfettibilità*, e finalmente dagli *umanistici immegliamenti*. Due delle figure, che studieremo, calzarono già, a grande onore delle nostre Muse, il coturno italiano. La terza attende tuttavia il geniale drammaturgo, che sappia vagheggiarne la tragica idealità. Esse sono:

a) Il Saul;
b) Il Caio Gracco;

c) Napoleone il Grande.

a) Il Saul ha tutta la buia grandezza semitica, congiunta al liberale disdegno del giogo ieratico, e delle formalistiche oppressure. Nella vacuità dell'astratta coscienza del suo popolo, della quale egli partecipa, e che costituisce il suo Destino, non potevasi che accettare l'ubbidienza passiva al precetto di una legge sovrumana. Ecco il motivo del volere e disvolere l'indipendenza, in effetto della ragione e delle superstizioni, che lottano in un cuore, schiavo ed eroico insiememente. Ecco principio di tragica antitesi tra un proposito ferreo ed una languida attività, capace di perdere l'attore, e non asseguire lo scopo.

Il nostro Alfieri magistralmente profitta di codesto psicologico dissidio. La peripezia, che fa conseguire alla disposizione delle cose, è delle più tragiche, che noi conosciamo. L'ombra di Samuele, il fanatismo di Abimelec, servono a dare risalto alla mistica imbecillità, a fronte del trascendente Infinito, ed al longanime disprezzo dell'orgoglio sacerdotale, che dilacerano il sentimento del protagonista, e lo strascinano nell'abisso. La quale catastrofe manifestamente tira seco il Sublime dal lato della misteriosa potenza, per cui, nella rappresentazione religiosa, l'uomo individuo, al dire di Shakespeare, « vale quanto le mosche pe' fanciulli pervicaci, che le uccidono per ischerzo ». Nulla si cambia, o migliorasi, nella teocratica petrificazione, contro cui va a frangersi l'infelice Saulle. Il subbietto assoluto non affermandosi ancora in Asia, vi apparisce solo e semplicemente qual negazione di ogni volere relativo e finito.

b) Il *Sublime sociale* riflettesi dalla crisi democratica della Città romana, più esplicitamente, e in guisa preferibile alla teocosmica, purora esposta. Le ire tribunizie de'Gracchi contro i latifondi del patriziato, non riescono nè perplesse, nè infruttifere contro la fatale pernicie italiana (rammentisi il motto di Plinio: *latifundia Italiam perdidere*). Mario raccolse il loro retaggio di sangue; e Silla avea ragione di dire, agitarsi in Cesare molti Marii. Il Monti tratta con sufficiente abilità l'argomento, alla cui altezza si avventurava. Il basso agitatore, che, con molto accorgimento, associa a Caio, a farne meglio spiccare la magnanimità degl'intenti, e l'improvvida generosa cura de'giorni del console nemico, paionci fonti di patetico d'incontrastabile purezza. È, peraltro, un *desideratum*, nella catastrofe, qualcosa, che faccia balenare al pensiero l'imminenza della rivoltura, che, giustificando i Gracchi, cambiò per sempre la forma dello stato.

c) La titanica figura di colui, che " scese al soglio " — secondo la bella frase del Poerio, videsi trattata da un francese opificio drammatico, nostro contemporaneo. Con un ritorno al fanciullesco sforzo di esprimere il Sublime quantitativamente, la Musa tentò complettere un subbietto,

« Di poema degnissimo e d'istoria »,

in cento atti, o quadri. Come se l'Idea non fosse simile al genio delle *notti arabe*, che potea del pari empire di sè i cieli, e costringersi in picciol vaso. Che l'Europa da sè vada, a mano a mano, informandosi dell'ideale napoleonico, lo ammiriamo ogni dì più. Comprendiamo ormai che la rovina dell'uom fatale, effetto delle precipitate ambizioni, cui lo sospinsero gli ostacoli, asserragliatigli incontro dalla gelosia di emule nazioni, non fu che l'arbitrato della Umanità tra due secoli, tra' quali assidevasi il rappresentante di lei. Pertanto, l'arte avvenire ha, nell'eroe di Austerlitz, uno de'più degni esperimenti a proporre alla poetica candidatura.

C) Finalmente la sublimità, passata dalla impersonale intuizione popolare a rifulgere da'predicamenti di un giudizio, vivente nella storia; si arresta, quasi in suo centro, nelle maravigliose personificazioni della ragione universale; cioè ne'capi di popoli, che, simili al sole

« Guidano dritto altrui per ogni calle ».

Profeti, duci, legislatori, a un tempo, siffatti plenipotenziarii della Idea non hanno più inciampi a temere sul loro sentiero. L'antagonismo, inevitabile alla finitezza de'singoli, non può spiegarsi più a rincontro di un termine infinito, che identificasi con iscopi indefettibili. I baluardi del Destino cadono, non altrimenti che facesse, nella selva incantata, il fiammeggiante muro, che non arrestava punto l'ardimentoso figliuolo di Sofia. Oggimai il subbietto è Destino a sè stesso. Se pure diremo, essere una ironica traccia, nell'azione riformatrice, che spiega, abbandonandosi allo spirito de'tempi e delle nazioni; codesta predestinazione va nominata, a volta a volta, o una lieve e benevola, o un'amarissima ironia. Nel primo senso, che ora più specialmente ci occupa, piacqueci intitolare dalla *Providenza* la buona derisione del folleggiare degl'istinti, che fa il Sapere assoluto. Oggimai l'individuo dileguasi, non perchè vittima d'inevitabili collisioni, ma perchè pacifico tenitore di un agone, su cui non egli menomamente, ma l'Umanità vince ogni prova...

Quando Leibnitz, siccome sopra notammo, arrestava, nella *Teodicea*, l'audace investigazione, a fronte del Provvedere Supremo; certo avea in pensiero codesta *intelligente originalità*, che addimandiamo il Subbietto assoluto. Solamente noi, a non rimanere nell'inequazione, aggiungiamo che la *Provvidenza* si giustifichi incarnandosi negli archimandriti de'popoli,

« Duci e maestri di color, che *fanno* ».

Non pecca originale, non colpa di arbitrio; e, conseguentemente, non più espiazioni e dolori, negl'innocenti, non dell'incosciente puerizia, sibbene della cosciente virilità umana. Essi non promulgano, ma sono la legge, l'*ethos*, la ragione di stato. E la maraviglia, che partorisce nel volgo il racconto leggendario de'prodigii, da loro operati; p. e. il travalicare mari a piè asciutti; il cavare vive polle di acqua dalle rupi; il purgare d'idre i campi: cresce a più doppi quando, spogli del fasto inutile della favola, e non rappicciniti, ma ingigantiti dal nudo reale, gli veggiamo, taumaturghi di civiltà, bandire leggi, ordinare culti, aprire commerci a intere età e generazioni operose. Il Sublime, in tal caso, non trabalza, come Kant vorrebbe, da un sentimento d'indefinibile *dispiacenza* (*unlust* secondo la sua fraseologia), che convertasi in esaltazione dell'osservatore. La fantasia spicca il volo dall'aerea vetta della *gioia estetica*, dall'estasi, che comprende ogni gentile allo spettacolo di una Umanità, quasi trascendente sè stessa. Ecco alfine, nelle più alte sfere, un ritorno alle condizioni del Sublime naturale, cioè allo smisurato; che ora, tuttavolta, sendo, non che quantitativo, qualitativo, esprime una natura di ordine superiore, che non ci umilia, sibbene empieci di compiacimento. Il quale ritorno testifica qui del compiersi della ricerca in un momento della sublimità, negato da'trattatisti. Anche il Vischer si arresta alla lotta dell'eroe col costume. Ma parci che così si sconosca la culminanza vera, che ha luogo nel *personificarsi del Subbietto assoluto*. La natura ha a trasnaturarsi, e le ambasce della sensibilità, dilacerata dalla contraddizione, ad acquetarsi e cambiarsi in esultanza; perchè provisi palpabilmente l'umana virtù in un individuo, pari a un popolo, e, spesso, a un'intera razza in azione.

Gli esempii, da addurre a questo punto, sono necessariamente pochi. L'Asia, culla dell'uman genere, ne offre di molto cospicui: Fo, Budda, Zoroastro, Mosè, Maometto. Tra tutte, sembraci portentosa l'immagine del condottiero d'Israello. Egli duce, egli signore, egli maestro de' suoi. Gli emancipò dalla schiavitù esterna, gli salvò dall'interna nomadica inconsistenza. E quando ebbe ritemprato l'acciaro di quegli animi semitici, tra le abnegazioni del deserto e sotto la più aspra ieratica disciplina; a volta a volta esaltandoli con sublimi teofanie, e spaventandoli con cruenti supplizii; slanciò l'opera sulle tortuose vie del Destino, ch'era egli stesso, o, meglio, l'umano assoluto Subbietto, individuato in lui.

L'occidente, già maggiorenne, non vanta personalità così comprensive a capo delle storiche esplicazioni. Solone, Numa, Pitagora, non paionci che legislatori, più o meno inspirati da'costumi, ed anche dai vizii delle patrie loro. Il genio di Licurgo grandeggia nell'austera architettonica di ordini, che procacciavano alla dorica stirpe l'egemonia. Il mondo moderno ammira in Carlomagno qualcosa, che rende immagine del tipo, senza adeguare, a gran pezza, la vigoria delle personalità gigantesche, purora mentovate. La galvanica risurrezione dell'imperio di occidente, non vivea dello spiro de'tempi, epperò cadde, come corpo morto che era, appena mancò il prestigiatore, che aveala imposta al mondo. Il perchè costui non può altutto pretendere al Sublime sociale, di che è discorso. Un caso al pari equivoco, ma in senso inverso, offrecisi in *Pietro il grande;* che violentemente, e quasi a furia di colpi di Knout, avviava i russi al conquisto della umanità, alla quale si educano tuttavia. Infine, più dolorosamente efficace del posticcio imperatore romano del IX secolo; e più assistito dagl'istinti nazionali di quello, che fosse il riformatore *Czar;* il terribile Ildebrando sarebbe modello perfetto della forma, onde ragionasi, se l'elemento tragico non predominasse in lui. A ogni modo, il camauro si avvicinò all'infula mosaica meglio che ogni altra regia od imperatoria clamide; e le michelangiolesche dimensioni del ritratto di Gregorio VII onoreranno l'arte, qual ch'essa sia, che sappia comprenderne l'Ideale.

A non lasciare indietro, intanto, il secondo senso, nel quale, al principio dell'attuale trattazione, affermammo essere amarissima ironia nell'immedesimarsi, che fa il *Subbietto assoluto* in un singolo empirico; soggiungiamo che, in questo punto, la situazione diviene contraddittoria, e, non che pregnante di sublimità, esposta a produrre il ridicolo. In fatto, l'individuo dimostracisi ora insignificante e necessario. Opera in nome di un popolo, di un secolo; e cavalca egli pure il suo cavallo di legno, l'*hobby-horse*, come umoristicamente dice Sterne degli uomini tutti.

Il caso dell'aforisma francese: *il n'y a pas de héros pour son valet de chambre;* verificasi appuntino dove il prestigio cessa tra le minuterie della specialità. Ivi il subbietto non magnificasi che a similitudine della rana, val dire per dimostrarsi picciolo. In proposito del Sublime subbiettivo, non ancora antinomico, potemmo esclamare: « Tanto esiguo, eppure tanto grande! » Ora è mestieri cambiare frase, e maravigliando predicare dello Spirito storico: « Così immenso, e ciò non pertanto annidato in essere perituro e pusillo! » La quale antitetica postura essendo centrale tra' fattori del Concreto, ovvero tra Cognizione e Vita, si comprende come l'esplicazione esaurì in essa uno de' suoi periodi: cioè il periodo della *preponderanza dell'Idea sulla Forma*. A codesto preponderare non sottentra più l'equilibrio della bellezza pura, ridotta a elementare partecipazione al fatto estetico; sibbene, per contrario, una eccedenza in guisa opposta, ovvero il *soverchiare della Forma sull'Idea*. Avvegnachè codesta Forma, non mai altutto evanescente, dimostrisi stabile efficienza de' fenomeni; e dalla solidarietà con l'Idea passi, di un tratto, a pretendere al primato, pel bisogno di compiersi sino alla esaustione, proprio ad ogni stato dello Spirito, che sia dialettico, o, in altri termini, fuso col reale. Vedremo la *comicità* risultare più sotto dalla indicata relazione.

A studiare la quale avendo mestieri di nuova lena, ci permetteremo d'intercalare, al solito, nella dottrinale testura, alcune osservazioni, riferentisi istoricamente al contenuto. La prima polemizzerà sul principio, che il Sublime sia preponderanza ideale. La seconda cercherà di determinare nelle varie età artistiche la maggiore, o minore acconcezza a sublimarci. La terza, finalmente, trasporterà la ricerca sul terreno delle arti.

OSSERVAZIONE 1ª

L'estetico Carriere acremente contraddice alla teoria hegeliana, formulata dal Vischer, e da noi adottata, del preponderare dell'elemento *ideale* sul *formale*, nella sublimità. Mottegevolmente, anzichè no, egli osserva come le due preponderanze, in che squilibrasi la bellezza, rendono immagine di due *pantofole malconce*, che si pretenda costituire, accoppiate, una pantofola bella e buona.

L'arguzia non parci nè felice, nè giusta. Non mantenemmo mai che il *Comico* ed il *Sublime* appaiati, o per via di compensazione reciproca, costituiscano il Bello. Dicemmo solo, essere l'equilibrio, in quanto rilevasi nel fenomeno, ciò che condizionalo a formosità; e, non ignorando, tale equilibrio intimamente non mancare mai, insistemmo sull'apparenza, fedeli all'indole della nostra disciplina; e dimostrammo, nei fatti della sublimità e comicità, il nesso *appresentarsi* interrotto. Chiunque provò il raccapriccio e l'esaltazione, che genera ogni maniera di Sublime naturale, dee essere stato colpito dalla sproporzione, che impacciò il sentire ed il comprendere, conformemente alla teoria esposta. Essa è identica, in fondo, alla kantiana, adottata da Hegel e da quanti hanno in qualche pregio il buon senso e la buona fede.

Non possiamo sconoscere in molte animavversioni di tutto, che sappia di Hegelismo, in persona di molti moderni polemisti, una infilosofica uggia, che ottenebra il giudizio: non meno comicamente che facesse l'odio delle *speculazioni* commerciali, che al vecchio Starke rendeva insoffribili le *specule* astronomiche. E veramente non comprendiamo, senza supporre in Carriere una sbadataggine imperdonabile, il dichiarare *picciolo* ed *inadeguato* e non sublime ciò, in che preponderi l'Idea; quasi che lo scopo esterno, o l'intento materiale di una cosa, costituisca l'Idealità di lei. Eppure tra Idea *non raggiunta* (caso dell'inadeguatezza), ed Idea *preponderante*, è manifesta differenza! Eppure ognun sa che l'Infinito non invade i fenomeni a modo di stregua di grandezza, o picciolezza; sibbene quale verità e vita!

L'istinto, o, meglio, il genio metafisico è raro. Ma, a differenza delle altre rare virtuosità, l'assenza di questa non genera discreta sospensione di giudizio. Anzi persuade al vilipendio di ciò, che non comprendesi, ed al deplorabile tentativo di ferire con l'*imbelle telum* del buon senso gli eroi della ragione.

OSSERVAZIONE 2ª.

La sublimità generasi ne' tempi di civile agitazione, e tra le tempeste della coscienza assai più facilmente e frequentemente che non nelle calmerie sociali, ed appo le apatiche nature. Ciò non implica subbiettività del fatto; avvegnachè, una volta prodottosi, sia internamente, sia esternamente, impongasi sempre, ed in modo invariabile, all' altrui ammirazione. Importa bensì quel subbiettivismo discrezionale, che subordina allo stato psicologico dello spettatore la produzione di alcuni fenomeni ideali. Abbiamo già notato sopra che l'antichità classica, non certo povera di sublimi produzioni artistiche, non pertanto si compiaceva di vantaggio nel sereno ed armonico intuito del Bello. I neolatini, tra'popoli moderni, e, tra essi gli italiani, redavano codesta olimpica preferenza. Ma non isfuggirà a chiunque ponderi le nostre storie l'abbondanza di scene sublimanti, e di opere, che degnamente le riproducono, nelle passionate e battagliere età di mezzo: nell'età della gloriosa *Lega lombarda*, delle maravigliose prove delle *città marinare*, de'Dandolo, de'Marco Polo, degli Innocenzi, degli Alessandri. Anche incontri facilmente il sublime più giù, al tempo che

« un Marcel diventa
Ogni villan, che parteggiando viene »:

al tempo de'feroci Ezzelini, de'magnanimi Manfredi, de' Corradini miserandi; i quali esemplificano quasi tutti i tipi subbiettivi o sociali, di sopra segnati. Intanto il giovanile fermento sedasi; e la magnificenza—quell'aureo spegnitoio dell'entusiasmo italiano—tiene dietro alla sublimità. Finalmente, nella deteriore stagione, che segue, l'inane turgidezza testifica, al pari che nell'idrope, della prostrata vitalità nazionale. Le fiacche generazioni del secolo scorso, non che potessero o sapessero sublimemente concepire e produrre, osarono farsi giuoco del Sublime; e la profanazione fu al colmo quando il Bettinelli, gesuita, rideva di Dante senza temere la gogna; e faceva testo Voltaire, che avea chiamato la *Divina Commedia* « una imbandigione di minestre riscaldate! »

La storia delle altre letterature prova, presso a poco lo stesso: cioè, che i grandi uomini ed i grandi fatti si suppongono e motivano in organica reciprocità; e che, perciò, il Sublime di Cromwell, di Wallenstein, di Errico IV, tiene alla fiera rivoluzione inglese, alla guerra de' trenta anni, alla strage di S. Bartolomeo. E se, a dì nostri, vedemmo rinsanguinarsi le vene e i polsi della gente Ausonia, e fu possibile un Vittorio Alfieri; ciò deesi alla catastrofe, che rovesciava il passato in Francia ed appo noi, ed eccitava l'attività a nuove produzioni. Il che dà luogo, in ordine all'avvenire, a un problema di difficile soluzione. Esso è il seguente:

Se i sociali rivolgimenti, del pari che i cataclismi tellurici, veggionsi rischiarati dalle vampe del Sublime; e cotali rivolgimenti hannosi col tempo a menomare di numero ed intensità, sino ad una relativa evanescenza della guerra, ed al pacifico prodursi degl'immegliamenti legali; non conchiuderemo da ciò, che le opere ed i fatti sublimi diverranno sempre più rari? In altre parole, che arte sarà ella mai l'arte dei nostri nepoti, incapace, *nel suo riflessivo atteggiamento*, dell'equilibrato intuito della *bellezza*, non meno che dello squilibrio della *sublimità*?

OSSERVAZIONE 3ª.

Tutte le arti sono accomodate a sublimarci; sendo inconcepibile che alcuna sia meno arte delle altre. La cosa, peraltro, interviene variamente, e secondo diverse gradazioni di Sublime. L'architettura, p. e:, potentissima dispensiera del maraviglioso della grandezza, ed anche della forza, riesce inetta ad esprimere le esaltazioni del subbietto. Queste sono ovvie alle altre plastiche Muse. Esse sculturalmente dominano gli effetti della passione, e pennelleggiano perfettamente vizio e virtù. La musica, regina de'cuori, sa fare risonare su tale eolia lira, accordi, che si armonizzano anche nell'inspirazione del Sublime sociale. La ricorrente frase del *finale* del Guglielmo Tell di Rossini, dipinge a maraviglia l'avvenire di un popolo, rivendicato a libertà. Infine la poesia, arte delle arti, riepiloga tutti i prodigi: e può sola fare comprendere Amleto ed Ugolino. Le quali modificazioni del Sublime sempre meglio dimostranlo organico nella Idea: *unità nella diversificazione* sia che ascondasi nella Fisi, sia che rifulga dalla Psiche: sia che producasi articolando la vita, sia che affermisi modalizzando l'arte.

CAPO II

DEL COMICO.

Al limitare di una molto controversa sezione della disciplina estetica, non possiamo non provare un certo timore, che non abbia a dovere dirsi del fatto nostro ciò, che di altri trattatisti: cioè che, a furia di volere dedurre e definire l'indeducibile ed indefinibile facoltà del riso, ci rendemmo ridicoli. Ed in vero, il Zeising ha ragione quando afferma, essere un'apparizione incontrastabilmente *comica* l'arrabattarsi di tanti spettabili dottori intorno al fenomeno della *comicità*, che sfugge, come quello che gradatamente ingenerasi negli animi, alle circoscrizioni dottrinali. Il perchè riescono quasi sempre inadeguate le più ingegnose vedute, messe in mezzo sotto forma aforistica, o, più consuetamente a mo' di definizione. Esempligrazia, la nota sentenza aristotelica, che il riso sia prodotto da una *turpidine sine dolore*, quantunque assai significativa, pecca dal lato subbiettivo; non tenendo conto dello stato psicologico, che, a molte turpi apparenze, permette di vellicare il nostro umore faceto. E tacciamo che non abbraccia tutti i casi di Comico, in molti de' quali non vedi macula di turpitudine, o disformità alcuna.

Il titolo di una commedia di Shakespeare, ossia: « molta fatica per nulla » *(much ado about nothing)*, parve al Carriere la più plausibile dichiarazione dell'essenza della comicità; la quale, secondochè dimostreremo tra poco, ravvisare deesi appunto in un contrasto, che si annichili in sè. Ma anche siffatto giudizio zoppica; e propriamente ora dal lato obbiettivo. In fatto, nell'*eroicomico* ed in ogni *caricatura*, non mettesi in evidenza la contraddizione come tale, alla guisa del *motteggio*, sibbene la deformità, che ne provviene.

Laonde, a'due poli della obbiettività e subbiettività esclusive, non è dato, siccome potea facilmente prevedersi, abbracciare la totalità della funzione in proposito. Nè i punti intermedii, tra gl'indicati estremi, fecero miglior prova. Kant, con poco successo, estendeva al riso l'aforisma di Voltaire, che dichiara, essere la speranza ed il sonno *un organo salutare, contrapposto alle noie della vita;* e Solger non più definitivamente esclamava, che il ridere somiglia *alla rugiada del cielo, che ci dilava dell'elemento della volgarità, e ci anima all'aspirazione alle cose eccelse.* Più comprensivo sembraci il pronunziato di G. Paolo: « noi ridiamo intuendo una *inintelligenza (unverstand)* ». Il quale trattatista, offrendo, ne'suoi scritti, modelli di Comico di ordine superiore, ha potuto più che altri dissertare con pienezza di cognizione de'varii gradi e fogge dell'estetica giocondità, allo studio di cui ci approntiamo.

Checchè si pensi, del resto, delle definizioni, più o meno inesatte, sinora poposte, consentiamo appieno al Carriere, intorno alla natura della comicità, ch'essa esprima un divenire, anzichè un essere; e tale complicato e molteplice divenire, misto di riflessioni ed intuizioni, d'istinti immutevoli e transitorii abiti della fantasia, dovuti in parte alla coltura individuale, in parte alla coltura universale del popolo, cui appartiensi;—che riesce assai malagevole il seguire la logica traccia di lui nella coscienza. Il Pignotti esclamava:

» Tutto il mondo è teatro; or la commedia
Si rappresenta in esso, or la tragedia.
Or si piange, or si ride ec: »

E noi aggiungiamo che, sulla scena della vita, in un certo senso, ossia nel senso comico, la follia fa da protagonista; ed attori e spettatori deridonsi l'un l'altro, eroi o buffoni, martiri per le mille *petites misères*, o gaudenti delle mille grandi inezie umane, che essi sieno. Ha più ragione Vischer quando osserva: il zanni solere ridere de' garzonacci da trivio; il villano del zanni; un pedante del ridere del villano; un uomo spiritoso del ridere del pedante; ed il buon Dio di tutti. Così l'intera esistenziale compagine fluidizzasi nel riso, e Clio, incoronata regina dai saggi matti, detronizza Melpomene. Così Democrito ruba ad Eraclito il principio delle trasformazioni, e trasformagli il pianto in ghigno beffardo degli uomini e de' Numi.

A ogni modo, porta il pregio d'investigare uno stato così importante nella storia dell'Idea. L'uomo fu bene definito: » l'animale dal riso ». Stantechè nè il verso dell'uccello irrisore, nè il fare boccacce della scimia, abbiano del riso altro che il romore, o la sembianza. Al solo padrone della terra compete di dominarla in ispirito con la celia, del pari che la soggioga col braccio, nella realtà. Il carattere di lui da nulla meglio significasi che dalle cose, di che si beffa. La quale bella osservazione di Göete, in parte tratta dal

Diderot, che afferma, essere il riso la pietra di paragone del nostro gusto non solo, ma della giustizia, e della bontà: noi commentiamo facendo notare come, piangendo, la comune Umanità esprimesi nel subbietto; in quella che, ridendo, egli si specializza sino alle ultime velleità del pregiudizio e della bizzarria. Il che riferma quanto sopra accennammo di volo ; val dire, che renda l'attuale ricerca difficile l'innegabile commistione di molti elementi subbiettivi nell'argomento. Per essi, nascendo una specie di moda delle piacevolezze, mutasi inevitabilmente il punto di veduta, onde giudicarne la genesi. Ma, poichè il fondo metafisico de' fenomeni rimane sempre il medesimo, quale che ne sia il superficiale apparire ; non dubitiamo che, seguendo la traccia della investigazione, quale la segnammo, non abbia a riuscire a plausibile fine.

E per cominciare da una ricognizione del terreno, su cui ci troviamo, parci da tenere presenti le precedenze del Comico nella coscienza, non meno che negli obbietti. Esse conferiscono alla facilità, ed intensità delle impressioni di ogni maniera; ma, in ispecie, di queste, come vedemmo, più delle altre accidentali, epperò soventi rendute impossibili affatto da relativa incapacità. Con l'animo, p. e. trambasciato per gravi cure, appena sorridiamo a'lepori, che allegrano i più calmi. Siamo anzi indispettiti della *buffoneria*, che fa sbellicare dalle risa il volgo profano. Ma anche che si volesse trasandare l'ovvia importanza della predisposizione, che chiameremo patologica, non si può non tenere conto della psicologica ; cioè di quella, che condiziona più o meno bene le nature individue a giocondarsi. In codesto senso bene parliamo di un sale attico, di un *esprit* francese, di un *humour* inglese; alle quali gradazioni di Comico non tutte genti hanno eguale attitudine. Riduciamo, pertanto, a due categorie gli stati, anteriori al fenomeno. Esse sono:

I. Le condizioni subbiettive;
II. Le condizioni obbiettive.

I.) Chiunque ha meditato sulle lettere di Schiller, intorno alla *educazione estetica dell'Umanità*, conosce la radicale differenza, che corre tra serietà e giuoco *(spiel)*. Noi non abbiamo nulla da aggiungere a così classica trattazione, alla quale rimandiamo il lettore, che, per avventura, l'ignorasse tuttavia. Giova solo accennare, in riassunto, essere la *serietà* la dipendenza dal concatenamento delle efficienze del reale, che tiene forte il volere randagio al guinzaglio adamantino della necessità. Il *giuoco*, per opposito, esprime l'emanciparsi dal consueto, dall'ufficiale: in somma, da tutto, che sia servile e non libero. Libertà questa, di che, nell'animo umano, niente ci ha di più alto. Avvegnachè la motivi un totale equilibrio di potenze, occasionante l'apparire del Divino, o, secondo la nostra nomenclatura, la *suivisione artistica*, *religiosa*, *filosofica del Pensiero assoluto*. Ora, il raggio di sole, che così stenebra e vivifica l'inerte natura, confortaci sulle nostre sorti, come quello, che ci fa segno della fulgurazione dell'Infinito; e rassicuraci sulla nobiltà della origine e dignità della destinazione nostra. Ecco come ingenerasi in noi un benessere ineffabile; radice appunto dello stato, che addimandasi *gioia*. Benefico genio, anch'ella impugna un caduceo assonnatore; e giustamente si canterebbe col poeta:

« gioia, divina favilla, figlia dell'Eliso, noi ebrifestanti poniamo piede nel tuo santuario. Il tuo fascino riconnette ciò, che la moda aspramente disgiunse. Tutti gli uomini divengono fratelli dove la tua dolce ala si posa. »

Il quale sentimento, vario ne'varii tempi e condizioni; facile, ma impuro nel volgo; fuggevole, ma fervente ne'fanciulli; non giunge che al colmo di una lunga scala di perfezionamenti al serenarsi della fantasia dell'artista, a fronte de'suoi Ideali, ed all'eccelso compiacimento del filantropo, che assapora il nettare de'Numi, quando fa il bene.

Non istaremo a classificare le sembianze, e modificazioni della nemica delle cure; di colei, che sola libera momentaneamente il cavaliere dalla oraziana furia, saltata in groppa al cavallo. V'ha il *brio* iniziale, la *voluttà* segreta, l'*esultazione* romorosa, il *tripudio*, padre dell'incomposto cachinno, l'*estasi* beatificante, la *giocondità*, principio degli ameni sorrisi ec: ec: Desta il nostro interesse ora la serena attitudine a concepire e gustare i frutti dell'estetico *scioperio*, che abbiamo dianzi tratteggiato; e che costituiscono, almeno in potenza, la comicità. Alcuni naturali ostici ed arcigni non solo hanno impotenza di lepore, ma dispettano i grandi possessori di codesto balsamo delle piaghe del cuore: gli Aristofani, gli Swift, i Rabelais; dichiarandoli insoffribili cerretani. Costoro sanzionarono la blasfema sentenza: *risus in ore stultorum abundat*; confondendo le carnascialesche goffaggini col piacevoleggiare, di che compiaccionsi gli uomini *adunci nasi*. Ma il riso urbano non cessa, per la pedanteria di pochi, di dimostrarsi divino, e di avere contraddistinto,con la sua inestinguibilità, i Numi di Omero.

Un'altra condizione subbiettiva, precedente il Comico, sembraci la pronta percezione del legame tra i più remoti contrarii, inopinatamente avvicinati. Alcune menti hanno mestieri di raccoglimento, e pressochè di sforzo a sentire l'aculeo di un epigramma, a vedere il falso e l'assurdo di una posizione. L'effetto piacevole dimezzasi per esse, in quanto perdesi, evaporizzato pe'lambicchi della riflessione. L'armonizzare della fibra con tutte oscillazioni della lira di Momo, rendeva i greci, siccome in ogni arte, maestri nella commedia. La contraria ottusità rende forse i lenti alemanni sol comici appieno quando si avventurano al parigino: *glissons, n'appuyons pas*; ed anche alla epigrammatica scherma di parole ed idee.

II.) Le condizioni obbiettive del fatto del *Comico* conterrebbero la costruzione stessa del concetto di lui, se non designassimo di limitarne ad un cenno preliminare la determinazione. Oltre di che la *giacitura*, più o meno costante, in che sorprendiamo le cose, che prestano materia al riso, può meritare la nostra attenzione, sino a un certo punto, indipendentemente dalle Idee, cui serva di veicolo. Per essere un grande uomo *il faut commencer par être*, dicono piacevolmente i francesi. Il motto, che sembra, a prima vista, una frivolezza, ricopre la più seria delle difficoltà metafisiche; cioè l'ammissione della *virtualità*, o del *dato*, in tutte cose. *S'ha a incominciare per essere*, come universalmente, così nel caso attuale. Ciò non implica il senso crasso, che abbiasi ad essere comico innanzi di esser comico; ma l'innegabile condizione obbiettiva, che, tra le infinite attitudini del fenomeno, alcune solo si acconciano a sollecitare la fantasia per tal guisa. Bene il guardo linceo della scepsi estetica, o della beffa, può discoprire dovunque vanità, ed ironizzare terra e cielo. Ma non farà questo che costringendo le apparenze ad assumere un piglio predeterminato, secondo cui solo, e non altrimenti, riesce al Mefistofele dell'intendimento di cuculiarle. La contrarietà, in somma, onde lo Spirito contiene l'enunciato, e con l'enunciato issofatto la conciliazione; non è subbiettivo *stato* e non più, non obbiettivo *dato* e non più. È *l'organico subbiettobbiettivarsi*, insidente in tutto, ed assorgente da tutto; ma in libera suicostruzione, cioè col più e col meno, col prima e col dopo della contingenza, nel farsi sè stesso. Codesto farsi, e codesta frazionalità dell'apparire, implicano preesistenza e varietà di attezze fenomenali. Da loro originansi le *predisposizioni:* una delle quali rappresentano le attezze obbiettive, che affermammo dover contenere l'intuito del Comico. Nella *Divina commedia* della natura, al pari che nel *poema sacro* del Dante, posero mano cielo e terra; ed imperia perciò l'Idea; ma con maggiore o minore lucidezza, in massima, o minima prossimità all'apprensiva. Quelle circostanze empiriche, che fannoci ridere tutti invariabilmente, vanno, dunque, contraddistinte con l'appellativo, che loro demmo, di *condizioni, preordinate alla generazione del ridicolo.* Così distinguonsi dalle similitudini remote, che danno luogo a ravvicinamenti ingegnosi, attivi solo sul poco mobile diaframma delle persone di senno.

A dichiarare, intanto, più specificatamente in che

consista, nelle cose, l'acconcezza a giocondarci, diciamo ridursi, a un bel circa, alla turpitudine, mentovata nella definizione aristotelica, che citammo sopra. Parci turpe quanto interrompe sconvenevolmente, ed a mo'di mostruosità inaspettata, le consuete fogge del tessuto del reale, in rapporto alle categorie di luogo, di tempo, ed a'riguardi di grandezza o esiguità, preeminenza o subordinazione. P. E. sembraci sconcezza un fatto, che ci abituammo a vedere disparire nell'insignificanza, incontro a un altro, prominente sempre e regolatore; quando esso ci si fa incontro, collocato nel posto di quest'ultimo; quando precede ciò, che di sua natura, è pedissequo, e viceversa; quando le insegne non appartengonsi all'insignito, appaiansi incompatibili, si straniano le parti da'complessi, si tramescolano segni ed idee.

Il processo psicologico, in grazia di cui, sulla base di siffatte perturbazioni, sorge la beffarda Clio a soffiarci in sul viso le sue bolle di sapone; lo esporremo più sotto. Quello, che parci qui fuori quistione, è la difficultà, per non dire impossibilità del giuoco, allorchè manca il sostrato contraddittorio ne'fenomeni. Ed è tanto ciò vero, che vuolsi artifiziosamente architettarlo dove manca; creandosi la fantasia, a certa guisa, *un posticcio di predisposizione obbiettiva*, nelle bislacche associazioni, che suppone, ad abilitarsi al Comico.

Lo schema più compiuto degli enunciati nessi abusivi parci il somiero esopiano, camuffato della pelle del leone. In lui l'aspetto truculento ed il cuore asinino, appaiati assurdamente. Appo lui la volpe, o l'intendimento beffardo, che pubblica lo sconcio, attirando così, sull'orecchiuto eroe, le fischiate. Tutti i tagliacantoni da farsa, non escluso l'inimitabile Falstaff shakespeariano, hanno qualcosa di codesto tipo, nell'accoppiamento barocco, ch'esibiscono, della bravura e della pecoraggine, che, secondo l'ordine naturale, non coabitano mai lo stesso petto. I quali capricciosi e scempii innesti si diversificano in infinito, senza mutare carattere. Sia che intervengano nelle idee, o nei fatti; sia che perturbino l'eloquio, o l'azione; sia, finalmente, che invertano realtà ed apparenza, principale ed accessorio, concetto ed esecuzione; e facciano terminare in pesce la donna supernamente formosa; suggeriscono sempre la oraziana esclamazione:

" *Spectatum admissi risum teneatis amici?* "

Quando, esempligrazia, un uomo silenzioso e di grave contegno, che prendevate per un dottore, al sentirvi parlare di Pietroburgo, vi domandasse: " dove abita egli questo messer Pietro Burgo? " — quando un francese, traducendo *déjeuner* per *digiunare*, diasi a taroccare col fante dell'albergo, che lo lascia digiunare a sua posta; quando Giorgio I. d'Inghilterra, che ignorava l'inglese, come tedesco, in un discorso a parlamento scambia la voce *mylords* con *woodcoks*, ed esclama "Signori, e galli di montagna"; quando quella cerna francese, che avea, in una rassegna, a dialogare in tedesco con Federico II., alle dimande, invertite dal re, risponde " che serviva da venti anni, ed avea di età otto mesi ":—in tutte codeste *verbali sconvenienze*, l'ignoranza, la distrazione, o la confusione, apparecchiano il fomite al riso.

Interviene il medesimo nelle *idee*, se lo svizzero ubbriaco si contrista amaramente dell'interminabile suo urinare accosto a una fonte, il romore del cui gemetio attribuisce al vuotarsi della propria vessica; se Calandrino, credendosi possessore dell'Elitropia, prendesi allegramente nelle reni le sassate di Bruno e Buffalmacco, e bastona la moglie, ch'ebbe la sventura di riconoscerlo; se il cavaliere della Mancia, stimando la fantesca Maritorna essere una principessa, che vada a ritrovarlo di notte tempo, a compromettergli la fedeltà romanzesca a Dulcinea, le sciorina le sdolcinature de'suoi sconnessi autori, e guadagnasi una buona picchiata da un vetturale geloso, ec:

Da ultimo, è contraddittoria l'*azione* nel caso, tra molti, che ne potremmo citare, di colui, che, avendo a porre a mensa una torta ed a sputare, nel tempo medesimo, gittava via la torta e sputava in viso a'commensali; o nel caso di Enso, nella *Secchia rapita*, che, figurandosi in battaglia a letto,

" Tirò un colpo e ferì nell'orinale ".

In somma, ciò, che i francesi chiamano *misalliance*, o mal composto coniugio, riassume quanto avvisiamo dovere precedere *obbiettivamente* allo scoppio del riso. E notisi che non parliamo di *contrasto*; poichè il *contrasto* sorge, nella percezione, sul *fondo d'incoerenza*, che qui vorremmo fissare; e riducesi alla enunciazione conoscitiva di esso. Ripetiamo, affrontando, in grazia della importanza della cosa, la sazietà del lettore, essere ogni moto, e l'intellettivo tra gli altri, inconcepibile senza *primo incoativo*, che, nella immanenza, è la MEDESIMEZZA. Ed il moto estetico trova il sè, primo a sè stesso, nella *speciosità*, nella *proporzionalità*, nello *scopo*, nel *destino;* siccome venimmo sponendo giù giù sino alle condizioni del ridicolo, che discutiamo ora.

Che poi l'unione degl'incompatibili abbia ad emergere da fortuitezza e non da penoso sforzo, facilmente conchiudesi dal carattere originale, che riconoscemmo ne' fenomeni. L'*azzardo*, secondo bene osserva G. Paolo, è il Destino comico. Senza la subitezza delle sue scintillazioni; senza il balzo inopinato de' suoi grilli; senza il perenne biffare alla consuetudine le carte di mano; — non incontreremmo giovialità al mondo. A ogni modo, l'intervento di siffatta bisbetica deità subordinasi alla presenza delle condizioni, pur ora notate, che sole valgono a fare di lei una comica efficienza. Alla quale Dignità pervenuta la mente, tutto fluidizza nel burlesco, non esclusi gli accigliati giudizii, e le speculazioni più severe della filosofia. Che comico sere, a mo' di esempio, non diviene Kant, il quale sentenzia della musica, essere un'arte perturbatrice, e noiosa; quando rammentiamo che il povero filosofo avea a rincontro di una finestra del suo studiuolo una bettola, onde lo frastornava la gazzarra musicale de'beoni, ed a rincontro dell'altra finestra un oratorio, onde lo cruciavano le nenie liturgiche de'pietisti?

Aggiungiamo, a modo di appendice alle considerazioni preliminari alla costruzione dottrinale della comicità, la descrizione dello stato fisiologico di chi ride. Anche ciò precede, in modo obbiettivo e caratteristico, alla estetica apparizione in proposito; e merita nota.

Apriamo, adunque, in prima la bocca; ad esprimere aspettazione e maraviglia. Ci tiriamo alquanto indietro di poi, ad istintivamente denotare sorpresa alla fortuitezza, che ci allarma, e mette sulle guardie per un istante. Finalmente sospendiamo il respiro, come chi è minacciato, e non sa da cui. Alle quali tutte cose succedendo l'inopinata fusione nel nulla di tanto apparato, la respirazione riabbonda, il sangue circola più libero, ed il diaframma rimane scosso da un salutare movimento di ridondanza di benessere, e compiacenza della propria sicurezza e superiorità, ch'epilogansi nel fenomeno indicato. Sicurezza e superiorità sono codeste, tuttavolta, che, a logicamente penetrarne le cause, è mestieri alfine attaccare di fronte la quistione della genesi psicologica della Dignità, che studiamo.

Ora, la genesi del Sublime, discussa al cominciamento del presente libro, necessariamente condiziona lo svolgimento posteriore. Conviene, per conseguenza, riannodare l'investigazione a quel punto.

Il *Sublime* ci si dimostrò lo stesso che il *Bello*, quanto a fondo ideale; val dire *il tendere del pensiero alla suivisione* dal lato estetico, o nell'aderenza ad una forma sensibile. Facea divario, peraltro, che, nel secondo fatto, *rendesi translucida la totalità superficiale del sovrassensibile contenuto*; laddove, nel primo, *appresentasi parzialmente, o da uno spiracolo solo*. Tale risultamento coincide appuntino co'pronunziati della teoria del limite. Essi pongono che la *immanenza*, non mai pura, emerge da una *trascendenza*, perennemente posta e superata, appo ogni vedere, logico od artistico che sia. L'obbietto *bello* così esprime un atto di *suicontemplazione* della medesimezza, risultante dal limitarsi diafano, o dalla *supposta invisibilità di lei*. Per contrario, l'obbietto *sublime* riesce ad un atto di *suidivinazione*, provveniente dal possedersi in un baleno fuggevole di *visibilità postulata*. Tra Bello e Sublime corre, adunque, la differenza che fra *totalità intravveduta*, e *veduta parzialità*; tra *mediazione* perfetta, ed *immediazione* imperfetta; casi ambedue di effulgenza del Divino, in un umano limite. Se, peraltro, il secondo di codesti casi vince di contenuto, perde di forma; onde il *brutto* (1), soventi fattore di sublimanti prodotti, e la fortuitezza dell'apparire, che fa stridere la sensibilità malconcia, e diversificasi tanto dall'anormale *grazia*, assegua di Venere; accidentale anch'ella, ma piacente e lusinghiera.

(1) Codesta nozione è magistralmente studiata dal Rosenkranz, nella sua *Estetica del Brutto*. Parci innegabile l'*elementarità negativa* di esso ne'fatti estetici, quale la determina l'illustre nostro contemporaneo. Se non che, aderendo anche noi al riguardo, che non ogni bruttezza riesca comica, bisognando di speciali condizioni a divenire cosiffatta; non ci crediamo dal riguardo medesimo autorizzati a reputare il *graderole*, e non la *comicità* (bruttezza ingentilita) quale contrario dialettico del Sublime. Il cenno, che sopra demmo del *graderole*, che ci credevamo in obbligo di stimatizzare col nome di *fondura artistica*, dimostra, lui riferirsi troppo direttamente alla sensibilità più inconsistente, per poter fare assegnamento sopra idealità alcuna. Ciò rendelo, a parer nostro, una estetica nonentità, e, quindi, assai da meno del brutto stesso, che almeno *indirettamente* può coadiuvare i più alti intenti della bellezza. Anzi, non ci periteremmo di chiamare, anche noi, col Weisse, il brutto un *Bello immediato*; se non pensassimo la esteticità di lui come primigenia; cioè come potenzialità *fissa in sé*, e non convertibile nel suo contrario a mo' dell'*indeterminato assoluto*.

Intanto, la fortuita subrepsione, che, nella sublimità, ha luogo a dispetto del giudizio, non vince tutta la prova. Se affascina la *fantasia*, non conturba la *ragione* menomamente; la quale, verità suprema com'è, non profitta della umiliazione dell'intendere a pro di una *surrettizia trascendenza*. In altre parole, è organica, nel pensiero, la legge che, ad un tempo, abbiano a sdoppiarsi e compenetrarsi, e *non sdoppiarsi che compenetrandosi*, cognizione e realtà; e che la ragione, per tal modo, non di altro fruttifera che dell' *individuarsi universale*, o dell' *universaleggiarsi individuo*, non s'incarni che dividuandosi; la DIVIDUALITÀ SENDO IL SOLO E VERO ATTO DELLA CONCRETA INDIVIDUAZIONE. Di qui, nel mediare, non che il detrimento, l'energia dell' immediatezza. Di qui il trascendere del pronunziato dell' intrascendenza; che davvero *dimostrasi intrascendente, predicando la trascendenza finale*. Di qui, per restringere le molte in una, la nuncupazione dell'INNOMINABILE, nella infinita nomenclatura mondiale.

Ed il Sublime, che, a mo' di domanda suggestiva, strappavaci una inconsiderata risposta, e facevaci superstiziosamente adorare ad una Idea, non umanizzata: se verace sacerdote di quella Divina, non rimarrassi a piè giunti, al pari delle statue di Egitto, ma stenderà il passo come una statua greca; in atto di travalicare il limite, e di così *affermare l'illimitato nella limitazione*. La sua teofania o la diremo presunta, o fattiva. Se presunta, non esprimendo il *Bello*, in effetto dello squilibrio degli elementi, nè tampoco il *Brutto*, in grazia della idealità; risolverassi nel nulla. Che se la predicheremo fattiva, non potrà caperla un angusto spiracolo; che, quindi, dimostrerassi *limite formale* di lui. Questo passo innanzi è imposto alla sublimità dalla stessa organica sua dialettica ; che, a titolo di rappresentante dell' Idea, l' obbliga a modificare il proprio concetto. Esso fa traboccare l'estetica considerazione nel *Comico;* e risponde all'aforisma francese, già citato: *du Sublime au ridicule il n'y a qu'un pas.*

In fatto, tanto vale affermare, essere l'Idea tenuta a *mediarsi*, se pure è verace Idea, colà eziandio dove proclamavasi estrinseca, e soprastante ad ogni *mezzo*; quanto il *mezzo essere l' Idea.* E ciò in un primo momento ; ché comprensione incipiente è immediazione; e, nel caso nostro, diviene un *immediato mediato*, o Mezzo-Idea, siccome ponevamo. Codesta incongruenza, peraltro, compiendosi con l'intuito, che ha lo spettatore, dell'assenza della legittima Idea, che non può dimorare ne'barocchi tabernacoli dell'assurdità e della picciolezza; la situazione inopinatamente tramutasi, e, da minaccevole e misteriosa, che appresentavasi, fassi rassicurante e giocondante sino alla energia, che genera il riso. Il quale fenomeno caratteristico della *comicità* non producesi, del resto, senza l'intervenzione di un altro principio, capace di convertire il subito lampeggìo del *Sublime* in vana fosforescenza. Essa, mentendo la subitezza, falsifica la luce ideale, e così prima sorprende alla sprovvista, e poscia non lascia che nullità e fumo sulla sua pesta. Sappiamo già codesta scimia bislacca del *fortuito* essere l'*azzardo.* Egli possessore dell'estetica lancia di Achille, che ferisce e sana la sensibilità: egli folleggiante erede dell'austero *Destino*, le trincee del quale atterra nel reale, ed imita nel vuoto: egli, secondo il festoso emistichio di Redi, vero

    « d'Elena napente,
  Che guarisce al mondo i mali »;

poichè risolve, nella salutare convulsione del riso, tutti i taccoli e le uggie della vita nostra. La messa in iscena, come la chiamano, della *comicità* è cosi compiuta; ed attore e spettatore, l'uno co' suoi sgorbii prosuntuosi, l'altro col microscopico vedere della contraddizione, si tendono la mano, e commentano fraternamente quel testo di messer Ludovico, che l'Araldica di Momo loro impresse sulle insegne, cioè:

  « È una gabbia di matti il mondo intero ».

In riassunto, e volendo anche qui significare, il più scolpitamente che si possa a parole, epperò nella forma di una definizione, il risultamento della ricerca, diciamo parerci il Comico:

L'ATTIVITÀ IDEALE, CHE, DOPO ESSERSI PREDICATA PRESENZA DELL'INFINITO PENSIERO, SI CHIARISCE DELL'ASSURDO, E LO CORREGGE CON ASSURDO MAGGIORE; VAL DIRE CON L'ASSENZA PRESUNTA DI ESSO, A FRONTE DI UN FINITO, CHE, IN QUANTO FINITO, PRETENDASI L'INFINITO, E COSÌ NON SIA CHE IL NULLA.

Facilmente vedremo emergere da' varii incisi di siffatta definizione, non meno alcune particolarità del Comico, che l'articolarsi della indagine.

Quanto alle prime, p. e. bene comprendesi come,

dalla sfera eccelsa della ragione, la fantasia termini l'icarico volo ne'bassi fondi dell'intendimento, quando non solo rinunzia alle visioni dell'Idea, ma pensa di dar loro un surrogato nella cecità, o al più, nello strabismo; quando non solo abdica il trono, ma si avvisa, simile al tirannello di Giusti, d'intronizzarsi « in un guscio di castagna ». Se la *sublimità* abbisognava di esaltamento intellettivo a farsi gustare; la *comicità* contentasi del buon senso e della sillogistica volgare; la cui concinnità è l'occhialetto, che ci approssima gli attucci del buon umore. Se la prima somigliava alla luce di un astro, *offuscata* dalla caligine; la seconda rende immagine della *piena visibilità* di una meteora passaggiera.

Oltre di ciò, intendesi, in secondo luogo, che un parallellismo abbia a potersi designare tra'fatti dell'un modo e dell'altro. Ed in vero, sendo il risibile una esagerazione di quanto ci sublima, segue che le gradazioni di lui, e direi quasi la solfa del riso, abbiano a potere notarsi in rispondenza de'varii aspetti della sublimità. La quale altramente, nella sfera della natura, ed altramente nella subbiettiva e sociale, condiziona l'ilarità nostra capovolgendo, a certo modo, le sue posture. La rana, che scoppia, adoperando a magnificarsi alla stregua del bue, cioè l'esiguo nel grande, relazione inversa della grandezza nella esiguità, esemplifica, da un lato, il Comico in genere, e, dall'altro, il parallellismo mentovato. In effetti, essa fa burlesco riscontro al Sublime dell'estensione, o, se si vuol meglio, della forza. Così il *cavaliere di ventura* di Gualtiero Scott, che parla della espugnazione di una fortezza, mentre non espugna che un pasticcio, parodizza l'attività eroica. Così inverte il Sublime dell'espressione enfatica, quel capo di negri, che concionava a'suoi seminudi bravi, in questi termini: « soldati, pensate che, dalla cima di quelle palme, vi guardano quaranta scimie! »

Da ultimo, si comprenderà da chiunque ha fior di senno, essere il contrasto, risolventesi in nulla, l'anima del Comico; contrasto, che, germogliando dalla radice obbiettiva, di sopra designata, acquista, nella riflessione dello spettatore, il carattere di scurrile *incongruità*, di *polarità* epigrammatica, di umoristico *antagonismo*. Ora la storia di questo divenire antitetico epilogano i tre momenti della *sorpresa*, del suo *nullificarsi*, e della conseguente *allegria*. Non produconsi isolati; ma costituiscono una unica ed indivisibile triade, non riflesso, sibbene caricatura della Divina. E seguiamo, così pensando, il Carriere, che parci avere giustamente notato, come l'animo, messo in sospeso dapprima da un grande apparato, finisca per detendere l'arco dell'attenzione con compiacenza, e s'ilarizzi all'esperimento della futilità della prova.

Passando, impertanto, a significare le divisioni principali della materia, che abbiamo alle mani, le desumeremo da' diversi modi di riguardare l'assenza dell'Idea, in un fenomeno. Essi paionci:

§ I. L'*ammessa* assenza dell'Idea, o la Buffoneria;

§ II. La *mascherata* assenza dell'Idea, o il Motteggio;

§ III. La *negata* assenza dell'Idea, o l'Umore.

§ 1°

Dell'ammessa assenza dell'Idea,
o della Buffoneria.

Il passaggio, che l'estetica intuizione fa dal Sublime al Comico, non vuolsi, per avventura, reputare qual decadimento, che la umilii e contristi nel senso del dantesco

> « non v'ha maggior dolore
> Che il ricordarsi del tempo felice,
> Nella miseria ».

Per contrario, va riguardato qual libera e voluta riduzione in basso stato, nel supposto che così solo regni l'Idea; e tra' cenci della volgarità, sulle carrette di Tespi, e pe'trivii, abbia clamide e reggia e trono.

V'ha, nell'animo, un'innata diffidenza di ogni grandezza, che voglia imporcisi come la vera: diffidenza, che, in fondo, riducesi a un confuso presentimento, che solo lo Spirito, in quanto riflesso dell'INNOMINABILE, è grande. Ora, essa convertesi, *ad usum* della vanitosa subbiettività finita, in dommatica affermazione di onnisufficienza, indipendentemente dalle sommità di cielo, di stato, di dignità sociale. La stessa virtù, lo stesso eroismo, perdono la loro aureola nell'opinione dissacratrice del volgo. Se, da una parte, il coturnato tragedo, sulla vasta scena della vita, innalza la voce ed il braccio a maledire alla ignavia ed al vizio; dall'altra parte, il buffone in socco trova modo di sbeffeggiare, con la sua mimica, quell'imperativo atteggiamento e quella declamazione. Anche l'Olimpo avea il suo pagliaccio, che il divino *epos* sapea convertire in fiaba plebea. Le corti dell'età di mezzo, rade volte superiori in coltura agl'istinti delle turbe, amavano ad essere svillaneggiate, o berteggiate dai matti saggi, dai *clowns* Shakespeariani, che osavano protendere agli Achilli ed a' Rinaldi della fortuna lo specchio disincantatore della follia.

Il subbietto, intanto, che

« Come vecchio sartor fa nella cruna »,

ficca tanto addentro lo sguardo nelle magagne del Sublime, dimostrasi al tutto losco riguardo a sè medesimo. La vanità, ch'esso argomentasi esplorare a traverso a'forami del manto della grandezza, crescegli a più doppii tra gli sdruciti del pallio della picciolezza propria, più bucherellato di quello di Diogene. In effetti, merita nota che l'audacia di sottrarsi alla dominazione del Sublime, e pretendere supplantarlo, a certa guisa, nell'azienda ideale; se, in un senso, va aggiudicata alla subbiettività, in un altro, sorge dapprima nella parte più volgare ed abbietta di lei: cioè tra la bordaglia cittadina e contadinesca. Ed anche quando codesto pattume s'ingentilisce nella forma, tale urbanità non dirai che relativa; non giungendo mai a vincere la natia *agrestem atque inhumanam inurbanitatem,* come la nomina Cicerone. Il che mette, senza più, in evidenza il motivo psicologico, che rende inchinevole al cinismo la *Buffoneria,* o la prima sembianza del Comico, che si offre a noi. Esso riducesi, in conclusione, all'assunto di oltrepassare la sublimità, radicalmente costitutivo della beffa. Così non si può non cominciare per negare colà l'Idea, dove adorasi; e, con sacrilego atto, finire per affermarla là dove vilificasi, cioè nel subbietto finito, in quanto finito. L'ateismo insano della *Divina realtà*, riesce a feticismo goffo dell'*umana apparenza*. La scepsi della fantasia, che non si contentò de' tuoni del genio, piacesi della trombetta del demone dantesco: la scepsi, che, in tanti suoi saturnali

« Le mani alzò con amendue le fiche,
E disse: « togli, Iddio, che a te le squadro! »

E vadasi a rilento a volere imbiancare questo sepolcro delle oscenità buffonesche, allegando che *naturalia non sunt turpia*, ed altrettali equivocazioni dottrinali. Sappiamo bene che la innocenza, delicatamente da'francesi addomandata *naiveté*, gode, fino a un certo punto, della venia, che le concedeva il coro epicureo dell'Aminta del Tasso, galantemente sentenziante « quel, che piace, ei lice ». Sappiamo che i grandi artisti,

« Sotto l'usbergo del sentirsi puri »,

disdegnarono sempre i convenevoli, con le foglie discrete, o indiscrete de' quali la società bacchettona suole ricoprire le sue vergogne. P. E. Dante non si peritò mai di chiamare col nome loro, e senza metafore, le cose decenti, o indecenti che fossero; e M. Angelo non indietreggiò dinanzi ad alcuna nudità.

Sappiamo, finalmente, che siffatto *diritto di natura* del Bello, ha un certo valore contro la snaturante leziosaggine, che arrossisce di tutto, perchè pensa tutto impuramente, ed affettatamente fa la pudica a parole, perchè ha il tarlo della impudicizia nel cuore. Di lei potrebbesi esclamare come di quel frate:

« Parla di castità fra Vituperio! »

Ma ciò non vieta che il retto anche qui abbia certi limiti; nè importa che non debbasi dare una certa ragione a Salvator Rosa, che biasima il capolavoro del Buonarroti scrivendo:

« Michelangelo mio, non parlo in gioco.
Questo, che dipingete è un gran giudizio;
Ma del giudizio voi ne avete poco ».

Anzi riproveremo forte chiunque intenzionalmente, e **senza** necessità, abusi dell'artistica disinvoltura. **Dalla bestialità** di Diogene al franco *je veux pisser* della francese del *viaggio sentimentale*, havvi un'intera scala di licenze poetiche, in materia di scostumatezza. Il sentimento individuale dell'artista, se immaculato, saprà conoscerle, ed usarle senza inconveniente di sorta. Che se la lascivia si fa della partita, ed Ovidio, Ariosto, La Fontaine, oltraggiano *ex professo* le vereconde Muse; il guasto, non più scusabile, cessa, per fortuna, di appartenere all'arte.

La *comicità*, in ispecie, dee possedere il segreto di non violare la purezza, nelle stesse grossolanità; e, sbrigliando la parola, saperla pur tenere, con polso di ferro, aderente al costume. E, per tal rispetto, non parci senza pro, per la compostezza dell'animo, che i primi e più materiali interessi della beffa sieno amministrati dal volgo; e che i zanni di tutti i popoli ed età vantino i quattro quarti di *noblesse roturière*, che richiedeva l'oclocrazia francese. Mostrasi il volgo conservatore per eccellenza. Nelle clamorose vociferazioni, non meno che negli atti improvvisi e passionati, nella festa baccanale, non meno che nella riotta tumultuosa, tragedo o commediante che balzi in iscena, atteggiato alla Masaniello o alla Falstaff; non affronta mai le basi sociali, non tenzona col costume de' padri. Senza uscire della rotaia consuetudinaria, senza nuotare contro corrente nel fiume del secolo; egli si agita, per un istante, nella terribile collera, o nella drastica *Buffoneria*; e poi torna a casa, immemore di tutto, ed in pace con tutti, a riadorare agl'idoli tarlati della sua magra esistenza. Dal che ci guarderemo di conchiudere col cortigiano venosino

« *Odi profanum vulgus et arceo !* »

Per opposto, diremo che, noi popolo, noi maestri e duci di codeste profane masse popolari; abbiamo a trovare modo che l'ingenua rozzezza del loro indirizzo, nella vita e nell'arte, non trasmodi, e solo fruisca sanamente del paradisiaco diritto alla nudità, che ha l'innocenza. E quando l'audacia aristofanesca delle plebi si piace puerilmente a rovesciare, ne' suoi ludi, quasi castello di carta, ciò, che reputiamo più rispettabile e santo; anzichè adirarci per un nonnulla, e così divenire ridicoli; imitiamo Socrate, il saggio de' saggi, ed andiamo alla commedia a ridere con gli altri di noi stessi, e delle nostre quintessenze di virtù e dottrine. Anzi ridiamo colà a ganasce dello stesso derisore volgo, che bene può ridere di noi, ma non di sè; sendo verissimo il motto di G. Paolo « non si può ridere della persona propria, nell'azione, ma almeno una ora dopo ». Così compiremo codesto ciclo di lepidezze, duplicandone ed ingentilendone, in una urbana amenità, il principio scurrile.

Riguardo alla quale digressione, circa la plebea licenza, profanatrice del giusto e dell'onesto, che a noi parve genuinamente artistica ed innocua; siccome provò l'esperienza a' due poli del Comico, Aristofane e Shakespeare; stimiamo conchiudere con far rilevare una contraddizione di Hegel. Nell'*Estetica*, egli reputa il *ragionevole* troppo superiore al Comico, per essere colpito dalle aculeate frecce di lui. Per opposito, nella *Fenomenologia*, avea profondamente veduto l'*ateismo della comicità*, che decompone, nel dissolvente del riso, niente meno che i poteri etici dello Spirito, obbiettivati ne'Numi. Più equilibrata, e consentanea al vedere, da noi adottato ed esposto fin qui, reputiamo la dottrina schellinghiana. Essa pone, essere l'umana libera individualità insofferente delle leggi naturali e morali; il perchè, nel Comico, ne franca mondo e coscienza.

Passando ora a determinare i momenti della *Buffoneria*, cioè dell'affermare assente l'Idea dagli obbietti della venerazione umana, e presente nella finitezza individua, in quanto finitezza; diciamo essere contenuti nella incoscienza, o coscienza, che l'attore abbia nell'affermare anzidetto. Un omuncolo, che, per dabbenaggine, tengasi e predichisi grande uomo, è qualcosa di differente molto dall'arguto nano, che canzona i giganti. Queste due forme danno luogo ad una sintesi della beffa, che atteggiasi a *cosciente incoscienza* in notevole modo. I nostri momenti si riducono, dunqua, a tre; cioè:

A) Alla *Scurrilità*, o buffoneria incosciente;

B) Al *Burlesco*, o buffoneria cosciente;

C) Alla *Caricatura*, o buffoneria cosciente-incosciente, e quindi compiuta.

A) Leggesi riferito in Fedro, se male non ci apponiamo, che un mimo salì, negli antichi tempi, in grande rinomanza, pel contraffare che sapea maravigliosamente bene lo stridio di un porcello, cui sieno punzecchiate, o morsecchiate le orecchie. Un contadino, (segue il favolista a narrare) — fu punto da invidia a' plausi, che lo scurra strappava in tal guisa alla folla ammiratrice; ed, un bel giorno, venne in iscena a sfidare colui nell'arte del grugnire. Grugnì il primo, ed i plausi a venir giù a furia, secondo l'usato. Grugnì il secondo; e fischi, e schiamazzi schernevoli, e poco meno che battiture. Il villano aprì allora la tunica; ed o maraviglia! — ecco balzare fuora un porcello in carne ed ossa, autore, e, certo, maestro del melodico grido. Con ciò il rusticano senno pretese criticare l'adunanza, che l'artifizio avea più ammirato della stessa natura. Pensiamo che il pubblico non profittasse molto della contadinesca lezione. Ed in tale supposto, diciamo che non ebbe torto.

In fatto, l'aneddoto quadra a capello colla teoria della *Scurrilità*, che ci approntiamo a brevemente formolare. Essa può, a veder nostro, significarsi appieno con un canone; ed il canone è il seguente.

Le turpitudini, nelle quali la plebea protervia riesce a storpiare il piglio solenne e le nobili pose della grandezza e della virtù, appaiano fatte per ispasso semplice, e non a male; e la naturale laidezza, non protagonista della scena, sibbene confusa nel coro baccanale; vedasi, non che di prospetto, in iscorcio rispettoso ed a dimezzo.

In altre parole: il *naturalismo* de' nostri popolani, nato nella civiltà attuale, non argomentisi di piacerci, sfacciatamente menando a tondo il Dio degli orti, alla guisa, che infantilmente facevano i tempi classici, con una simbolica da postribolo. Usi, piuttosto, la tessera estetica della *discrezione* anche nelle sconcezze; e la mezzatinta, in che rendesene evanescente il contorno. Il *qui pro quo*, è il cavallo da battaglia di codesta licenza, procace e ritenuta ad una. Pensiamo che la mimica pittoresca delle classi basse abbia sempre modo, se vuole, di vilificare col turpe; servendosene a ludicrue allusioni, senza fare arrossire le persone dilicate. Il nazionale ballo della *tarantella figurata* porge bastante pruova di ciò. Le braccia, allevolte protese in cerchio, a denotare abbracciamenti, allevolte intrecciate sul petto ad esprimere rassegnazione alla ripulsa: le mani non sempre gesticolanti edificantemente, ma sempre in fuggevole foggia; tutta la persona, ora urgente la compagna ballerina, ora regrediente in aria contrita; dimostrano a maraviglia, nell'uomo, gli effetti contraddittorii del morso della tarantola dell'amore, e, se non nobilitano, mascherano ed ingentiliscono la *Scurrilità*. Sventuratamente non possiamo menare sempre lo stesso vanto delle celie della nostra plebe, troppo poco digrossata per sapere temperare, nella gioia, la fervenza degl'istinti sensuali, e disavvezzare la fantasia dalle immagini priapee. Tra questi oschi nacquero le salaci Atellane, che facevano già arrossire i contemporanei di Ovidio e Tiberio; ed hanno forse lasciato il loro tipo nella carnascialesca *Zeza*; i cui scandali vanno tanto a sangue tuttavia a'frequentatori de'chiassi della partenopea città. Dà segno pure di basso *scurrile* quel suono scrosciante, che il lazzarone emette a significare il disprezzo di un fasto ampolloso, che così dimostra risolversi in ridevole inanità. Ci ha parole, che, presso a poco, importano il medesimo (1).

(1) Non si può scusare il *cancan* de'Parigini, come scusammo la nostra tarantella. È una contradanza, e, quindi, non ballo popolare, e tanto più ributtante. Facciamolo giudicare da'francesi stessi. Nel libro *les français peints par eux mêmes* leggesi: « le drame de l'amour est représenté dans toutes ses péripéties, tout ce qui peut contribuer à en faire deviner le dénoûment est mis en oeuvre; pour aider à la vérité de la pantomime, le danseur, ou plutôt l'acteur, appelle ses muscles à son secours; il s'agite, il se disloque, il trépigne, tous ses mouvements ont un sens, toutes ses contorsions sont des emblèmes; ce que les bras ont indiqué, les yeux achèvent de le dire; les anches et les reins ont aussi leurs figures de rhétorique, leur éloquence. Effrayant assemblage de cris stridents, de rires convulsifs, de dissonances gutturales, d'inimaginables contorsions. Danse bruyante, effrénée, *satanique*, avec ses battemens de mains, ses évolutions de bras, ses frémissements de hanches', ses tressaillements de reins, ses trépignements de pieds, ses attaques du geste et de la voix; elle saute, glisse, se plie, se cabre; dévergondée, furieuse, la sueur au front, l'oeil en feu, le délire au visage. Telle est cette danse, que nous venons d'indiquer, mais dont nulle plume ne peut retracer l'insolence lascive, la brutalité poétique, le dévergondage spirituel; les vers de Pétrone ne serait assez large pour la contenir; elle effraierait même la verve de Piron ».

Potremmo validare di molte citazioni il rimprovero, che osiamo volgere a'napolitani, della soverchia grossolanità, che prediligono nello *Scurrile*. Bastici rammentare il mariuolo, che, a Roma, aggrappatosi a un anellaccio di ferro, pendente da una parete, e fingendo far prova di sbarbicarlo, gridava « eppure lo cavo! » I romani si affoltarono allo strano spettacolo, e, sghignazzando tra di loro, tenevano colui matto. Ed ecco il matto a metter fuori un fragoroso scroscio, ed a trionfalmente dire a que'seri: « L'ho pur cavato! » La quale *scurrilità* indecente, del resto, sembraci più ingegnosa, e meno stomachevole dell'altra del gran Molière, che fa correre il suo *M.' de Pourcognac*, per tutto il palco scenico e pel teatro, perseguitato da uno spedaliere, che, a suo danno, impugna un minaccioso cristiero. E tralasciamo parimenti il poeta francese, che non arrossisce di torre ad argomento di un poema didascalico la *crepitonomia;* e di fare sua divisa la fama, che dà fiato alla tromba a imitazione dell'infernale trombettiero dantesco.

A ogni modo, quando una più inoltrata coltura avrà ingentilito il figlio del popolo tra noi, non dubitiamo punto non ispieghi non comunali potenze artistiche, anche nella bassa sfera della *Scurrilità*. L'indulgenza per codesta baiadera del Parnaso dee muovere dall'attezza ad accennare, anzichè esprimere; dal vederla accendere fuochi fatui, anzichè le vampe uliginose del turpe. Ciò mena alla giustificazione de'gesti, dalle dubbie, ma fugaci significazioni: de'gesti, in somma, che rasentino l'ingenuità senza férirla; e solo colpiscano l'invulnerabile uomo di mondo, che sorride e tira via.

La *mimica* è l'urbana lessicista di Momo. Del suo abbiccì, cioè del gesticolare, sentenziava Bacone: *gesta autem, tanquam hieroglyphica transitoria*. Ora il popolano dell'Italia meridionale primeggia qual mimo. Sia che nel tradizionale Macco, o nel *Pulcinella*, irrida la prosopopea de'grandi; sia che solennizzi le burlesche cerimonie dell'esistenza plateare: p. e. la frittura delle *zeppole*, ch'ebbe l'onore di essere tanto ammirata da Göethe; sia che canti la nenia al panciuto carnovale; — parla più co'pittoreschi atteggiamenti, che con le parole. Se la Crusca, al dire del Monti, registra molte decine di sinonimi della voce *balordo;* pensiamo che non minore numero di dispregiativi gestienti potrebbesi trarre da'nostri mascalzoni. Talvolta gli vedi a prolungare il naso di tutta la palma, che fanno oscillare spiegata; tale altra ad accapannare con essa le orecchie. Ora fregansi con l'indice i denti; ora·mettono fuori la lingua, ignari commentatori di quel versetto d'Isaia: *super quem lusistis, super quem dilatastis os, et ejecistis linguam?* Soprattutto strabilierai a'molti sensi, che sanno dare al gesto delle corna: (riguardo alle quali, l'erudito De Iorio non dubita di gravemente dissertare « Di quante specie di corna facciano uso i napolitani »).

Non neghiamo che Puccio di Aniello, o Pulliceno, o Pulcinella, che vogliasi chiamarlo, vive ancora tra noi, solo supersiste, forse, con qualche consobrino italiano, delle oltramontane colonizzazioni del numeroso suo casato. E vive inalterabilmente goloso, infingardo, e, ch'è peggio, vigliacco; e con compiacenza recitante a'marinari il suo simbolo di fede: « lascia llu mare, e tienete alla taverna! » Ma, primamente, egli non vince di ghiottornia Giovanni Salsiccia *(Hans-Wurst)*, Giovanni Focaccia *(John-pudding)*, Giovanni Minestra *(Jean-potage)*; o tutta la giovanneria pulcinellesca del settentrione, che tanto caratteristicamente prenominavasi dalle vivande favorite. Oltre di che stimiamo, col Lessing, arlecchinata grandissima il volere espellere gli Arlecchini, massime in tanto sereno di cielo, e di coscienze italogreche. La civile musoneria oltramontana non c'invidii il riso almeno; ed esclamiamo con l'anacreontico Serio, nel nostro vernaculo:

« Stu paese è nnu giardino,
E stu regno è massaria,
Nce se nasce, gioia mia,
A sti luoghe ppe scialà!
È llu vero ca pe Londra
Nu scauzone non ce vide;
Ma si truove uno che ride,
I mme voglio fa squartà. »

Non dimentichiamo, tuttavolta, di distinguere, nello *Scurrile*, il ridicolo implicito, o involontario, dall'esplicito, o intenzionale. Sempre ha luogo la stessa assenza dell'Idea, che la pusilla individualità vuole usufruire a suo pro. Ma, nel primo caso, lo scurra è tale non per sè, sibbene per altrui; in quella che, nel secondo, germina già la farsa, perchè il buffone conta sulle risate, che le sue castronerie provocheranno. Un gobbo, che inceda all'eroica, un politico da bettola, che bisticci declamando, o scivoli e cada gesticolando; quel cavaliere spiantato del Goldoni, che, costretto a metter mano alla spada, trovasi non averne che il manico senza la lama ec: paionci casi del primo genere di *Scurrile*. Il secondo domina nelle *carnascialate*, nelle *danze pantomimiche*, continuazioni manifeste del famoso *cordace* de'greci, che riproduceva animali ed uomini, e dava la soia a tutti. L'ebbrezza, e le sue bacchiche miserie, particolarmente accomodansi a dar materia a cosiffatta imitazione grossolana; e Sileno è il tipo più antico e più puro di essa.

Degli esempii della impura *Scurrilità* se ne potrebbe cavare a iosa da'nostri novellieri, e comici antichi. Del resto, non cesseremo mai di raccomandare ai giovani l'abstensione da letture circee, che imbestiano, e non educano alcuno. Non sempre destano una santa indegnazione gli aneddoti del *leone e del somaro*, del *cinghiale e dell'asino*, del *diavolo e del fittaiuolo*, ec: che leggonsi in Bruno, Fedro, La Fontaine. La gaiezza si compra, a tali botteghe, a troppo caro prezzo. Val sempre meglio non *buffoneggiare*, che demoralizzarsi *buffoneggiando*.

B) La *Scurrilità*, cosciente o incosciente che fosse, appresentavacisi a prima giunta, o sul limitare della *Buffoneria*. La mimica contraffazione delle notevolezze di uomini e cose spettabili nella congregazione civile, appartiensi al volgo, scimia de'suoi maggiori, e naturalista, per non dire animalesco, come in tutto, anche ne'ludi. Rousseau disse profondamente de'bimbi, che il ruzzare, come loro frulla, riducesi al più serio affare della loro vita. La frase, *mutatis mutandis*, potrebbe applicarsi al popolaccio, pel quale la *Scurrilità* non vale quello, che per noi. Non è una libera fantasticheria, che capovolga a capriccio le relazioni normali della vita ; sibbene una letterale versione dei testi della più appurata sapienza, che dispetta, nell'uomo civile, l'egresso dall'Egitto della natia animalità, e piacesi a rifigurarselo sotto la forma bislacca dell'Anubi, dell'Api, dell'Ibi. Cotale direzione, che chiameremo *zooandrica*, a contraddistinguerla dalla *teandrica* della civiltà, cui contrapponsi, caratterizza il celiare degli scurra in socco ; e dà quasi una tinta di serietà, quantunque inoffensiva, alle pantomime e fiabe popolari, che protestano goffamente contro ogni urbano e gentil costume.

Ora, la vena della giocondità istintiva delle moltitudini abbonda troppo per rimanersi a codeste equivoche sorgenti. È di tutta necessità, se pure il Comico ha da avere, nel reale, uno svolgimento compiuto, che, accanto alle impure *scurrili* incipienze di lui, spicchi, come da fondo oscuro, un fare più liberale, e più ammissibili tipi di schietta bellezza.

Il subbietto, che, nella prima forma, non potevi dire che embrionico, o stemperato nella quasi impersonalità della folla, ora inoltrasi, a mo' di corifeo, fuori del coro. Parlaci in nome proprio ; e giunge allevolte, deposta la maschera bacchica, intrisa di mosto, a rivelarcisi poeta, in una inopinata parabasi, in cui propriamente si origina il *Burlesco*. Non altrimenti che i microscopisti pretendono che, in ogni rudimentario organismo animale, s'isoli primitivamente il punto, destinato a divenire poscia il cuore ; così nell'immediatezza della *Buffoneria*, cioè nella *Scurrilità*, distaccasi una efficienza, che tratta lo scherno non più a casaccio e tumultuariamente, sibbene con disciplina oculata, e, diremmo quasi, sistematizzando la follia. Il lato ridicolo di una personalità illustre, non offrendosi da sè sempre, e convenendo talvolta evocare dal seno della serietà maliziosamente i grilli, e farle far boccacce, a certo modo, per poterne prendere spasso; nasce un'arte, e questa è la *burla*, di creare situazioni cosiffatte, che risparmino al derisore l'incomodo della *Scurrilità*, e facciano pagare le spese della farsa alle vittime della farsa, senza misericordia alcuna.

Se non che, il procace gnomo del *Burlesco*, a differenza del *Rübezahl* delle leggende alemanne, termina soventi le sue troppo crudeli capestrerie in pianto e non in riso, e guasta improvvidamente il giuoco. Così, nelle *notti arabe*, riesce quasi a tragedia la celia di quel Califfo di buon umore, che fa credere a un dabbene omaccione di stare a godersela in paradiso tra le Uri, per indi riprofondarlo nella nativa miseria; il perchè il mal capitato ne ha a dare di volta miseramente. Di scherzi, non meno da cani arrabbiati dell'enunciato, formicolano i nostri novellieri. Il Lasca, fra gli altri, se male non ci apponiamo, ne narra uno, che conchiudesi in un poveraccio, evirato di bella maniera. Vittore Ugo vuol vincere la prova anche in tali sconvenevolezze. Nell'*Hans d'Islanda*, fa finire squartato da un mostro un povero bertuccione di pedante, le cui paure avea elette a segno delle facezie più amene. Ciò riesce a dimenticanza un po' soverchia del *sine dolore* aristotelico, a quanto sembra.

A ogni modo, molte consuetudini giocose delle gentili brigate bensì; p. e. i francesi *poissons d'avril*; provvengono da'burlevoli istinti, che favorisce lo scioperio, e condiscono le salse del bell'umore de' gaudenti del secolo. Badi, peraltro, il *burlone* di mestiere, che nel menare le oche al fonte non si mostri egli papero; o, ch'è peggio, ricada nello *Scurrile*, ordinando *berte* galanti. La *festa degli asini*, che cantavano messa in chiesa; i canonici, che, nel truogolo, sorbivano broda a mo' di maiali; l'*elezione del re de' matti*, e della sudicia e cenciosa sua corte; erano spassi al tutto scurrili, perdonabili appena alla greggia zotichezza de' nostri bisavi. Il coreografo della beffa ha da saperne o altrettanto, o più del beffato. Ha da mostrarsi un Bertoldo ingarbugliatore a petto di un baggeo Alboino; e non un Bertoldino gaglioffo, e tanto meno un mentecatto Cacasenno. Dobbiamo potere esclamare di lui con Shakespeare: « sa tante cose, eppure è un matto! » Il Davo della commedia antica; il bresciano Brighella, il cui nome ci accordiamo con l'Hebenstreit a derivar da *brigare*; il Crespino della commedia francese; vanno detti bari puro sangue. Eppure sbellichiamo dalle risa a' tranelli, che ordiscono a vecchi avari, ed a ruffiani; ed alle fanfaluche, che spacciano a' baggei Pierrotti ed a' goffi Pulcinelli.

Non si perda, peraltro, di vista, come le mariuolerie, purora tratteggiate, costituiscono ciò, che potrebbe bene chiamarsi il *Burlesco in azione*, o il *Burlesco*, riguardato nel suo essere obbiettivo puro. Una forma più subbiettiva, ed artistica a maggior rigore di termini, suole aggiudicare all'*espressione* ed a' suoi equivoci il carico non lieve di falsare l'apparenza delle cose, collocandole in una luce inusitata. Simigliante spasso, che noi italiani convertimmo in iscuola, nominandola il *Bernesco* dal Berni, che ne usava a pre-

ferenza, e più magistralmente de'confratelli poeti romanzeschi; ha varii gradi, e foggo così spiccate, che avvisiamo non inutile il discorrerne particolarmente. Notiamo le seguenti tre, cioè:
  a) Il Maccaronico;
  b) Il Furbesco;
  c) L'Eroicomico.

a) Il *Maccaronico*, primamente illustrato, nel suo *Maccaronicum*, dal pseudonimo Merlin Coccaio, consiste nel prendersi giuoco della gravità de'pedanti e del loro sapere, italianizzando voci e modi latini, e viceversa; e così promovendo il riso all'alterazione de' due idiomi. P. E:

« *Manducant crudos, virgo Maria, pisellos!* »,

ovvero la definizione del pedante, che il Capasso formolava così:

« *Est animal, quod litterulas scorzatenus hausit* »;

ed altre storpiature, in su questo andare. Siffatta maniera di *Bernesco* potrebbesi chiamarla una Buffoneria grammaticale, o umanistica, ed affermare che dimostrasi scurrile almeno nel senso delle contraffazioni, di che si piace nel campo della parola. Non si confonda, del resto, con la *Caricatura*, di che c'intratterremo più sotto. Basta notare, a contraddistinguernela, l'affettata incoscienza, onde copre il celiare; e la baia filologica, che non usa a personali esagerazioni di forme, sibbene in una serena ed inoffensiva amenità di generale concetto (1).

(1) Il Rosenkranz (op. cit.) distingue giustamente dal *Maccaronico*, che di due lingue omogenee tenta comporre una terza, la mi-

b) Nessuno pensi che intendiamo qui per *Furbesco* la loquela occulta, o il gergo, al quale i malandrini di ogni risma affidano, sotto specie di parlare consueto, le prave loro confabulazioni. Simiglianti telegrafie verbali sono extra-artistiche; perchè non espressive di bellezza di sorta, e solo dipendenti da'perversi giudizii della malvagità. Ma vi ha un *Furbesco* innocuo, ed affatto diverso d'indole, abbenchè non dissimigliante nella forma, dalle anfibolie de'bari. Esso potrebbe assumere a divisa il motto, che Casti applicava all'elefante: « è furbo, e fa il minghione ». Tal motto commentano a maraviglia i poeti berneschi italiani. Il Pulci primeggia in ciò. Quando, p. e. comincia per dire divotamente

« In principio era il Verbo ec: »

e termina per protestarsi

« Ciò era nel principio a parer mio »:

riducendo a opinione un domma; riconosciamo, sotto al mantello teologale, Mefistofele, che disserta, e la intende bene altramente da quanto dice. Parimenti, allorchè Berni gravemente narraci di un suo ferito, che

« Andava combattendo ed era morto »;

scela dei linguaggi *(Sprachmengerei)*, che, le più volte, trascorre nel brutto; e salvasi nella comicità in radi casi; p. e. nel *Grifio Horribiliscribrifrax*, citato dall'A.

comprendiamo subito, che il beffardo poeta canzona i suoi eroi e noi. In somma, il *Furbesco*, come ora l'intendiamo, versa in una specie di volponeria, che riesce mirabilmente al ridicolo, fingendo bonarietà, ed inopinatamente dimostrando il tutto, avvenuto da burla. Secondo tale accezione, fu un'eroica *furberia* quella di Bruto primo, che fingevasi matto, a meglio potere, a suo tempo, accoppare i Tarquinii; ed una sacrilega *furberia*, ma comica, in supremo grado, l'altra di Masetto da Lamporecchio, narrata dal Boccaccio.

c) L'*Eroicomico*, ovvero il modo di espressione, che vilifica il Grande ed il Sublime, accoppiandoli al ridevole; mira a farci inferire l'elementarità *burlesca* dell'uno nell'altro. Lo equipareresti al supplizio di Mezenzio, cioè all'amplesso del vivo col morto, se potessi ritenere come cosa morta la comicità, che scappa fuori vivacemente a danno della serietà iniziale. Il Tassoni, che conchiude una bella descrizione della primavera col verso,

« E gli asini cantar versi di amore ».

offre modelli perfetti di codeste sconnessioni scherzose. Comprendesi, del rimanente, perchè le riguardavamo quali *burle* in senso subbiettivo, in grazia dell'artifiziosa luce ridicola, che proiettano sulle solennità convenzionali delle cose e delle parole.

Non dovremmo avere bisogno di aggiungere, concludendo, che ci ha un'altra maniera di *Bernesco*, cioè il *Bernesco* de' motti. Ma ognuno vede non essere ancora tempo di ragionarne.

C) La Buffoneria, scapricciatasi alla buona, e quasi nell'incoscienza delle sue usurpazioni ideali, nella *Scurrilità;* ed indi passata a maliziosamente architettare *intrighi,* ne'quali la celia minuscola sgambetti la grandeggiante Idea; finisce per congiungere, in un ultima fase, le due suddette sembianze, a così offrirsi in estetica interezza all'apprensiva. Le esagerazioni dello *scurra,* senza ch'egli se ne addasse, razzolavano, per dir così, nel letamaio delle determinazioni empiriche, a cavarne, non la perla del Bello, sibbene il granello di panico del deforme, di che pasceva sè ed altrui avidamente. I concetti del *burlatore* erano chiaroveggenti, e fatali a'Calandrini delle festose brigate. Pure miravano alla bellezza del giuoco, e non alla bruttezza individuale, messa in luce in personaggi, riguardevoli per altri rispetti. Ora, codesta duplicità di aspirazione comica alla stessa e medesima giocondità, riunisce in sè la *Caricatura.* Essa, come verremo dimostrando, a un tempo esagera e piacevoleggia; storpia l'immagine, e rendela così capace di un concetto *burlesco,* spesso altutto distinto dagli accidentali mezzi di esecuzione. P. E. nella *Caricatura* di Cham, che chiama *figure equivalenti* una botte ed un panciuto, la deformità è esagerata a disegno, e così poetizzato lo Scurrile. Parimenti quando Hogarth, a derisione del tapinare de'commedianti di provincia, gli mostra che riposansi dalle pedestri corse, ed hanno appese le sudicie calze alle *nubi* a rasciugarsi, le quali nubi sono le cartacee delle decorazioni teatrali, e non le veraci; la bizzarra combinazione ci diverte, perchè non fine a sè stessa, ma mezzo ad una più alta e più riflessa Buffoneria.

In somma, la *Caricatura* parci la *Scurrilità*, divenuta artistica, traversando l'elemento, ed impregnandosi della intenzionalità del *Burlesco*. Essa non è più plebea, ma gentile. Aspira, anzi, talvolta, ad aristocratiche prerogative; chè alcune sue varietà, val dire la *mistification* de' francesi, il *quiz* degl'inglesi, non si attagliano che all'eletta de' begli umori de' convegni galanti. E così spiegasi come dall'azione mimica de' zanni plateari, cui restringevasi in prima, il buffoneggiare passi ora nelle arti più alte, e divenga di pertinenza della poesia, e della musica bensì; che direbbersi disadatte agl'intenti di lui. Il « pace e gioia per mille anni », che il seccatore *D. Alonzo della Saldirogna*, intuona con incessante daccapo, e con lo strascico della più narcotica cantilena, a contraffare il saluto di *D. Basilio*, nel *Barbiere di Siviglia;* riesce a felicissima *Caricatura musicale*.

Fra tutti i magisterii artistici, peraltro, il pittoresco quello è, che più accomodasi alla *Caricatura*. Abbiamo troppo sotto gli occhi quanto possa su questa corda tesa della bizzarria buffonesca, spesso non affidato per nulla al bilanciere del buon senso, l'acrobate caricaturista politico, ne' francesi *Charivaris*, ne' tedeschi *Kladderatatsch*, negl'inglesi *Punchs*, ne' nostri *Arlecchini*; per avere uopo di provare l'idoneità dell'improvviso della matita a cogliere il ridicolo. In fatto il *caricare*, onde la voce *Caricatura*, ha da essere non greve, quale nella Scurrilità, ma leggiero, e pressochè aereo, come nella urbana celia, a meritarsi il sorriso delle persone schive, cui s'indirige. Ha, in una parola, nell'ampia corrente della giocosità, a somigliare non alle spugne, che, inzuppatesi di acqua, tirarono al fondo lo sconsigliato giumento; sibbene alle galleggianti vessiche, tanto soccorrevoli al fortunato confratello di lui. Il divino Urbinate, ne' suoi impareggiabili rabeschi, dava modelli perfetti dell'indicata levità scherzevole nell'intreccio bizzarro di piante ed animali. E già Leonardo da Vinci, in quella sua ferace immaginazione, avea trovate forme ferine ed umane, che dirai vere *Caricature*. Chi amasse, da ultimo, di pascere la curiosità dello stremo di simiglianti fantasticaggini, non ha che a squadernare le stampe del Callot, in cui abbondano estro inventivo ed originalità di esecuzione.

In poesia, la *Caricatura* non potrebbe, a rigore di termini, dirsi più buffonesca. La parola, per isfrontata che si voglia supporre, non comporta mai la crudezza ed il cinismo, che offendono nelle figurazioni. Ma se l'esagerare l'accento caratteristico di una individualità costituisce propriamente la *Caricatura*, vedesi, dall'altra parte, che l'attenuarsi della Scurrilità nella *Caricatura poetica*, non che una pecca, è piuttosto l'indizio, che qui l'orbe della Buffoneria ha compiuta la sua evoluzione, ed urge altra forma.

Ed in vero, le *Caricature* de' poeti, vuoi che si limitino a semplici espressioni, vuoi che restringansi al concetto di parti intere, o anche del tutto insieme dell'opera; hanno sempre più della facezia che della baia; più della *mascherata assenza della Idea* nel Motteggio, che dell'*affermata latenza* di lei. Esempligrazia, le iperboli del naso, che cantano di esso

« Naso gigante, innanzi a cui parrebbe
Esser pigmea la torre di Babelle »;

sino allo spropositato

« Se per scalare il ciel bastava un naso »;

riduconsi a un lanciare campanili, che fa ridere per
sè più che per la mostruosità, che indica, e che persona del mondo non potrebbe immaginare. Annibal
Caro, che scrive al proposito medesimo: « Alla nasuta nasaggine del nasutissimo naso vostro »; non offreci
che un giuoco di parole, e non *Caricatura* alcuna. Più
chiare tracce di genio *caricaturista* scorgiamo nel Parini, dove canta la nenia al morto barbiere, e conchiude per esortarlo a morire, se, per avventura non
fosse ancora morto, per che il poeta non abbia composta indarno la burlesca elegia. Il quale genio, estendendosi ad occupare opere intere, le rende simili a
sciarade in azione, non sempre intelligibili da chi
non possegga la *clavis magna* delle allusioni; seppure un sol uomo, o classe di uomini, non prendasi
di mira a visiera levata. Tale ultimo caso esemplificano il *D. Quixot* di Cervantes, l'*Hudibras* di Butler,
e quel ghiotto *Socrate immaginario* del De-Lorenzi, o
del Galiani, che canzona con tanta amenità la grecomania de'nostri avi, che davvero esclamavano col
loro matto eroe:

« Anche il can, che ho meco
Vo' che meni la coda all'uso greco ».

Innanzi di spacciarci della *Caricatura*, stimiamo
degne di nota una ramificazione ed una degenerazione del tipo di lei. Esse sembranci:

a) La Parodia;
b) Il Grottesco.

a) La *Parodia* muovesi in più angusta sfera che la Caricatura, siccome quella che limitasi a riprodurre, in fogge vernacule, le dizioni classiche, ed a volgarizzare gli alti concetti di qualche grande scrittore. I famosi *Travestimenti* dell'Iliade, dell'Eneide, tentati da varii dialetti nostrali ed oltramontani, bastano a delucidare la specialità del fare *parodistico* a chiunque abbia vaghezza di codesto basso Comico. Capasso traduceva il virgiliano

« Tantae ne molis erat romanam condere gentem »,

con maggiore brevità nel nostro dialetto così:

« Che tanto nce volea ppe fa na Romma ».

A ogni modo, le così dette *Rime pedantesche*, che intercalano voci, e talvolta interi versi latini nel dettato volgare, sono una varietà di *Parodia*, che usavano molto, a grande loro sollazzo, i nostri padri, più accaniti umanisti di noi da senno e da burla. Celebrano, a questo proposito, il sonetto in lode della campana del collegio romano, che incomincia con questi versi:

« Tintinnabulo eccelso, il cui fragore
Chiama i putti a scolastico concilio ».

Parci pure assai ghiotto il latinizzare di colui, che piangea la morta moglie così:

« Amici mei, considerate vos
Si meum dolorem mitigare est fas;
In istud namque sepulcrale vas,
Jacet mea conjux, honestatis flos.
  Eheu! mors amara separavit nos,
Uxor cara, nec prolem vivo das:
Eheu! superesset faemina, vel mas,
Non esset nunc restituenda dos.
  Nunquam fuit inter uos discordia aut lis.
Quaerebam « standum domi, eumdum rus? »
Tu respondebas: « fiat quidquid vis ».
  Ergo, te mortua, non gaudebo plus:
Donec erit anomalum *fio*, *fis*;
Et alphabeti finis *rum* et *bus*. »

Ma, in verità, non lamentiamo gran fatto la desuetudine di tali poetiche pedanterie.

b) Chiamammo degenerazione il *Grottesco*, non intendendo parlare del *Rabesco*, fare genuino, tuttochè umile; sibbene accennando alla danza, che degeneri in salti sperticati, e senza grazia ed adornezza alcuna. In tal senso dà nell'ibrido, o in qualcosa d'intermedio tra lo Scurrile ed il caricato. Spinge la volgarità del primo sino alla goffaggine, e falsa l'esagerazione del secondo sino alla *grimace* de' francesi, ossia allo sgorbio. Ha ragione il Rosenkranz ad affermare, « Il. *Grottesco* costituire l'estetica de' cinesi ».

L'arte incede sempre serena e svelta. Tutto, che indichi o convellimento, o meccanicità da saltimbanco, non è più cosa sua. Ricacciamo, adunque, il *Grottesco* nelle grotte, onde trasse il nome; se abbiamo in pregio la semplice e schietta bellezza, base di ogni estetico fatto. Comicità non suona bruttezza, ed il bisogno del riso non autorizza alla produzione del laido e deforme. E dove anche si dimostrasse, non potersi, ne'tempi moderni, riprodurre la *serenità* dell'intuito elleno, sola ignara di *Grotteschi* di ogni maniera; noi italiani, moderni elleni, avremo sempre una protesta a far valere contro gli *imbratti*, gli *sgorbii*, le *male Caricature*, che pensino legittimarsi affibbiandosi la giornea di un nome di scolastica importanza.

§ 2.°

*Della mascherata assenza dell'Idea,
o del Motteggio.*

Sino a qui l'intendimento, pago della illusione di avere esautorato il principio razionale, debaccò buffoneggiando in forme, presuntivamente francate dalla dominazione dell'Idea. Era libertà da schiavi; e consisteva a strascinare nel fango tutto, che affermisi nobile e grande. Era, stavamo per dire, un *quis ut species*, sostituito al *quis ut Deus* del Sublime. Ed in fatto, codesta *specie formale*, che, di propria autorità, ponevasi la corona in sul capo, riusciva allo sgorbio, o alla bruttezza; cioè al polo opposto al suo intento, come sopra vedemmo. Il quale fenomeno, se nella sua seria significazione importa, *nulla essere oltre l'Idea*, cioè l'Idea non avere *oltre*; ingenera dall'altro lato, le grasse risa di ogni sennata persona, allo spettacolo delle vantate forze del finito.

Tuttavolta, non si speri che il genio della Forma, assicuratosi nella contraddizione, in che terminavasi il Sublime, il punto onde muovere cielo e terra; lasci presa per un primo insuccesso. Se la Buffoneria fallì alla meta del Comico, cioè a provare l'assenza dell'Idea dalle superbe individuazioni, enuncianti si quali individuazioni di lei; ciò non iscoraggia la fantasia, conscia che l'esagerata applicazione non invalida punto la giustezza di un principio. Il pensiero, adunque, non che indietreggiare, va innanzi. Facendosi incontro a materie più duttili, perchè più intellettive, loro affida modificato il compito suo.

Ora, simigliante modificazione imposta, siccome ella è, dall'esclusivismo della Buffoneria; in che la ravviseremo se non nell'attenuamento della predicata *assenza ideale?* Per conseguente, nella seconda fase del Comico, cui si volge ora l'investigazione, l'intelligenza non più affermerà crudamente l'autonomia delle forme. Piuttosto, facendo le viste di seguire a pomposamente preconizzare la loro grandezza, la dimostrerà insignificante, con espressione contraddittoria, che attiri a sè sola l'attenzione dell'ascoltatore. Ecco il *Motteggio*, e le sue radici nella coscienza. Simile a ponte sottilissimo, slanciato tra lo scetticismo della Buffoneria, e la fede della Sublimità; non lo traverseranno incolumi, come le leggiere anime de'giusti musulmani, che le poche menti, non aggravate soverchio dall'odio, nè troppo volatilizzate dall'amore. L'uno travolge nella satira, ed arma di avvelenato pugnale la facezia; l'altro espone a totale dissipazione la sostanza della giocosità.

Che, del resto, la indicata intermedia postura non riesca che al più elastico e multiforme mezzo, cioè alla parola; lo comprenderà chiunque conosce la rispondenza compiuta dell'eloquio alle determinazioni del pensiero. Le anfibolie, non che signifìchino, rendono quasi palpabili le duplici relazioni, onde emerge il ridicolo. E tanto è ciò vero, che le arti del disegno non sanno esonerarsi dal porre talvolta, appiè delle immagini, de'cedolini, enunciativi del motto dell'artista, o de'personaggi rappresentati.

E finalmente, a compimento della considerazione preliminare dell'istinto motteggevole, giova notare come la sfera di azione del Comico amplificasi, a gran pezza, estendendosi bensì ad apparenze, che non di per sè predispongono al riso, sibbene per isforzo, che altri usi a sviscerarne le più intrinseche anomalie.

Il *motto* è una bravura del concepire e dell'esprimersi. Quando la scintillazione istantanea, che succede al fortunato battere sul focile dell'intelligenza, rivela una relazione vera, non bene avvertita innanzi; non temeremo l'addoppiarsi delle tenebre, cui allude il Buffon, parlando del motteggiare bislacco ed ibrido. Anzi godremo aumento inopinato di luce; nocivo quasi alla *comicità* per la *maraviglia*, che desta. Così Napoleone, interrogato da M.ª de Stael, quale donna e' reputasse la più grande in Francia, rispondeva, deludendo le speranze, ch'ella vanitosa avea di essere nominata: « colei, che diè più figliuoli alla patria ». Ciò ci fa meno ridere, che inarcare le ciglia alla sapiente lezione di modestia, data alla infeconda filosofante in gonna. Per contrario, quando nel *Mi-*

sogallo di Alfieri, leggiamo detto della bellicosa gente di Francia:

« Sua maestà la nazion gallina »;

siamo presi da dispetto, e non da buon umore all'impazzato vilipendio. Che se ridiamo, egli è dell'atrabilare poeta, che vede la muliebrità di un popolo nelle migliaia di scudi, che la rivoluzione carpivagli senza rispetto.

Non dissimuleremo a' lettori, che la teoria dell'*Esprit* (*argutezza*) leggesi svolta, alquanto diversamente da quanto esponemmo, in G. Paolo, gran maestro in argutezze. A lui, per tal riguardo, attaglierebbesi l'adagio: *experto crede Roberto*; chè nessuno scrittore piacevoleggiò tanto a perdita di fiato mai. Il perchè stimiamo pregio dell'opera indicare, in guisa sommaria, i pensieri più prominenti, circa il proposito attuale, che incontransi nell'Estetica del famoso umorista.

Dapprima rigettasi l'antica definizione, che dell'*Arguzia* facea un'attitudine a trovare simiglianze trai dissimiglianti. Poi il nostro critico propone, in quella vece, il concetto di *parziale eguaglianza tra' maggiormente disuguali*, che, in verità, circoscrive meglio l'obbietto. E distingue la *disuguaglianza tra' maggiormente eguali*, di pertinenza dell'*Acume (Sharfsinn)*; non che la *totale uguaglianza tra' parzialmente disuguali*, che contraddistingue la *Profondità (Tiefsinn)*. Vedemmo sopra come codesto parziale eguagliarsi de' contrarii riducasi a un *intuito nonsenso* (*Unverstand*). Ed ecco come, nel cozzo dell' incomprensibile, cioè nel Comico in genere, sorge la specialità dell'*Esprit*; che perciò riesce ad inopinata, e laterale comprensione dell'incomprensibilità apparente.

Ancora, va aggiudicata a G. Paolo la giusta osservazione, che il fenomeno abbia a prodursi in genial guisa, e quasi momentaneamente, se pure non vuolsi vederlo a risolversi in nulla. Il che, nel consueto esprimersi suo figurativo, egli significa dicendo: « che l'intendimento somiglia a un cursore, il quale, impugnando una face accesa, passi, a fatica illuminando tutti i luoghi intermedii, da uno degli estremi all'altro. Per converso, l'*Esprit*, o l'Arguzia, pareggia un filo elettrico, che immediatamente tiri giù dall'empireo il lampo e la folgore ». Il perchè, processo costante in tale subgenere di comicità, è l'abbattere i mezzi termini dichiarativi, incomodi all'illegittimo nesso de'contrarii. Il bell'umore (per servirci di una strana similitudine del nostro autore), effettua quel nesso a mo' di un sere, che, travestito da parroco, disposi coppie di amanti, senza badare a'titoli della loro unione.

Ciò, finalmente, cagiona la estetica *fosforescenza* (*Lichtshein*), che mostra (citiamo G. Paolo a lettera) « illusivamente una nuova relazione, in quella che il sentimento del vero perdura nell'antica. E mediante siffatto contrasto tra una duplice apparenza, generasi il dolce solletico dello scosso intelletto, che nel Comico s'innalza a sentimento ».

Se non che, dalle ultime determinazioni del luogo citato, raffrontate a quanto fermammo di sopra, scorgesi come differiamo dal vedere dell'umorista alemanno in questo, che ammettiamo possibile un avvicinamento reale di ciò, che reputavasi contraddittorio. Tal fatto, se si esprima piacevoleggiando e non in guisa dottrinale, costituisce, secondo noi, il più gran trionfo del Comico. Quando l'acuto Talleyrand, modificando un motto di Lisandro, affermava: « la parola avere uffizio di nascondere il pensiero»; indorava con un'*arguzia* brillante una solenne falsità. Ma quando lo stesso bell'umore, interrogato come egli zoppo avesse potuto cacciarsi tra tanti partiti, e pervenire così ad alto, rispondeva: *je l'ai fait en boitant, en boitant;* predicava una verità, dolorosamente incontrastabile nella politica esistenza.

A indicare, intanto, i momenti del *Motteggio*, che tratteremo partitamente, facciamo avvertire, la divisione non potersi che originare dalla minore o maggiore acredine, che pongasi nel giuoco. Essa rivela lo stato psicologico o ingenuamente irriflesso, o incisivamente riflesso del motteggiatore. In conseguenza del quale principio esamineremo, ne'tre subparagrafi seguenti:

A) La Facezia;
B) Il Sarcasma;
C) L'Epigramma.

A) L'emistichio, che al vero permette l'uso innocente del berretto a sonagli della follia:

« *ridentem dicere verum
Quis vetat?* »

a maggiore ragione dee dare venia al *Bene* di esprimere piacevoleggiando la sua catechetica a piccioli e grandi. La purità delle intenzioni è sempre la più gradita salsa degli scherzi. La stessa capribarbicornipede famiglia de'compagni di Sileno, se per un momento dimentica, ne'bacchici canti alla Redi, le sue priapee malizie, può sembrarci una molto accetta sollazzevole brigata. Amiamo la farsa; ma non già quando ci fa arrossire, e tanto meno quando ci offende. Il perchè, in tutti i tempi di salubre compostezza del costume, accanto alla nudità delle forme, che non riesce menomamente oscena, siccome quella, che ignora gli arzigogoli del male; scorgiamo a rivoleggiare, parallelamente alla ingenuità, una limpida vena estetica, che, nel Comico, ci brilla dinanzi nella Facezia inoffensiva e pudica. Dei tempi santamente inverecondi si potè cantare:

« Sparta, severo esempio
  Di rigida virtude,
  Trasse a pugnar le vergini
  In sull'arena ignude.
Nè di rossor si videro
  Imporporar la gota;
  È la vergogna inutile
  Dove la colpa è ignota ».

E noi non dubitiamo di affermare, essere spettacolo anche più edificante quello del Motteggio inerme; che, a differenza del leone del favolista, deposte la zanne e gli artigli, non ha l'eccidio a temere; sibbene a sperare la simpatica benevolenza di ogni gentile.

Il Klopstock, nel suo bello epigramma sul vario

spirito epigrammatico degli antichi e moderni, giustamente dichiara che i greci preferivano l'innocente amenità dell'espressioni, all'aculeo velenoso del frizzo e del sarcasma. Egli con ciò descrive, e commenta la *Facezia*, quale qui l'intendiamo. La giocosità stanca, e, stavamo per dire, stomacata dello scimiatico malignare della *Caricatura*, sente dapprima il bisogno di un subbiettivo raccoglimento, vera mezza serietà; e così idealizzata, riflette le primizie della vita dell'individuo, cioè la confidenza e la impremeditazione, anche nelle allegre sue scappate. Briosa senza sfoggio, e, che è più, senza indelicatezza; oculata sulle incoerenze della vita, anzichè sugli attori di essa; sulle proprie contraddizioni, anzichè sulle altrui; ella somiglia una rosa senza spina, che coglie, nell'eterno verziere della fantasia, il subbietto, ancora non conscio di sè, e del maledetto bossolo di madonna Pandora, pur troppo a lui destinato. La natura onnipaziente *(allgeduldig*, come bene la nomina Schelling), accompagna il genio comico anche fuori di giurisdizione, cioè fuori della Buffoneria, nella superiore subbiettiva giocondità, che chiamammo *argutezza;* a guisa di profumo primaverile, che dispone, almeno in un primo momento, alla tolleranza degli screzii delle opinioni e de'gusti, ed all'ilare indifferentismo su tutto, che vogliacisi imporre a nome di una Idea. Ecco come, non negandolo e non affermandolo, mascherasi l'imperiare, nel fatto estetico, del principio divino. Ecco perchè la Forma, anche squisitamente elaborata da'primi maestri nella difficile arte del faceto; p. e. da Anacreonte, quando scherza sul ricorrente suo cantare di amore, o da Catullo, quando ingarbuglia piacevolmente il conto de' baci; non esce mai del finito, ossia della graziosa esiguità delle dimensioni metriche, e della mezzanità delle immagini. Un motteggiare verboso e prolisso sarebbe quasi una *contradictio in adiecto.*

La gioventù delle italiane Muse offreci abbondevoli esempii del primo momento di Comico subbiettivo, di che è discorso. Il *madrigale*, che tanto usarono i nostri lirici, a disfogare melodiosamente le loro pene amorose, veraci o immaginarie che fossero; accomodasi pure mirabilmente alla *Facezia*, ed all'urbano sorriso di lei. Citeremo un modello del Menagio, che parci perfetto. Egli motteggia con la sua bella così:

« O strana sorte e ria!
E chi lo crederìa?
A te sola lo dissi,
A te sola lo scrissi
L'amoroso mio affanno;
A tutt'altri il celai.
Eppur tutti lo sanno,
Tu sola non lo sai ».

La quale dilicata sfumatura di sentimento è pure una piacevolezza pel fine contrasto d'idee, in che inopinatamente si termina.

Ma, senza urto alcuno di pensieri, o di parole, e solo in grazia della comicità della nuda frase, o delle similitudini giocose, cui accenni senza esplicarsi; può un picciolo poema intrattenerci facetamente. Così dai canti *carnascialeschi*, raccolti nientemeno che dal grave moderatore delle sorti d'Italia, *Lorenzo il ma-*

gnifico, a prova irrecusabile della serena giovialità degli antichi nostri; togliamo, tra mille luoghi, che potremmo riferire, un'ottava in lode di vaga fanciulla, che sembraci convalidare ciò, che asserimmo. Eccola:

« Tu se' più bianca, che non è il bucato;
Più colorita, che non è il colore;
Più sollazzevol, che non è il mercato;
Più rigogliosa, che lo 'mperadore;
Più frammettente, che non è l'arato;
Più zuccherosa, che non è l'amore.
E quando tu motteggi tra la gente,
Più ch'un beve acqua tu se' avvenente.

Gli stessi canti celebrano accoppiati giovinezza ed allegria così:

« Quanto è bella giovinezza,
Che si fugge tuttavia!
Chi vuol viver lieto sia;
Chè doman non v'è certezza ».

Nè la forma aforistica, ed una certa filosofia sollazzevole, ma ciò nondimeno verissima, ripugnano alla forma di Comico, che trattiamo. In questo senso, parci non più che una troppo giusta *Facezia* quel detto di Göethe: « non si balla nel mondo, se la fortuna non suona il violino ». Diciamo lo stesso dell'altra, anche più triste lepidezza dello stesso poeta: « salute senza danari è mezza malattia ». E non è diverso il noto ditirambico apotemma: *edamus et bibamus, post mor-*

tem nulla voluptas, che il volgarizzatore napolitano rendea anche più faceto esclamando :

« Mangiammo e bevimmo
Nfino a cche ncè uoglio alla lucerna.
Chi sa se all'auto munno nce vedimmo,
Chi sa se all'auto munno ncè taverna ».

Che se l'antitesi appare troppo, ed abbiavi una vaga allusione a qualche abito vizioso, ma senza causticità, o mira personale, la *Facezia* non isnaturasi per questo, o cessa di farci sorridere. A mo' di esempio, non fece che celiare senza prendere di mira alcuna spettabile adunanza colui, che piacevolmente sentenziò : « tra le arti della parola è da noverare quella del tacere ». E tralasciamo i motti, del genere della gaia mozione di quel deputato americano, che proponeva si decretasse : « non potersi, nelle assemblee, parlare a più di quattro oratori alla volta ». La quale guisa di motteggiare, del resto, trovasi, come a dire, alla frontiera della bonarietà, risentendosi già della temperie meno calma della regione, cui il Comico è in procinto di travalicare.

Innanzi, peraltro, di abbandonare le serene dilettazioni della subbiettiva comicità, giova osservare come i nostri festosi poeti antichi e moderni (il Giusti escluso), di rado oltrepassarono, quando non furono maligni affatto, questa prima bontà negativa del *motto*; che nel *Bernesco* fece le sue più speciose prove. La bontà positiva, che vedremo aver luogo nell' *humour* degl'inglesi, va riguardata qual disposizione al tutto estranea alle nostre Muse, o, al più, pochissimo consueta. I capitoli berneschi del Molza, del Casa ec: rigurgitano di bizzarrie, che non sempre hanno la purezza della *Facezia*. Nè con maggiore schiettezza motteggia il Berni; p. e. quando mordacemente, anzichè no, dice di que'due suoi poveri vecchioni:

« gli omega e gl'ipsilonni
Han più proporzïon, ne'capi loro,
Che ne'lor membri non ne han costoro »;

e conchiude con osservare alquanto amaramente

« La morte chiama, ed ei la lascian dire. ».

I *giuochi di parole*, cioè le *Facezie*, che provvengano o dal duplice senso di una voce, o dallo scontro inopinato di voci assonanti; i bisticci, in somma, i *calembours* de' francesi ec:, se non si acuiscono sino al frizzo, e fannosi innanzi col solo intento di farci ridere, come di un trastullo infantile; meritano anche essi di essere registrati in questo luogo. Se non che, in ordine a' *calembours*, non dimentichiamo che ad essi poco acconciasi il nostro idioma, di fonetica precisione, ed il genio italiano, meno, a gran pezza, bisticcevole del francese. Citeremo quello bellissimo del *Machiavelli*, tratto dal duplice significato delle parole *Galli* e *Capponi*, in proposito di un fatto d'imperitura memoria. Eccolo:

« Lo strepito dell'armi, e de'cavalli,
Non potè far sì che non fosse udita
La voce di un *Cappon*, tra tanti *Galli* ».

Aggiungeremmo, se non fosse una vera contumelia, il motto di Salvator Rosa a Leonardo Salviati:

« Se *infarinato* sei, vatti a far friggere ».

I francesi scherzano facetamente nell'anzidetto modo, da mane a sera; e sanno indefinitamente modificare i loro *calembours*, intrecciando dipinture in essi, ed altre fantasticaggini. Rammentiamo, in ordine a ciò, di aver vedute dipinte tre persone, sedute in sulla sedia medesima, con la leggenda « *le siège de Troie* ». L'equivoco, come si vede, è tra *trois* e *Troie*. Sono, anzi, tali *Facezie* di tale importanza a Parigi, che lo stesso Voltaire ne ebbe i panni laceri, quando una sua tragedia fu solennemente fischiata, perchè le ultime parole erano: *Est tu content Couci?* Al che uno spettatore avendo risposto di botto: *Così, così!*; il ridere e i fischi non ebbero più freno alcuno.

B) Tuttavolta la serena impartecipazione agli astii del subbietto, che al motteggiare faceto provveniva dall'attiguità con la natura; non potea prolungarsi di molto. La coscienza, all'altezza dell'Io, troppo aperta alle suggestioni dell'interesse individuale, troppo soggetta a'fuochi della passione, non più fruisce l'innocente gioia, che quale transitorio stato. Segue immediatamente, quasi in dispettosa antitesi, uno sghignazzare beffardo sulle altrui imperfezioni; una satanica festa per la invenzione della croce dello scandalo; un'esultanza, che fa tremare, non altrimenti che l'*Hurra* dell'assalto. Ecco il *Sarcasma*. La subbiettività, che, a simiglianza dell'uomo evangelico, esplora il fuscello nell'occhio del vicino, e non vede la trave nel suo; si abbandona a' trasporti più cordati di allegrezza, quando riesce ad amareggiare il pacifico godimento della propria importanza a' favoriti della gloria e della fortuna. I suoi motti sono le vere arpie, che insudiciano la mensa de'gaudenti del secolo. Il quale mal giuoco ha, del resto, non rade volte un lato troppo seriamente offensivo, per divenire materia di genuina comicità; e, quindi, non potrebbesi in questo luogo tenerne discorso. Egli è, anzi, per codesta preponderanza della causticità, che la satira rendesi un genere ibrido, e poco accomodato a riflettere la pura immagine della bellezza. Così, a dare un esempio della soverchia acrimonia, incompatibile con l'indifferentismo comico, diremo più satirico che sarcastico il famoso distico del Pontano, che, contro la pontificia prostituzione, esclamava:

« *Venditur hic Christus, venduntur dogmata Petri;*
  Ne vendar ego, perfida Roma, vale ».

È anche più grave l'altro, lanciato contro Alessandro VI, che motteggia sul *sesto* così:

« *Sextus Tarquinius, Sextus Nero, Sextus et iste;*
  Semper sub Sextis, perdita Roma fuit. »

Ma supera tutti, secondo noi, l'epitaffio di Lucrezia Borgia, vero libello infamatorio di lei, che predica:

« *Hoc tumulo jacet Lucretia nomine, sed re*
  Thais: Alexandri filia, sponsa, nurus ».

Pure, di qua da cotale fermentazione troppo inoltrata della sarcastica acescenza, ha luogo un più ilare, e, quindi, più esteso badaluccare co'vizii e le debolezze: una meno nimichevole aggressione dell'altrui follia. Esso, rispettando il fondo morale de'caratteri, dirige lo strale alle meno vitali parti dell'avversario, e non cessa di scherzare offendendo.

La brevità, richiesta a condizione necessaria alla bellezza di ogni motto; poichè, siccome osservavamo sopra, il balzo su'mezzi termini tornerebbe mortale all'*Arguzia*, se non fosse elettricamente pronto, e quindi tale da disorientare la riflessione, nemica giurata del riso; la brevità, dicevamo, diviene adesso doppiamente opportuna. In fatto, non trattasi solo di motteggevole lampo di una contraddizione, dove non se ne sospettava alcuna; ma di ferire senza conquidere; e, dopo avere canzonata la sillogistica, di assonnare il vigile Argo dell'egoismo individuale. Ora, siffatta duplice giunteria non riuscirebbe all'irrisore genio della comicità, senza gittare nell'indeterminazione il punto, cui mira; e senza imitare, a certa maniera, lo schermidore del Tasso, che

«... di ferire accenna, e poscia altrove
Dove non accennò ferir si vede ».

Al quale intento quanto conferisca la concisa espressione, il fuggevole alludere senza specificare, il lasciare a cura de' commentatori ufficiosi il tentare la ferita, e conclamare l'*habet* della vittoria; ognuno sel vede che abbia fior di senno.

Che se il frizzo dirigasi ad un genere, anzichè ai

singoli nominativamente, e saetti in apparenza a vuoto; aggiunge, a parer nostro, il sommo della possibile perfezione. In questo caso, in effetti, ogn'individuo pensa non essere poi quel desso, che il *Sarcasma* significa nel ceto vituperato. Anzi, a provarsi meglio non colpito dal *de te fabula narratur*, dassi a ridere sgangheratamente de'colleghi, e così si fa protagonista della più saporita farsa del mondo: ossia della farsa di chi rendesi ridicolo, perchè ride di sè senz'avvedersene. In tal guisa il sorcio, leggendo Esopo, ammetteva la goffaggine degli altri animali, eccettuandosi, ed incoscientemente deridendosi, deridendo altrui.

Crediamo non potere passarci di notare le più rilevanti varietà delle sarcastiche espressioni.

E per cominciare dalla più comica, ultimamente indicata, rammentiamo al lettore il motto bellissimo di Focione, che, avvezzo ad essere udito sbadatamente, allorchè concionava, ed anche con segni di disapprovazione; un dì, che strappò, con impulso di sublime eloquenza, unanimi applausi dall'assemblea; voltosi, pressochè impaurito, a chi eragli dappresso, domandò con premura: « E che! ho io, dunque, detta qualche gran corbelleria?»—Il quale *Sarcasma* morde acremente il popolo ateniese, che accennasi plaudente a sole fanfaluche. Nel tempo medesimo, lascia campo libero a ciascuno di parare la sferzata, fatta risuonare su tutti. In pari modo, morde l'essere di accademico in genere, non alludendo a persone, l'epitaffio *sarcastico*, che Piron foggiava a sè medesimo:

« *Ci gît Piron, qui ne fut rien,*
 Pas même académicien ».

Ed eziandio il motto di Luciano, a vituperio de'filosofastri contemporanei, quando osserva « che mangiavano tanto ghiottamente, figgendo lo sguardo ne' piatti, che pareva vi cercassero entro la verità »; è del tenore sopraddetto.

Ma ve ne ha di meno generici, che, purtuttavolta, non riescono tanto esiziali da averli a temere quali morsi di vipera, ed offese, che passino dalla giurisdizione delle Muse in quella di Astrea. Ciò avviene per varii motivi. Alle volte il *Sarcasma* scalfisce per volere soverchio ferire, e la frase paradossale stessa attenua l'effetto della derisione. È il riscontro estetico del logico *provare troppo*. P. E. un poeta napolitano esclama di un predicatore fra Bartolommeo:

« Bartulummeo mio friddo e ghielato,
Quanto da chillu llà si differente:
Chillo pe predicà fuie scortecato,
Tu predecanno scuorteche la ggente ».

E, vivaddio! il frate, con un po' di buon senso, non ebbe che a ridere anch'egli della sarcastica similitudine; che, per guastamestieri che si volesse reputare, non poteasi certo supporre scorticasse l'uditorio con le freddure. Talvolta, per contrario, dividendo tra due personaggi la contumelia, e mescolandovi un sensetto d'ironica lode, si forvia l'attenzione, e si riesce a mascherare l'assalto, ed a rendere meno penosa la ferita. Così, alla morte di un papa, odiato in Roma, si trovò il domani sull'uscio di via del medico, che avealo curato, la leggenda: « *liberatori patriae!* » Non facilmente definirete se la mordacità riguardasse l'asinaggine del dottore, o la malvagità del defunto. Ben diverso, ed assai confine alla satira pretta, sembraci quel distico contro Leone X, che morì senza potere adempiere agli uffizii supremi della religione, e che, come ognuno sa, avea fatto mercimonio scandaloso delle cose sante. Ecco il pungentissimo motto, attribuito al Bembo:

« *Sacra sub extrema si forte requireris hora,*
Cur Leo non poterit sumere? Vendiderat ».

Finalmente, a non dilungarci troppo in minuterie più critiche, che attinenti al compito nostro, citeremo un ultimo caso di ottundimento delle acuzie sarcastiche. Avviene quando si ferisce in risposta, e quasi ripetendo verbalmente un proposito altrui. In siffatta forma, avendo Efestione sollecitato Alessandro il Grande ad accettare le vantaggiose proposte di pace, che faceva Dario, dicendogli: « Io accetterei, se fossi Alessandro »; questi rispose — « Ed io, se fossi Efestione ». Il quale frizzo, provocato da soverchia audacia, non potea tanto pungere colui, che in cuore suo non s'intuonasse: « Me l'ho meritata! »

Ripetiamo, del resto, l'anima del *Sarcasma*, essere la massima possibile concisione della frase. Nel *forse* (*perhaps*) di Shakespeare havvi tutta una guerra contro ogni specie di dommatismo. Pure codesto monosillabico scetticismo è troppo serio per appartenerci. Più cosa nostra, anzi esclusivamente nostra (e non seria, ad onore del vero); diremo il *grand peut être* di Rabelais morente, che susurrava al prete, che sedevagli al capezzale: « men vo' a verificare un gran *forse*. Bassate la tenda, chè la farsa è finita ».

Stimiamo non superfluo, nè anticipato il far notare, che, nel *Sarcasma*, non solo agitasi l'ironia in germe, ma che non rade volte egli trae dall'ambiguità di lei i più poderosi veleni. Riserbiamo ad una posteriore, più speciale trattazione, tale nuova categoria di Comico. Noi, a differenza di molti trattatisti, la riguardiamo, non solo come estetica energia generale, elemento indistruttibile del fatto della bellezza, non meno che di ogni pretesa bontà; ma sì tuttavia qual momento della preponderanza formale, che andiamo studiando. Rammentando che, al dire di Rabelais:

« Mieux est de ris que de larmes éscrire,
Pour ce que rire est le propre de l'homme »;

metteremo, a suo tempo, da banda la lagrimevole ironia della virtù, e parleremo del ridere ironico, dignità di Comico; epperò umana cosa anch'essa, e veneranda.

Conchiudiamo con un'avvertenza, di cui non dovremmo avere bisogno, e che speriamo riesca una superfluità per gl'intelligenti lettori. Tra gli esempii addotti, vi ha molti epigrammi. Potrebbe parere anticipata la loro apparizione in questo luogo. Ma facilmente si comprenderà che, carattere de'piccioli poemi indicati sendo il frizzo sarcastico; il quale non esaurisce menomamente, come più sotto si vedrà, l'idea epigrammatica; essi più propriamente andavano classificati alla guisa, che facemmo; o, alla peggiore versione, quali *epigrammi sarcastici*, appartengonsi al modo di Comico attuale.

C) La voce *Epigramma* importava, in principio, come ognun sa, inscrizione, o leggenda, che si apponesse ad un monumento. La semplicità antica trovava modo di significare al viandante, in tale foggia di brevi enunciati, le più sublimi considerazioni ed il patetico più puro. Gli spartani, caduti alle Termopili, esclamavano dalla tomba; « passaggiero, vanne a Sparta, e dì che noi siamo qui morti per difendere le sue leggi ». Un superstite sposo deplorava la consorte con la commovente esclamazione: *Eheu! quanto minus cum reliquis versari, quam tui meminisse!* »

Ma simigliante virginale candore della Musa epigrammatica passava ben presto. L'aforistica sentenziosa occupava il posto dell'ingenua espressione degli affetti e delle opinioni, anche appresso i greci, più fedeli de' latini alle antiche forme del poetare. Vennero fuora *Epigrammi* panegiristici, che violarono la santa verità, onde, sino da que' remoti tempi, non lasciarono

   « il prossimo — morire in pace,
 I parolai — gli epigrafai,
 I vendilacrime — sciupasolai ».

Vennero fuora *Epigrammi satirici*, che pugnalarono invece di pungere, e punsero non sempre decentemente rispettando « le parti, che natura cela ». Tra i quali ultimi non era possibile non s'inframmettesse, dapprima come strumento a meglio dar risalto allo scandalo, quasi folia dietro allo specchio della malignità; e poscia, per conto proprio; lo *spirito comico*, affluente sempre

   « colà dove più versi
 Di sue dolcezze il lusinghier Parnaso ».

Nè le obbiettive predisposizioni potevano essere più proprie. Qui brevità del poema; che, come più volte accennammo, mirabilmente risponde alla subitezza, in virtù di cui il Destino comico, o l'*azzardo*, suole far passare il contrabbando de'suoi *qui pro quo*. Qui agevolezza ad aguzzare la frase, a succhiellare, a certo modo, il verso, affin di accomodarlo al transito del sibilo sottile dello scherzo. L'*Epigramma giocoso*, dunque, obbietto dell'attuale indagine, nella storia dell'*Epigramma* in genere, appresentasi quale varietà del satirico; e, come tale, incastonasi nel serto dei poetici fiori, di che le Muse cingono le tempie a'popoli, loro favoriti. Ma gli si apparteneva quel posto a titolo di logica necessità eziandio. Avvegnachè sia manifesto, contenere codesta maniera di giocosità qualcosa della *Lepidezza*, e del *Sarcasma*; ed esprimere, quindi, la sintesi e la superiore verità di que'due momenti.

In fatto, l'inconsapevolezza infantile del lepido, che dileguasi nell'*Epigramma*, pur lascia, al pari de'Numi omerici, un certo profumo di bonarietà, che bene conosce ognuno, che sappia distinguere un *frizzo* da una *satira*, un'accusa fantastica da un infamatorio libello. P. E. l'epigramma di Heine: « da che Pitagora immolò un'ecatombe per la scoperta del suo teorema, i bovi tremano alla scoperta di ogni verità »; accusa gl'ignoranti d'intolleranza, ma non traducegli dinanzi al tribunale dell'Inquisizione, siccome essi fecero co'filosofi tante volte.

Dall'altro lato, l'aculeo del *Sarcasma*, che ottundesi alquanto nell'esplicazione epigrammatica, serba, non pertanto, penetrazione a bastanza da fare impallidire più di un reo, che sentasi ferito. Esempligrazia, non dovè certo godere il cacciatore papa Leon XII, allorchè gli narrarono la pasquinata seguente:

« Quando il papa è cacciatore,
Sono cani i cardinali.
Le province son le selve,
Ed i sudditi le belve ».

O, se tal motto parrà troppo serio, che gusto potè provare quel balordo Orante, nominato accademico, in luogo di Piron; quando lesse il mordace epigramma di lui? Eccolo:

« Lorsque on a nommé Orante,
Pourquoi crier *haro!*
Pour faire le nombre de quarante,
N'y faut il pas un zéro? ».

In somma, *Facezia* e *Sarcasma*, come in ogni legittima sintesi, perdono la diversità, che isolavagli, e serbano la omogeneità giocosa, che ora unisce gli quali momenti dello stesso estetico fatto. Ciò torna alle due famose parti, che Lessing, ed ogni discutitore di tal materia, riconobbero. Lo Scaligero le definiva così: *sunt, igitur, partes epigrammatis duae numero dumtaxat, insignes ac primariae; expositio rei, et conclusio epigrammatis*. Ora, la *esposizione* pura e semplice che altro importa se non un madrigale, o una forma primitiva di faceto narrare; e la *conclusione* che altro se non il frizzo, che caratterizza tutta la composizione?

I modi diversi di trattare i poemetti, più o meno scherzosi, o sarcastici, di che ragioniamo, sono infiniti; e notisi, come tutte le faccette lucciccanti della comicità, possano riverberarsi in essi. Il cinismo p. e. della *Buffoneria* aggiunge quasi l'apice della *Scurrilità* in alcuni luoghi di Marziale, e proprio dove duramente dà la baia ad un ernioso così:

« *Moles tanta tibi pendet sub ventre*, *Siringi*,
  Ut te non dubitem dicere bicipitem.
  Nam te si addictum mittat sententia campo,
  Vespillo ignorat quod secet ense caput ».

Lo stesso autore atteggiasi di preferenza al burlesco, nell'altro *Epigramma*, che morde una vecchia, la quale, a parer giovane, parlava sempre di *mamma* e *tata*. Eccolo:

« *Mammasatque tatas habet Afra*; *sed ipsa tatarum*
  Dici et mammarum maxima mamma potest ».

Si può anche epigrammatizzare la caricatura. E qual fonte copiosa di arguzie non aprono allo *Spirito epigrammatico* i giuochi di parole? Tra' mille esempii, che potremmo addurre, valgaci l'epitaffio, scritto giocosamente a quel Proculo, che, ucciso dal battaglio della campana di S. Proculo, fu sepolto nella chiesa di lui. Odasi:

« *Si procul a Proculo Proculi campana fuisset*,
  Jam procul a Proculo Proculus ipse foret ».

Finalmente faremo notare, la squisitezza del dettato potere rendere *epigrammaticamente* piacevole un garbuglio di circostanze, che, in altra forma, infastidirebbero, anzichè far sorridere di compiacenza. Prova ciò la famosa morte dell'Ermafrodito, stata riguardata come il più perfetto *Epigramma*, che fosse mai composto; e che parci anche ora una felice invenzione, tuttochè Lessing, il patriarca de' critici, affermi: « mancarle una sol cosa a farne una poesia ingegnosa (*Sinngedichte*), e questa cosa essere appunto l'ingegno (*der Sinn*) ». Ecco l'*Epigramma*:

« *Quum mea me genetrix gravida gestaret in alvo,*
Quid pareret fertur consuluisse Deos.
Mas est, Phoebus ait; Mars, foemina; Junoque,
(neutrum ».
Quumque forem natus, Hermaphroditus eram.
Qaerenti letum Dea sic ait: occidet armis.
Mars, cruce; Phoebus, acquis. Sors rata quaeque
(fuit.
Arbor obumbrat acquas. Abscendo. Decidit ensis,
Quem tuleram: casu labor et ipse super.
Paes haesit ramis, caput incidit amne; tulique
Faemina, vir, neutrum, flumina, tela, crucem!

Del resto, comprendesi agevolmente perchè la brevità, che reputammo essenzialissima al motto sarcastico, quantunque conferente a buon fine anche nell'*Epigramma*, pure possa abbandonarsi in quest'ultimo senza detrimento dell'effetto comico. Distinguasi, peraltro, diligentemente la parte, che Lessing ben chiama l'*aspettazione*, la quale costituisce il primo inciso del poema, ed ammette una competente larghezza di esposizione; dallo scoppio dell'arguzia, secondo inciso di essa, e che dee essere inaspettato e conciso. P. E. Coleridge, in un lodato *Epigramma* su Giobbe, disserta quasi noiosamente alla prima; ma finisce con subitaneo motto, che allegra non poco il lettore. Ecco l'*Epigramma*, voltato, alla meglio in versi italiani:

« Quando Iddio diede a Satana licenza
Di tentar del buon Giobbe la pazienza;
Terre, armenti, figliuoli ei gl'involò,
Ma la mogliera incauto gli lasciò.
Incauto! Che se avesse preveduto
Che il Nume avria renduto
Al patriarca il doppio di ogni cosa,
Gli avrebbe tolto ancor quella noiosa.
Sì che il tapino, con due mogli allato,
Certamente sarebbesi dannato. »

In conclusione delle fuggevoli osservazioni, che non sapemmo trasandare, quantunque più materia critica ch'estetica, intorno alle trasformazioni innumeri dell'epigrammatico Proteo; consigliamo a'nostri lettori la parsimonia in cotale apparentemente facile, ma, in sè, difficilissimo modo di celiare. Ripeteremo, a tal proposito, l'*Epigramma* di un bell'umore spagnuolo contro la fregola *epigrammatica*. Eccolo:

« Non vi ha imbecille, che non sappia fare un *Epigramma*; ma non havvi gonzo, che ne voglia far due ».

§ 3.°

Della negata assenza dell'Idea, o dell'Umore.

La serie intellettiva, percorsa da noi ascendendo, non sulla scala serica, ma forse sul maggio carnascialesco della comicità, sino all'apice, è la seguente:

Il pensiero non potea contraddire al *Sublime* il rappresentare l'Idea, che con la scepsi estetica del *Comico*. Ciò seguiva in modo immediato dapprima; poichè dalla immediazione esordisce ogni moto, e questo del contraddire non meno degli altri. Ora non havvi immediazione non naturalistica. Adunque, la negatività, che pretese uscire vittoriosa della lotta col Sublime, nel Comico, ebbe a dominare in foggia naturale al principio, cioè a modo di *crassa preponderanza della Forma sull'Idea*, o, meglio, quale assenza turpe e ridevole del Divino in tutte grandezze e virtù, che spaccinsi sue rappresentanti. Tal processo traevaci alla considerazione della *Buffoneria*, e ci forniva senza sforzo i momenti organici di essa. Dappoichè la *Scurrilità* dimostravacisi buffonesca immediatamente, o naturalmente; il *Burlesco* mediatamente, o nella riflessione subbiettiva; la *Caricatura*, infine, qual sintesi e superiore verità delle antecedenze antitetiche sopraddette. La quale *Caricatura*, emancipando il Comico dal servaggio naturale, davagli occasione ad umanarsi in un più alto ciclo; di nuovo immediatamente nella *Facezia*, che era il motteggio naturale, o innocente; poscia subbiettivamente nel *Sarcasma*, che, a guisa de'Parti, ferisce fuggendo; e, da ultimo, in modo compiuto nell'*Epigramma*, faceto ed infallibile sagittario dell'oste baccanale del Dio del riso.

Vedesi, intanto, al punto ove ci troviamo, come l'ingenua giocosità, e la sagace derisione; l'*incoscienza della serietà del futile*, e la *coscienza della futilità del serio* si alternino, e sospingansi su e giù, a certa maniera. Tutto il mondo della *Buffoneria* rota intorno alla *inintenzionalità*; e la *burla*, essa stessa, finisce per dirvi, con Manzoni, « non l'ho fatto a posta ». Ma codesto centro polarmente contrapponsi alla *intenzionalità*, intorno alla quale aggirasi il mondo del *Motteggio*, non escluse le vergini *Facezie*, che sanno il fatto loro, e cansano gli scandali per calcolo, e non per semplicità battesimale. Se vi ha caso, in che una contraddizione non vada derelitta quale è dal pensiero (il solo apparire di lei sulla superficie del conoscere importando qualcosa più del nulla, e, quindi, più di ciò, che dichiarerebbesi essere abbandonandola); se vi ha caso, in che lo Spirito non enuncisi integrando a libito, ma importi fattivamente la necessaria integrazione: l'attuale nostro di due contrarii, nei quali sdoppiavacisi la comicità, pare, adunque, quel desso. O non v'ha estetica efficienza moderatrice del fenomeno del riso: e ciò non diremo, in grazia dell'innegabile genuinità geniale de' fatti studiati. O se vi ha, non può non intervenire un'alleanza, una fusione delle forze del *buffonesco* e del *motteggevole* in più alta comica energia. E scrivemmo a disegno delle *forze*. Dappoichè non vorremmo che la sintesi enunciata passi per un aggregato, che pretenda tirarsi dietro le scorie, e, pari alla biblica sposa, gl'idoli domestici, nel viaggio. Essa, a ragione, fu chiamata la *dialettica del Co-*

mico. Ciò non pure quanto a forma, ma quanto a contenuto; dialettizzandosi, cioè ingentilendosi nell'innesto *Buffoneria* e *Motteggio* in guisa, che della prima non rimanga, che la vilificazione allegra e bonaria delle pretensioni ideali, e della seconda, messo da banda ogni dispettare subbiettivo, la microscopia delle contraddizioni, ed il popolo entomatico degli sgorbii.

Che anzi, sendo la comicità, come sopra vedemmo, il dissolvente più poderoso delle determinazioni individue; il subbietto, che avea galloriato tra'motti, e tirati manrovesci a tondo tra le esistenze, non altrimenti che facesse il cavaliere manceo tra gli eserciti burattineschi; finisce, nella sintesi, per dissolvere sè stesso, in uno stato, che acconciamente perciò fu nominato dall'*Umore (humour)*. Cotale riflessione di riflessione, — il finire per ridere di sè; che ha luogo a danno dell'*epigrammatista*, e non del *beffardo*, e tanto meno del *zanni*; dimostra che il guardo dello scherno diviene retrospettivo quando compiesi, e si nullifica, convertito in serietà. G. Paolo è il primo, che abbia fatta notare una relazione così importante. Se noi, di accordo col Vischer, non consentiamo, essere questa della suiirrisione l'unica base dell'*Umorismo*, non possiamo sconoscere il significato profondo, e l'estetica comprensività del principio. In effetti, ne consegue, quasi da premessa, la mistione di tristezza e gaiezza; che conosce chiunque seguì le eslegi fasi della geniale apparizione dell'*Umore*.

Tra gl'inglesi, che primi inaugurarono un tempio alla nuova Musa, ella avea devoti sino dal tempo che quel popolo di splenetici filantropi si chiamava tuttavia *allegro (merry England)*. Già Ben-Johnson notevolmente la definisce dal preponderare, nel carattere, di una specialità, sussidiata da tutte forze psichiche. Con ciò, almeno implicitamente, significasi il biforme apparire di lei. Leggasi il luogo del vecchio poeta: « Così come quando una qualità speciale occupa talmente alcuno, che tutti gli affetti, forze, spiriti di lui, sien tratti, organanandosi, ad affluire da un sol lato; questo stato può veramente essere nominato *Umore*, ec: » (1).

Ma senza circonlocuzioni, ed a suo modo aforisticamente, la De-Staël enuncia l'umoristica duplicità medesima, quando dice: *l'humeur c'est la tristesse dans la gaieté*. E più figurativamente Errico Laub, allorchè lo nomina: « un bacio tra il dolore e la gioia ». Le quali tutte espressioni dello stesso vedere, cedono in isfoggiata lucentezza di colorito al brano di G. Paolo, dove, parlando della indole dell'efficienza in proposito, esprimesi così: « Come Lutero, in mal senso, chiama il nostro volere una *lex inversa*, così è in senso buono l'*Umore*; al quale il pellegrinaggio infernale apre la via del cielo. Ei somiglia l'uccello *Merops*, che, in verità, volge la coda all'empireo, ma, tuttavia, in tale attitudine sen vola in alto. Codesto prestigiatore, danzando capovolto, bee il nettare da sotto in su ».

In somma, pare fuori quistione, la comicità tor-

(1) « As when some one peculiar quality
Does so possess a man, that it does draw
All his affects, his spirits, and his powers,
In their construction all to run one way,
This may be truly said to be a *humour* ».

nare nell'*Umorismo* alla seria considerazione delle cose, traversando le ridevoli eccentricità di esse. Riassapora le dolci armonie del Bello, ma con l'oscillazione, nell'orecchio, delle dissonanze della vita. L'umorista non rappresenta il pagliaccio della farsa sociale, il quale non sa che contraffare le nostre debolezze; nè tampoco il coro della commedia aristofanesca, che non sa che irriderle; sibbene è l'Amleto, che le perdona, perchè ama gli uomini, o, se si vuole piuttosto, perchè comprende gli uomini (in conformità al bel motto di M.ª de Staël: *comprendre c'est pardonner*). Il suo intendimento razzola tra le picciolezze, le meschinità, gli egoismi superlativi, ed i diminutivi eroismi; finchè dal letamaio balenagli all'occhio della mente la gemma della sapienza; o veramente il comprendere: *essere indeclinabile condizione di ogni grandezza l'umiliarsi, nel mondo, al basso livello della losca mediocrità, se vuole pur rendersi visibile*. Ogni preziosità di liquore ha a potersi concentrare in esiguo vasello. Ogni dirittura divina dee distorcersi, se vuole esistere, per gli anfratti della volgarità e della contraddizione.

Secondo il quale intuito de'ghirigori esistenziali, non v'ha più superficiale e deplorabile riso, del riso, che non sa ridere di sè, e della sua vera turpitudine; cioè dell'ignoranza della realtà. Ma se, per contrario, l'intendimento, dittatore della beffa, finisce spodestato dalla ragione; se gli accioccamenti interminabili di finito con finito, onde schizzano le fuggevoli scintille del *Motteggio*, vengano a convertirsi in cozzo del finito con l'Infinito; la situazione mutasi, ed hassi non più un intuito giocondante delle contraddizioni, ma sì una sentimentale e quasi trista contemplazione di esse. Ecco l'*Esprit* del cuore, secondochè fu nominato l'*Umorismo*. La saggezza e la follia associansi a fornire l'estetica peregrinazione, presso a poco nella guisa che, ne'*racconti orientali*, lo zoppo ed il cieco; i quali patteggiarono, il veggente dovere manodurre, ed il cieco appoggiare il camerata nel viaggio.

Ed, in verità, il folleggiare *umoristico* sarebbe barocco ed imperdonabile, senza l'amorevole buon senso dell'artista, cui la Musa carolante esclama col festoso Tassoni:

« servimi d'aio,
E tiemmi per le maniche del saio ».

Così lo stesso *Sublime* pare revocato dall'obblio, nella cui notte avealo cacciato la comicità, e si ha un sublime ridere di tutto e di noi, ovvero il riso de'Numi omerici perfezionato; in quanto non merita più la puerile appellazione d'inestinguibile; sibbene il predicato virile d'irreprensibile ed educatore.

Dal quale concetto dell'*Umorismo* emergono alcune caratteristiche modalità, che avvisiamo non inutile cosa il discutere alquanto, innanzi di procedere alla indicazione particolareggiata dei momenti di lui.

E dapprima ci affrettiamo a far considerare, come l'abolirsi della subbiettività, nella *suiirrisione* (*Selbstverlachung* de'tedeschi); non giunge mai alla impersonalità totale. Alla guisa medesima che, nell'ideale divenire del Sublime, vedemmo subentrare all'individuo finito, l'infinita persona storica, che arbitra, ne'dissidii dell'eroe e della società, inappellabilmente; veggiamo ora, sulla scena comica, dopo le capestrerie del *zanni*, dopo i cachinni del *caratterista*, sbucare di dietro la tenda il coro; il quale giudica attori e spettatori in una parabasi inaspettata, e così dimostrasi *Subbietto concreto*. Anzi il genio *umoristico* potrebbe dirsi autore, attore, e spettatore insiememente. Tale apparizione, intanto, è, in un certo senso, inversa dell'altra del *Subbietto assoluto*, nella sublimità sociale; in quanto non riesce ad *importanza insignificante*, sibbene alla *insignificanza, che comprendesi importante*, nell'umano protagonista attuale. Ditelo un Edipo, che lascia stare l'enimma sacro dell'esistenza qual è; con ciò risolvendolo meglio del prosuntuoso sapere. In fatto, appresentasi qual uomo effettivo ed armato di tutta la dialettica inesorabile del reale; nell'atto che ironizza, epperò supera, il reale medesimo nel riso. In somma, l'umorista esprime l'Umanità, fidente ne' suoi destini, anche tra le pastoie del convenzionalismo, ed i battibugli delle opinioni. La *relazione teorica*, abortita in vanità, o poco più, voleva l'interpetre vincitore ed occupatore del problema. Ecco l'*estetica energia* offrirci il problema, che vince ed occupa l'interpetre; e codesto *Uomo—problema*, codesto logogrifo personificato, ci si fa innanzi qual *Subbietto assoluto comico*, o filosofo comico, nuncio di una sapienza, forse più alta di molte dottrinali edificazioni.

In secondo luogo, parci degno di nota, convenirsi l'*Umorismo* più all'età inoltrate ed alle vaste colture, che non alla giovinezza, o alla superficialità dell'ingegno e della dottrina.

Indipendentemente dalla genialità, richiesta ad abilitarci all'intuito profondo delle sconcezze esistenziali; è mestieri di una certa maturità di senno, di una tal quale sosta nel tempestare delle passioni, perchè possiamo ridere di ciò, che ci offende, e soprattutto compatire ai gonzi ed agli azzeccagarbugli, in grazia del filosofico convincimento che non siamo, in fine de'conti, migliori di loro. Il delfico *nosce te ipsum* comincia ad avere intelligibilità solo nella vecchiezza de'popoli, e degl'individui. Allora solo alla collera della virilità, militante contro il disingenuo badaluccare de' bagaglioni della civile convivenza, può conseguitare, nella senile neutralità, il calmo ed imparziale giudizio di uomini e cose. Allora le grinze del labbro, nel riso, si coordinano alle rughe venerande della fronte. Ne sono, anzi, a certa guisa, governate, e ritenute in debita approssimazione al centro dell'Io, o al *carattere*, cui tende la riflessione de'seniori. *Umorismo* di giovani e donne è vera *rara avis in terris*, di cui nemmeno

« Che vi sia ciascun lo dice »;

poichè non v'ha chi l'affermi, anche a mo' di paradosso. Tanto varrebbe ammettere come vero lo strano mito delle Gee, che nascevano canute, e giovineggiavano barboge.

In terzo luogo, giova fermare sin da ora, senza forviarci nella tecnica poetica; che la *comicità umoristica* può fare di meno della concisione, essenziale al Motteggio.

L'*Umorismo*, in esatta rispondenza all'etimologica

derivazione dalla fluidità, ama a dilagarsi in superficie, a rivoleggiare in meandri tortuosi per l'empiricità, accentuata in infinitiforme guisa. Dirompesi in caterratte *geniali;* zampilla dalle fonti sotterranee dell'*allusione*; raccogliesi, infine, in placido bacino, che rifletta e decomponga tutti i raggi ed i colori dell'iride della giocondità. Esso riepiloga l'istoria del Comico, fondendone i momenti nella superiore sua inspirazione. Rende volatile la *Buffoneria*, rende gravigrado il *Motteggio*; e ciò non varrebbe ad effettuare che in proporzioni discretamente esplicate, e capaci di un contenuto, diremmo quasi, gassificato. V'ha pensieri *umoristici*, diffusi in opere intere, p. e. l'Amleto, capolavoro di Shakespeare, che, in un certo senso, ben addimanderesti un colossale *Umorismo* tragico, il cui vero protagonista è il malinconico *forse (perhaps)* Shakespeariano (1). La stessa frase, lo stesso ghiribizzo ha uopo di un certo apparecchiamento proemiale, di una maniera di prologo di commedia antica, che disponga l'uditorio a ridere di per-

---

(1) Il Köstlin (*Estetica* pag. 237), a dimostrare che la nozione di Tragico non è da subsumerla a quella di Sublime, siccome facemmo sopra, dice: « la tragica ambizione, la tragica inazione di Amleto, non sono sublimi ».

Parci esempio infelicemente scelto, a validare un vacillante principio. Secondo noi, la *totalità* della stupenda figura di Amleto offre la *natura dell'umano intendimento, sublimemente ironizzata.* Non v'ha Umorismo più comprensivo, più luminoso, più profondamente psichico di un Destino, che non si attraversa all'eroe nel cuore, ma nel cerebro. Ed un Prometeo della riflessione sembraci emblema d'inimitabile sublimità, quando pensiamo ch'è l'Umanità moderna, che ci sta dinanzi: la quale non è, certo, meno titanica, nel dubbio, di quello che la primitiva fosse nella fede.

sone, fattegli conoscere innanzi. Così Swift abbisogna di qualche pagina a farci conchiudere che la granata, che fa i fatti suoi a capo in giù, venne ordinata ad immagine e similitudine dell'uomo. Così Sterne non risparmia le circostanze più insignificanti, in una lunga descrizione del parroco e del somiero, per intenerirci e nel tempo stesso giocondarci, quando osserva che il brav'uomo avea scelto quel ciuco ad economizzare, nel suo ascetismo contemplativo, un teschio, l'uffizio del quale disimpegnava a meraviglia il capo scarno del giumento. Così il Didimo Chierico di Foscolo mette in opera l'apparato della scatola, con coperchio a mosaico, per inferire, sulla lirica oraziana, che propriamente non è che una rapsodia della pindarica, ec. ec: Non diciamo già che alle volte non riesca *umoristico* un breve motto. Non diciamo che non conchiuda lunghe tiritere a mo' di ritornello, a simiglianza del famoso *le diable m'emporte si j'en sais rien* del buon Dio di Béranger, che adirasi contro i volgari teologi. Ma questi casi di conciso Umorismo sono molto rari. Rimane sempre vero, in massima, essere una certa larghezza, ed anche minuteria di esposizione, acconcia mirabilmente a generare l'effetto della comicità, che studiamo.

Finalmente, non perdasi di vista, bipartirsi l'Umorismo, non meno che ogni attività estetica, in torbide, e limpide derivazioni; in una impura, ed una pura esplicazione della sua Idea.

Descrivemmo fin qui l'oro, non quale viene fuori della miniera, ma quale lo affinano i più eletti ingegni di un popolo e di un'epoca. Ciò, peraltro, non fa che non abbiaci scorie di molte in commercio, trafficate dalla volgarità, grande falsamonetiera di Parnaso. V'ha un *Umore* scapestrato, rissoso, bislacco: un *Umore* atrabilare, che punge i nervi del poeta e del suo uditorio; e che, perciò, costituisce quasi un genere a parte, meritevole di separata trattazione. Cotale ebrietà *umoristica*, in effetto di cui l'emerito Brighella

« Sbrigliando a tavola l'umor faceto,
Perdè la bussola e l'alfabeto »;

è sostanzialmente diversa dalla ilare filantropia, che segna il lasciapassare ai giullari della scienza, ai Pirgopolinici della gloria, ai Narcisi della bellezza, ec. ec: e che riesce a farli tutti perire, facendoli viver tutti. A codesta efficienza compiuta tenderà, come a meta, la investigazione. In lei solamente, convertendosi l'*eroicomica* vacuità poetica in un *comicoeroico* contenuto, compierassi la nostra via. Qui il Comico, dopo l'abbandono della serietà, e gli avventurosi pellegrinaggi, si troverà di nuovo dove prima. Ma un punto peggio; chè, in luogo di tornare serio, apparirà triste. Così al fantastico vetraio delle *Notti arabe*, che avea in pensiero centuplicati i guadagni sino a immaginare al vivo di essere divenuto lo sposo della figliuola del gran Visire, e di potere alfin dare un calcio alla mala fortuna ed alla miseria, intervenne che, con verace calcio, gli andarono in minuzzoli caraffe e caraffine, e rimase più guitto ed inchiodato alla realtà, che mai non fosse: a eterno documento sulla fine delle pretensioni assurde, e sugl'icarici voli dell'immaginazione.

I momenti, pertanto, dell'*Umorismo*, che le antecedenti considerazioni hanno già quasi indicati, saranno tre; val dire

A) l'Ironia, o l'*Umorismo* incipiente ;

B) il Ghiribizzo, o l'*Umorismo* fantastico e subbiettivo;

C) l'Umore genuino.

Dei quali, al solito, verremo esponendo man mano la estetica significazione.

A) L'*Ironia*, di cui ci disponiamo a ragionare, non esprime che la comica modificazione di una primigenia efficienza della mente, la quale spande il suo barlume sulla sfera totale dell'arte. I trattatisti, specialmente della scuola romantica, che forse esagerarono l'indicato vedere, desumendone una caratteristicità, beffarda di ogni razionale legislatura; compresero almeno una cosa assai giustamente. Questa è, che l'apparizione (*der Schein* de' tedeschi) è altra e non altra da ciò, che pretende; e quindi ironizza la realtà, risolvendone la lettera morta nell'artistico spirito, nell'atto medesimo che la fa sussistere, e nugatoriamente la convalida.

Ora cotali serie *nugae* non fanno che inradicare nel più profondo ricettacolo dell'inspirazione la comicità. In altri termini, identificano serietà e celia, appunto come professa di voler effettuare l'*Umorismo*. Esso, adunque, è legittimo portato della fantasia; e nasce quasi a un parto col *Sublime*. Peraltro, riguardando l'*ironia comica* quale subgenere di quella, che sommuove arte e vita, non intendiamo di rinunziare a' titoli di onore della efficienza, che trattiamo. Non è volgare o capricciosa, alla foggia di molte sorelle, ma composta a razionalità mirabilmente. Così merita il primo posto, assegnatole da noi nell'esplicazione dell'*Umorismo*, in contraddizione di Vischer, che la dichiara attitudine subbiettiva. Se, in conformità di quanto accennammo, in lei e per lei la vena umoristica mette capo nella estetica produttività; noi abbiamo giustificata la situazione. Ogni esistenza poggia su base obbiettiva; e non giunge che posteriormente al punto, ove acquista il diadico carattere di termine mediano.

Ed infatti, che cosa importa la nostra *comica Ironia*? Ogni retore sa dirvi, l'*ironizzare* in genere esprimere il vero sotto specie di non vero, la lode sotto il diafano involucro del biasimo, e viceversa. P. E. chi ignora l'insigne vilipendio di Firenze, contenuto nel dantesco panegirico di lei? Eccolo:

« Fiorenza mia, ben puoi esser contenta
Di questa digression, che non ti tocca;
Mercè del popol tuo, che si argomenta ec: »

sin giù giù al risibile, eppur terribile

« Tu ricca, tu con pace, tu con senno,
S' i' dico il ver l'effetto nol nasconde.
Atene e Lacedemona, che fenno
Le antiche leggi, e furon sì gentili,
Non fero al viver ben che un picciol cenno,
Incontro a te, che fai tanto sottili
Provvedimenti, che a mezzo novembre
Non giunge quel, che tu d'ottobre fili. »

Stando così la cosa, ed un contrasto tra detto e pensiero costituendo codesta impostura; conchiuderemo essere naturale ed immediato il nesso, nell'*Ironia del Comico*, tra serietà e giocondità, quando l'una presentasi colle assise dell'altra. *Ironia comicizzante*, ed *Umorismo rudimentario*, importano una sol cosa in due nomi.

Le varie gradazioni di codesto *Umore* incipiente corrono parallelle alle linee della *Buffoneria*, e del *Motteggio*. Non affermiamo sia sempre rispondenza rigorosa di una ad una. Ma il genio maneggerà l'arte combinatoria de'varii elementi liberamente, ed in modo che l'enfasi, o l'accento de'gruppi ironizzanti, provvenga a libito da questo, o da quello de'tuoni del riso, di sopra fermati. Toccheremo de'più spiccati, e che meglio commentino il fin qui esposto; lasciando allo specialismo critico l'entrare in particolari, di competenza non nostra.

Può l'*Ironia umoristica* contraffare alla buona, ed accomodarsi al carattere del buffonesco. Quando ciò ha luogo, la magnificazione fornisce la leva alla segreta derisione di opinioni, o di scritti ampollosi, che si voglia screditare. I nostri poeti cavallereschi usano ed abusano di tale macchinismo. È un vero *Umore* contro i circumnavigatori del mondo, narranti *mirabilia* di Truffia e Buffia, allorché i seicentisti vi novellano seriamente di una balena, presa per un'isola, e di un convento di frati, trovatole in gola, ec: Il Cervantes non ha pari in siffatto Umorismo dell'iperbole, quando, per citare un esempio fra mille, fa che D. Quixot passi a rassegna due eserciti di pecore, con lo stile ampolloso de'romanzieri, e Sancio non vede nulla; ovvero quando il matto eroe, con un fendente, crede avere decapitato un gigante, che non era che un otre di vino, e Sancio si dispera di non potere ritrovare il capo reciso. Il qual modo ingenuo di *Umorismo* parci spinto un po' troppo oltre da Rabelais, che si diverte a spropositare a disegno in proporzioni e numeri, onde non sempre traspare l'*ironica allusione* a fogge di stile, ed a credenze vulgate. Così quel Gargantua, che appende le campane di nostra Donna di Parigi al collo della sua mula, a mo' di sonaglio; che, pettinandosi, fa cadere un pulviscolo di bombe, che, in una battaglia, erangli piovute sul capo dal campo nemico; che mangiando lattughe insalate, mangia sette pellegrini, che dormivano appiattati tra le foglie ec: ec: — è lo spropositato dello spropositato, che non *ironizza* nè Ercole, nè Sansone, e solo nuoce a sè, per soverchio volere irridere altrui.

Può, in secondo luogo, l'*Ironia umoristica* enunciarsi mottegevolmente. Lessing, p. e. loda un suo contemporaneo, autore di un cattivo libro, nel seguente modo: « non può negarsi » egli dice, « che, in quell'opera, trovinsi molte cose vere e nuove. Solo v'ha un picciolo male. Ed è che le cose vere non son nuove, e le cose nuove non sono vere ». — Ed anche da un solo epiteto spesso diffondesi sopra un lungo brano l'ironica temperie, che disponci a pensare e sorridere con nostro pro. Esemplifica tale relazione la protasi del classico poema satirico del Parini, *il Giorno*. Eccola:

« Giovan Signore, o a te scenda per lungo
Di magnanimi lombi ordine il sangue,

> Purissimo celeste; o a te del sangue
> Compensino i difetti i compri onori,
> E le adunate in terra e in mar ricchezze
> Dal genitor frugale in pochi lustri:
> Me precettor d'amabil rito ascolta ».

Que'*lombi magnanimi*, quell'*animo*, residente non nel cuore, ma ne'dintorni de'rognoni, valgono più di tutto il dialogo dello stesso poeta, scritto contro la *nobiltà*, e dispongono mirabilmente l'ascoltatore ad un meditare schernevole delle ridicole pretensioni di lei.

Un modello d'*Ironia epigrammatica*, che acuminasi sino al Sarcasma più avvelenato, leggiamo in Foscolo. Egli interroga il suo avversario, che predica ricco di molte mezze virtù, così:

> « Dimmi tu, che pur sei mezzo algebrista:
> Come avvien questo? Tu se'mezzo critico;
> Mezzo sacro dottor, mezzo ellenista;
> Mezzo spartano, mezzo sibaritico;
> Mezzo poeta, mezzo freddurista;
> Mezzo frate, mezz'uom, mezzo politico.
> Come in tante metà nulla è d'intero,
> Come tutte sommate fanno zero? »

Se non che qui forse la bile soverchia l'Ironia, e la caccia troppo in fondo. Il Giusti, impareggiabile maestro di questo modo, sa fare ingollare, come zuccherini, pillole di arsenico; e stempera spesso, nel comune dissolvente dell'*Ironia*, in interi canti, quante ha varietà d'ingredienti la *Buffoneria*, il *Motteggio*, e l'*Umore*. Non citerò che la mirabile ode, che ha per titolo: « La terra de' morti »; di cui non ho uopo di rinfrescare la memoria alle supposte

« larve d'Italia,
Mummie dalla matrice »;

a queste, che

« temerarie ossa
Sentono il sepolcreto »;

a'pretesi cadaveri, che siete voi, italiani miei lettori, che alfine rammentaste che

« Tra'salmi dell'Uffizio
C'è anche il *dies irae;*
E che *aveva* a venire
Il giorno del giudizio! »

Finalmente l'*ironizzare umoristico* non disdegna l'aneddotica popolare; ed il narrare dopo avere contraffatto e frizzato in modo, che non l'esagerazione o il motto, ma la narrazione, come tale, dia risalto all'*Ironia*; e quindi abbiasi già in germe il vero *Umore,* quale lo studieremo più sotto. A mo' di esempio, la leggenda alemanna vanta di alcuni goffi villici, che erano tanto saggi, che non girovagavano pel mondo, a cansare l'impaccio di essere tolti a consiglieri di stato dovunque. Ora, questi saggi usavano portare sulle spalle de'grossi ceppi, che potevano dal monte rotolare a china, a risparmio di fatica. Quando un genio tra di essi fece tale scoperta, che pensarono tutti di fare? Unanimamente si dettero a ricarreggiare i ceppi all'erta, per usare il nuovo metodo di rotolarli a valle.

Accomiatandoci dall'*Ironia*, giova richiamare l'attenzione del lettore sull'analisi di tale concetto, che ammirasi tra le più brillanti dell'*Estetica* di G. Paolo. Il fondo, del resto, della comprensione sua dottrinale, riducesi, presso a poco, al nostro; epperò non reputiamo necessario di aggiungere ulteriori esplicazioni alla stessa materia, citando e particolareggiando di vantaggio.

B) Quel botolo, che, al dire dell'acuto Voltaire, ha a galoppare trafelato a seguire il grave passo di un granatiere prussiano, rende, a parer nostro, immagine della mediocrità, che si argomenti di correre sulla pesta del genio. Essa si arrovella, ed è tutta polve e sudore, dove l'altro procede calmo sulla palestra artistica, che sembra trascorrere a diporto, quasi domestico ambulatorio; e se vede il gigante, a quando a quando, forviarsi per una scorciatoia, e balzare capricciosamente da banda;—ed ella a scapolarsegli dietro a rompicollo, e spesso spesso a fare un capitombolo nel fosso. La *Comicità*, al pari che il *Sublime*, ha i suoi tiri di forza. Vedemmo che il problema dell'*Umore*, in ispecie, va compreso tra quelli, che i geometri riguardano di assai difficile soluzione, perchè dipendente da un felice partito, e quasi da una bravura euristica. Si tratta di folleggiare, senza uscire dal bilico della gravità, di ridere, non solo seriamente, ma malinconicamente; di guardare sullo specchio concavo della follia, che distorce a sgorbii tutte le forme, e non vedervi che la perpendicolarità normale delle figurazioni sociali.

Comprendesi benissimo che simigliante patrocinio delle eccentricità, non può riuscire senza una qualche eccentrica predominanza dell'inusitato, nell'espressione. Così è almeno, secondo il giudizio dell'universale, che non guarda oltre la buccia del consueto in ogni materia, e massime in arte. Ma i pochi, autorizzati dallo studio e dal naturale acume a sentenziare perentoriamente in fatto di critica, non si scandalizzano menomamente de'grilli di Swift, e delle capestrerie di G. Paolo. Gli considerano appuntino siccome, nel *Convito* di Platone, leggiamo considerato con maravigliosa giustezza, il deforme Socrate; cioè simile ad uno de'bossoletti, ch'esprimevano la figura contraffatta di un Sileno, eppure racchiudevano preziosissimi unguenti e quintessenze.

Non diremo, peraltro, il medesimo de'bislacchi imitatori dell'*Umorismo* de'grandi maestri. Costoro fanno come il giovinastro ateniese, che stimò la botte costituire tutto Diogene, e lui potere salire in egual fama, senza filosofia e senza virtù, solo imbottandosi, un bel giorno, a somiglianza del saggio. Veggiono bizzarrie; ed eccoli, non a sbizzarrirsi, ma ad impazzare senza una ragione al mondo. Veggiono rabeschi d'idee, o di stile; ed eccoli ad abbandonarsi ad un *rococò* obbligato, che non serba del capriccioso concetto de'primi, che i ghirigori futili del disegno e delle pose. Quando Vittore Ugo chiamava i mascheroni architettonici della chiesa di nostra Donna di Parigi *des cauchemares petrifiés*, definiva, senza volerlo, *l'esagerazione*, o, meglio, *falsificazione* dell'eccentricità *umoristica*, che attribuiamo alla mediocrità. Codesta esagerazione costituisce ciò, che nominiamo *Ghiribizzo*, in senso malo, distinguendolo diligentemente dal *Ghiribizzo*, in senso buono, caratteristico nell'umorista genuino, in effetto dell'anormalità geniale delle vedute. Hegel, col solito suo tocco magistrale, descrive cotale notevole sintoma morboso della coscienza estetica in modo, che reputiamo pregio dell'opera il citare letteralmente. Ecco il brano:

« Negli ultimi tempi, venne particolarmente in fama l'originalità dello *spirito* e dell'*Umore*. In questo modo dell'*Umore* l'artista parte dalla sua subbiettività, e vi ritorna sempre; di guisa che il vero obbietto della rappresentazione riguardasi semplicemente come occasionale, a dare latitudine ai balzi, agli spassi, alle capestrerie spiritose del capriccio subbiettivo. Ora, in tal caso, obbietto e subbietto si scindono, e maneggiasi la materia al tutto arbitrariamente; anzi può la particolarità dell'artista comparire qual cosa principale. Codesto *Umore* suole mostrarsi ricco di *spirito*, e di profondo sentire; e, per ordinario, presentacisi in atteggiamento da imporcene. Ma nel tutto insieme è più leggiero di ciò, che credesi. Dappoichè l'interrompere sempre il corso ragionevole delle cose; cominciare, continuare, finire arbitrariamente; commescolare a casaccio una serie di ghiribizzi, e sentimenti, e così generare caricature della fantasia: torna più facile che esplicare, nella genesi del vero Ideale, una totalità, compiuta per sè, e ritondarla esplicata. L'*Umore*, di che parliamo, ama di mettere a giorno la bisbetica natura di uno scapestrato ingegno, ed ondeggia, perciò, dal verace *Umore* alla volgarità, ed al deliramento. VERACE UMORE APPARVE DI RADO. Ora, intanto, le più insipide trivialità, basta che abbiano il colore esterno e la pretensione dell'*Umore*, s'argomentano di passare per ispiritose e profonde. Shakespeare, per contrario, ha grande e profondo *Umore*; eppure, anche appo lui, non mancano pappolate. In simil guisa, l'*Umore* di G. Paolo ci sorprende spesso per profondità di *spirito*, e bellezza di sentimento; e non meno spesso, per converso, per barocca compagine di obbietti, che incontri disparati; e le relazioni de'quali, secondo cui l'*Umore* appaiali, appena stimi deciferabili. Nè manco il più grande umorista ha presenti alla sua memoria di cosiffatte; e bene scorgi, in codeste combinazioni di G. Paolo, che non vennero già fuori per forza di genio; ma le cose più eterogenee in esse furono accozzate, e tirate pe'capelli da libri di varia foggia. P. E. le *piante brasiliane*, e l'antica *corte imperiale di alta giudicatura* ec: Ciò lodano specialmente quale originalità, e scusano come *Umore*, che permetta ogni cosa. E, tuttavolta, la vera originalità rigetta da sè siffatto arbitrio. "

Le quali giuste determinazioni ci esonerano da ogni ulteriore circoscrizione dell'obbietto. Da esse si rileva la differenza, scolpita meglio che noi non potremmo fare, tra il *Ghiribizzo* illegittimo, ed il legittimo. Quando, in fatti, la subbiettività isolata piacesi, e quasi lussureggia nell'isolamento; ed immemore de'diritti della realtà, tratta gli obbietti quali gettoni da *dominò*, che si possa a libito congiungere nelle più strane fogge; hassi manifestamente il primo modo. Quando, per opposito, la subbiettività medesima, riesca a dimostrarci obbiettive da senno quelle, che il volgo stima allucinazioni del sentimentalismo di lei;

e capovolga alcune sembianze delle cose, che l'apparenza giornaliera male appresenta ritte; ammiriamo la modalità seconda, più esteticamente perfetta. Che, del resto, secondo la ricisa sentenza hegeliana, essa non appaia che di rado tra gli uomini; non ha uopo di commento. Avvegnachè l'indole stessa della geniale eccentricità rendela di per sè eccezionale, e fuggitivo fenomeno. Il che, peraltro, ci renderà sempre più indulgenti con l'illegittima efficienza benanche. La quale solo ripudieremo altutto, quando altutto la comprenderemo scimiatica, e non originale: rimettendo della severità nel caso che, o il tragelafo della Forma si presenti a nome dell'Idea, o l'aborto dell'Idea sia dissimulato da Forma vivace. In somma, ciò avverrà nel caso, che qualche frammentaria perfezione ci socchiuda l'occhio sul tutto insieme difettivo.

Il *Ghiribizzo impuro*, che siamo venuti tratteggiando qual secondo momento dell'*Umorismo*, incontrasi dapprima quasi allo stato d'incoscienza, nelle leggende popolari de' varii popoli. P. E. nelle *notti arabe*, narransi le fantastiche maraviglie de'viaggi di un venturiero; nel nostro patrio *cunto de lli cunti* un altro viaggiatore aereo ciba l'aquila, che cavalca, delle proprie carni; nella collezione di *Märchen* (leggende alemanne), pubblicata da Grimm, la capra, orbata de' capretti dal lupo, glieli cava vivi di corpo con un cozzo poderoso ec: ec:

Per contrario, sono *Ghiribizzi*, più o meno felici, ma sempre artifiziosi, quello di Pietro Sciamil, che vende la sua ombra; quello, narrato da Tick, di un sorce, uscito del naso di un cavaliero, a causare la scoperta di un tesoro, onde arricchisce; quello del *Sogno di una notte di mezza state* di Shakespeare, che mostra la regina delle fate, innammorata di un asino; quello del *Rip-van-Winkle*, che Irving fa dormire venti anni a un tratto ec: ec: Quanto differenti dalla costante scarsezza di contenuto ideale delle anzidette bizzarrie, sono i cori di *nubi*, di *vespe*, di *rane*, in Aristofane, che significano sempre qualcosa; e, se pure han pecca, parci loro pecca la soverchia trasparenza dell'allusione.

Che se ci limitiamo a considerare un concetto, renduto, più che umoristico, assurdo, citeremo il motto «di due belve, che si divoravano scambievolmente, sino a non rimanere che le code». Citeremo pure la bislacca risposta di colui, che pretendea aversi morsecchiato il naso da sè. Sendogli domandato, di che modo potesse giungere con la bocca al naso, disse: «salendo sopra una sedia». Rammentiamo che, in un luogo del *Tristam Shandy*, Sterne descrive il suo stile tracciando sulla carta uno scarabocchio, senza capo, nè coda. Se la cosa potesse stare davvero in tali termini, ed i *Ghiribizzi* di uno scrittore fossero una specie di vertigine, incapace di essere sbrogliata in guisa veruna; diciamo che non porterebbe il pregio nemmeno d'indugiarsi a simigliante matassa arruffata, non che inestetica, illogica. Ma, la Dio mercè, quel kantiano *legale senza legge* del Bello (*gesetzmässig ohne Gesetz*), non importa *eslege* (*gestzloss*); sibbene *legale misteriosamente*. Il perchè siamo autorizzati a rigettare, siccome incostruibili, codeste curve trascendenti di grado indefinibile, che non rappresentano alcuno stile, ma l'immaginario evolversi, ed il reale perturbarsi di un cervello stravolto.

C) L'*Umorismo*, nella pienezza della energia, corona tutta la piramide del Comico.

Se, conformemente al suo concetto, quale lo deducemmo sopra, esso vale *serietà della giocosità;* siamo di nuovo giunti ad una delle duplicazioni del punto di partenza, nelle quali lo Spirito dialettico intuona a'discreti investigatori il virgiliano: *claudite jam rivos, pueri, sat prata biberunt.* Tuttavolta, innanzi di abbandonare il fastigio del tempio della Musa comica, giova arrestarci alquanto a considerare le condizioni eccezionali, che lo rendono altrui di tanto difficile accesso.

Le disparate virtù, che l'*Umorismo* ha a copulare nello stesso pensiero;—la filantropica impersonalità degl'intenti e l'egoismo del vedere; il genio ed il capriccio, l'angelo ed il folletto;— non costituiscono menomamente la suprema malagevolezza, che esso presenta all'artista. Se il secondo degl'indicati contrarii non fosse che il correttivo esterno del primo, e non sopravvenisse che a mo' di moralità, in fondo a un apologo, la cosa riuscirebbe, non che facile, triviale. Si può sempre, con un po' di acume, dimostrare significativo uno scherzo, che si commenti di seconda mano. Ma l'*Umore* non patisce analitica decomposizione di elementi. Quindi, se atteggiasi a malinconia celiando, spetta alla celia, in quanto celia, d'identificarsi con le più accigliate Dignità della vita, e col vero fondo della fenomenia di essa. Anzi, lo stesso cordoglio, che la saggezza non versi in migliori termini, sendo *umoristico*, ne conseguita la totale fusione, il moto, onde nessuna molecula non muovesi, nell'immergimento di una esistenza nella verità del pensiero.

In somma, l'empiricità accetta il mondo tale e quale. L'arte volgare lo raffazzona, secondo tipi arbitrarii. L'arte compiuta lo sa comprendere tale e quale, ed insiememente qual mondo migliore; e ciò senza assurdo, in grazia del discernimento di ciò, che altri non vede, e che propriamente definisce i fatti. L'*Umorismo* usa di tale seconda vista, in ordine alle incongrue iustaposizioni esistenziali. Sia che le dispetti allegramente, o le ammiri in uggia, esso le familiarizza col pensiero, e le dignifica di razionalità, non trasformandole, sibbene transfigurandole. La difficultà culminante, e, nel tempo medesimo, il segreto di codesta prestigiazione strana, che non giuoca di allucinazione, ma di chiaroveggenza, è il sapere cribrare i materiali. Non tutti i casi sono faville del Fortuito divino, non tutte le storpiature provvengono da esuberante vitalità, non tutte le antitesi si geminarono di una tesi primitiva, indicabile. Laonde l'umorista dee potere imitare Aladino, nella grotta incantata, che avea ad astenersi da'cofani di rubini e smeraldi, e tirare diritto alla maravigliosa lampada, che cercava. In altre parole, ei dee potere astenersi, tra' *Ghiribizzi*, essendogli essenziale il gironzare tra di loro. Se sa non lasciarsi vincere alle blandizie di facili bizzarrie; se non tende la mano a' frutti vietati di un genere inferiore, che, a simiglianza de' frutti del mito, incatenano altrui alla valle inferna; se, infine, sa volere non essere bislacco giocolatore, ne riuscirà eccelso poeta, e de' più pellegrini ed ammirandi di tutta l'oste di Parnaso. Le rade volte, che tale artistica virtuosità si mostrò tra gli uomini, non rifulse che cosiffatta.

Ed, in verità, ad esemplificare l'esposto sinora, non

ammiriamo in Sterne, che, più soventi di molti altri parci umorista puro; che il riflesso luminoso della genialità indicata. Del suo fare egli umoristicamente dice: « bene mi persuado che, se il mio stile non primeggia, almeno è il più religioso; poichè comincio per iscrivere la prima frase, e mi abbandono alla Provvidenza pel resto ». Ma cadresti in grave equivoco a prendere ciò alla lettera; chè pochi scrittori ci ha, che predeterminino l'effetto delle cose, che dicono, più e meglio di lui. Nel *Viaggio sentimentale*, soprattutto, ci ha brani d'*Umorismo* d'inimitata purezza. P. E. stimiamo pregnanti di squisito sentire la storiella del *monaco* a Calais; e l'altra dell'*accattone*, che avea trovato il segreto d'imporre l'elemosina alle bacchettone. Quel segreto essendo l'adulazione, l'umorista esclama: « O profumo delizioso, quale rifrigerio tu non infondi alla natura! Come scuoti tutte le forze, e tutte le debolezze di lei! Con quale dolcezza penetri nel sangue e l'aiuti a superare gl'incagli, che incontra nel fluire al cuore! » E più giù, ripicchiando sulla bacchettoneria, osserva: « V'ha tre epoche nell'impero di una donna di buon tuono, in Francia. Ella è civetta, poi deista, ed infine devota. L'impero sussiste sempre; e non fa che cambiare di sudditi. Quando gli schiavi dell'amore scappano via all'apparizione del 35.° anno, subentrano quelli della incredulità. Vengono, in ultimo, gli schiavi della chiesa ».

Ma una delle più ghiotte piacevolezze umoristiche, nell'indicato prezioso libriccino, che ne formicola, parci di scorgere inverso la fine. Quivi narrasi che, in una osteria, sendo una sola camera da letto, ed il nostro viaggiatore avendoci a pernottare con una gentildonna viaggiatrice, a lui ignota, stipulano un contratto formale del modo come avranno a passare la notte. Ecco il contratto:

« Art. 1.º Siccome il diritto della camera da letto appartiene a *Monsieur*, e ch'egli crede che il letto più vicino al fuoco sia il più caldo, lo cede a *Madama*.— *Accettato* dalla parte di *Madama*; sempre che le tendine de'due letti, che sono di una tela di cotone quasi trasparente, e troppo stretta per bene chiudergli, sieno appuntate all'orlo con ispilli, o al tutto cucite con ago e filo, affine di renderli una barriera sufficiente dal lato di *Monsieur*.

Art. 2.º Domandato, dalla parte di *Madama*, che *Monsieur* sia involto tutta la notte nella sua veste da camera. — *Rigettato*; perchè *Monsieur* non ha veste da camera, e che egli non possiede, nel suo baule, più di sei camice, ed un calzone di seta nera.— La menzione del calzone di seta nera, produsse un cambiamento totale in questo articolo. Fu riguardato il calzone quale equivalente della veste da camera. Fu, dunque, convenuto, che avessi tutta notte il mio calzone di seta nera.

Art. 3.º Stipulato, dalla parte di *Madama*, che *Monsieur* sendo a letto, ed il fuoco e la candela spenti, *Monsieur* non dirà una sola parola tutta notte. — *Accordato*, a condizione che le preci, che *Monsieur* dirà, non saranno riguardate quali infrazioni al trattato ».

La quale delicata fantasticheria, pura di ogni scandalo sino all'ultima parola, non ha bisogno dell' *Honni soit qui mal y pense*, che l'autore vi appicca, a mo' di monito finale. Contraddistinguesi facilmente qual *vero Umore*, che deride, eppure rispetta gl'incomodi del viaggiare *extra solis stellarumque vias*.

Citeremo, come esempio di un *Umore* più grossolano, e confine alla pura facezia, un luogo di Rabelais, preso a caso. Egli dice gravemente del suo Panurgo: *Bien galant homme de sa personne, si non qu'il éstait quelque peu gaillard, et subject de nature à une maladie, qu'on appelait en ce tems là « faulte d'argent! » C'est douleur sans pareille. Toutefois il avait soixante et trois manières d'en trouver toujours à son bésoin; dont la plus honorable, et la plus commune, éstait par façon de larcin furtivement fait »*.

Dall'altro lato, un esempio d'*Umorismo*, diremmo quasi più dottrinale che faceto, ci piace cavare di G. Paolo. Egli la discorre così: « Conobbi sempre tre vie di essere alquanto felice, non già felice. La prima, che va in alto, consiste a sospingersi tanto oltre le nubi della vita, che indi appena scorgasi, quasi ristretto orticello da bimbi, tutto il mondo esterno, co' suoi covi di lupi, co' suoi cimiteri, e co' suoi parafulmini. La seconda consiste nel lasciarsi cadere giù nell'orticello a dirittura, e quivi annidiarsi così a bell'agio in un solco, che, allorquando facciasi capolino dal proprio nido di rondine, parimenti non veggansi nè covi di lupi, nè cimiterii, nè spranghe elettrizzate; ma solo spighe, ogni gambo delle quali sia per l'uccelletto casalingo un albero, e nel tempo medesimo paracqua e parasole. La terza via, finalmente, che tengo più scabra, e richiedente maggiore finezza, è quella dell'alternare le altre due ».

Richiederebbesi un lungo e noioso razzolare negli

scrittori nostrali, a trovare qualche rado esempio di schietto *Umorismo*. Il Caporali piacevoleggiava del suo Mecenate, dicendo che

« .... era un uom, che aveva il naso
E gli altri membri come abbiamo nui,
Fatti dalla natura e non dal caso ».

A provare la liberalità di lui, affermava, essere stato nominato Mecenate dalla frase « meco cenate », che ripeteva incessantemente ad invitare i suoi amici a cena ec: ec:

Quello scrittore di capitoli, che cantava il *noncovelle*, o il nulla assoluto, chiamandolo

« Fratel carnale alla materia prima »,

e così profetizzava, fin da tre secoli or sono, il primo filosofema logico di Hegel; possiede vena umoristica, non immeritevole di nota. E purissima, quantunque per breve tratto, scorre nel *Furioso*, dove la Discordia, che l'angelo riconosce

« ...... al vestir di color cento,
Fatto a liste ineguali ed infinite »;

ed alle procure ed ai libelli degli avvocati, che affastella, nonché avere casa nei campi, alloggia co'frati, e divertesi a veder loro a volare per il capo i breviarii. Parimenti è *Umore* di coppella quello, che, su nella luna, nel magazzino delle cose perdute in terra, fa che Astolfo, che tenevasi saggio, ritrovi il cervello in un'ampollina. Il divino poeta ne prende occasione ad esclamare :

« Chi salirà per me, madonna, in cielo,
A riportarne il mio perduto ingegno? »

Il quale *Umore* di coppella non si riprodusse più tra noi, a parer nostro. Anche ciò è vero nel grande nostro contemporaneo G. Giusti, più *sarcastico*, o almeno *ironico*, che *umorista* affettuoso. L'*Ave Maria* dichiareremmo modello, se non fosse indecente. Appartiene più all'*Umore* quel prete Pero, di che borbottavasi :

« Questo è un papa che ci crede,
È un papaccio in buona fede ;
    Diamogli l'arsenico ».

Esaurita, con la ricerca, protratta fin qui, la trattazione del capo secondo, che si occupava del Comico, dovremmo incontanente fare passaggio all'importante materia drammatica, riguardata quale elemento della coscienza estetica. Ma giova volgere uno sguardo retrospettivo al già assodato. Ciò faremo, non colla dantesca uggia, che

« Si volge all'acqua perigliosa e guata »;

sibbene colla calma diffidenza di una revisione, che valga a rassicurarci sulla legittimità delle determinazioni studiate. Al che aggiungendo qualche osservazione, d'interesse più storico che dottrinale, spigliati ci spingeremo oltre.

Riconoscemmo vera e non illusoria la preponderanza, nel Comico, della Forma sull'Idea; e traemmo da essa il principio di una classificazione, fondata sull'*assenza ideale*, o affermata, o mascherata, o negata di fatto, dopo averla ammessa. Questo vedere par messo fuori di dubbio, checchè altri ne pensi, dalla innegabile diade di forma e materia, che contraddistingue ogni fatto, sintesi sempre di conoscenza e realità. L'equivocazione tra *materia* e *contenuto* *(Stoff* ed *Inhalt*), causò, a parer nostro, l'avversione degli ultimi ipercritici dell'hegelismo a dichiarare *concreta* (quasi ciò importasse *materiale*), la bellezza, limitandone l'essenza alla pura e nuda Forma. Non verificheremo se il *Buono* ed il *Vero* effettivamente, secondo l'Idealismo Assoluto, segnino i poli, cui mira il Bello, e se esso vada riguardato quale approccio a più compiuti scopi spirituali. Checchè se ne pensi, parci evidente che il fondo e la forma, il contenuto ideale e la esecuzione empirica, intervengano quali fattori contemporanei in ogni prodotto, che presumasi artistico. Ora, se riterremo questo, e che ogni seria costruzione dell'Idea bella, non possa non farla consistere nell'equilibrio delle due forze indicate, che, nell'apprensiva, generano il *compiacimento (Lust und Unlust Vermögen* kantiano); ognuno dichiarerà tale equilibrio organico. Il quale, importando contemperanza di elementi estetici; ne segue che implicitamente ammettonsi due stati di preponderanza parziale, o di squilibrio, in esso equilibrio armonizzati. LA LIBERTÀ, SE CONCRETA E NON ASTRATTA, O SEMPLICE ENTE DI RAGIONE, HA DA CONTENERE L'ILLIBERTÀ, NECESSARIA ALL'ASSOLUTEZZA DEL SUO CONCET-

TO, ALLO STATO FATTIVO, O DI ORGANICA COORDINAZIONE. Ciò giustifica a bastanza la nostra teoria del Sublime, del Comico, non che del puro Bello. E giustifica parimenti, nella comicità, riguardata quale prevalenza della Forma sull'Idea, l'articolarsi nei sovraesposti momenti. E raccogliesi, infine, senza bisogno di ulteriori chiose, che oramai possiamo dire prossimo a compiersi il ciclo ideale della nostra scienza, ed a riuscire, nell' esistenziale totalità, al vero suo punto finale.

Passando, intanto, alle osservazioni, stimiamo ridurle a due. La prima si riferirà alla varia attitudine al Comico, degl'istinti nazionali; e la seconda, quasi riscontro ad una simigliante fatta intorno al Sublime, discuterà la probabile modificazione della comica efficienza nell'arte avvenire.

OSSERVAZIONE 1ª

È vulgato sin dai tempi della critica legislatura degli Schlegel, che la *Buffoneria*, tra tutte le sembianze della comica Musa, accomodasi meglio all'ingegno di noi italiani; il *Motteggio* di vantaggio risponde alle intelligenze francesi; e l' *Umore* si attaglia agli eccentrici ed atrabilari britanni. Senza ripudiare ricisamente codesta distribuzione, per zone e per istirpi, dell'estetica genialità; diciamo parercene troppo indefinito il principio, e vaga l' indicazione di ciò, che reputasi caratteristico in un popolo dato.

È egli poi certo che l'educazione, che, in verità non può trascendere le categoriche limitazioni d' individualità alcuna, non valga a talmente modificarle, che rendasene possibile una maniera d'intuito, anzichè un'altra? E se riconosciamo nel motteggiare qualcosa di primitivamente dipendente dalla compagine intellettiva, non attribuiremo all'azione della coltura, ed in ispecie di una cultura cortigiana, e provveniente più da'sollazzevoli convegni che dal gabinetto e dallo studiuolo, l'effetto obbligato dello scoppiettio de'motti galanti, e del mordere urbano, onde notasi penuria tra noi? Le genti della campagna, in Francia, riescono elleno al paro motteggevoli che il volgo parigino? E questo volgo non è forse disposto, a certa guisa, a scaglioni, sulla comica arena, e più o meno faceto, secondo la maggiore o minore prossimità ai ceti gentili ed alle persone di *bon ton?* Quel sale epigrammatico de' moderni romani, che punge altrui nello scritto, e che distilla la segreta meditazione, e non così spesso il dialogare improvviso; non si precipita esso in fondo alla coscienza di un popolo, non domo e non avvilito dalla clericale tirannide, in effetto di un dissimulare inevitabile, anzichè di naturale inettitudine alcuna? I nostri grandi uomini, Machiavelli, Michelangelo, il Cellini, il S. Rosa, Lorenzo il Magnifico, Benedetto XIV, non hanno eglino motteggiato con sapore attico, tutte le volte che la troppa serietà delle domestiche e pubbliche miserie non isgarrettava il buon umore, e rendeva la giocosità intempestiva un controsenso?

Non dubitiamo punto che, dirozzandosi le nostre plebi, la forma più bassa del Comico, o la *Buffoneria*, man mano darà luogo a forme più alte. Il Pulcinella rimarrà un mito, sempre più incomprensibile; e le buone creanze, interpreti di un sentimento purgato, inibiranno, ne'modi orali e negli scritti, nella mimica e nell'eloquio, tutto che sappia di scurrile e d'inverecondo. Se non ci mostreremo *spiritosi* per abito e quasi uffizialmente, alla guisa de' nostri vicini della Senna, che giungono, come Maria Stuarda, a guastare gli affari, più di momento, per non rinunziare alla gloriuzza di un' arguzia ; se non comporremo i motti a macchina, e da « quattordici al duetto », come i tirannelli di Giusti; ne riusciranno tanto maggiormente saporiti, e, che è più, sapienti, quanti più rari; e tali da fare inarcare le ciglia, non che muovere le labbra al riso. L'astronomo francese Laplace, domandato da Napoleone « che pensasse di Dio? » — rispondeva, con empia leggerezza motteggevole — *Sire, nous n' avons pas eu bésoin de cette hypothèse là*. Per contrario, un altro insigne uomo, domandato « che vedesse di singolare nei suoi viaggi? » narrasi rispondesse profondamente e spiritosamente insieme: « un astronomo ateo ». Con siffatta differenza di contenuto, nel pronto rimbeccare, un popolo si contenterà di leggieri della relativa scarsezza della motteggevole vena.

Quanto all' *Umore*, crediamo scorgere in esso un sostrato patologico; che rendelo spontaneo agli splenetici compaesani di John Bull, e meno possibile, per non dire impossibile, nell'Europa continentale. Ciò che havvi di sforzato nell' *Umorismo* di Hamann, Hippel, e, soprattutto, di Gian Paolo; dimostra a bastanza, cotale filosofica comicità non a casa sua appo la filosofante Alemagna. E tanto meno noi, armoniche nature italiane, possiamo piacerci dell'obbligato camminare in sul capo, e co' piè nell' aria, con maggiore

crucio de'dannati danteschi « come pal commessi ».
Il nostro Parini, il Foscolo, il Giusti, il Leopardi, soli dilettanti della coltura dell'esotica pianta dell'*Umore*, hanno di lei magri e poco sapidi frutti. Dissertiamo e piacevoleggiamo italianamente: ecco cosa da noi. Al resto diamo un pregio di erudizione; e facciamo di ammirare liberalmente, ma non di goffamente volere riprodurre ciò, che ripugna all'indole nostra.

OSSERVAZIONE 2.ª

L'arte avvenire se ammirerà meno tragiche querimonie, in effetto delle rade sociali rivolture, avrà pure, per nostro credere, meno romorose e baccanali evocazioni del genio del riso. I commerci, che trasfigureranno ognor più la vita, la renderanno più accigliata, e mercantilmente computista delle dosi di buon umore, che si permetterà di usare epicraticamente. La *musoneria*, decima Musa, battezzata dal Giusti, già domina i balli, che ora strisciano con prosopopea, deridendo le capriole del volgo, ed il fastoso artistico sgambettio de' nostri avi. La fiaba italiana cede all'ibrido *vaudeville* la dittatura su' diaframmi di uditorii annoiati *(blasés)*; e lo scandalo è la sola salsa, che rende edule le imbandigioni della Talia moderna. Se la cosa continua in su quest'andare, al sorriso, tisico figliastro del riso, succederà il ghigno, convulsa progenie della malizia; ed addio giovialità, ed il suo « bacio a tutto il mondo », come canta Schiller. Ma giova credere che l'Italia ultima ceda al Mammone dell'interesse i preziosi sonagli di Momo. Quando il *gran prete tornerà alla rete*, forse presenteremo all'Europa l'esempio di un popolo, che non ha uopo di carboniche affumigagioni per mostrarsi serio, e raccolto

« A fare da sè stesso i fatti suoi ».

E tanto meno penurieremo di eccitamenti all'urbano riso, che si armonizza sul labbro alle rughe della fronte bensì, quando l'animo ignora il dente del rimorso; e la mente esce delle lucubrazioni più gravi, quasi da bagno refrigerante, e che dispone alle gioie di breve e salutare scioperio.

CAPO III

DEL DRAMMATICO.

Premetteremo alla investigazione del fatto, che, secondo il nostro vedere, conchiude definitivamente l'esplicarsi dell'*Estetica ideale*, un breve ricordo intorno alla ragione di metodo, che ci ha condotti fin qui, e che giova avere presente a giustificazione del movimento conoscitivo. E ciò tanto più parrà necessario, quanto maggiore peso daremo alla circostanza che nessun trattatista tiene conto della *drammaticità*, quale sintesi del Tragico e del Comico, da cui piramideggi l'astratto apparire dell'Idea Bella. Tutti immediatamente travalicano alla considerazione della *bellezza nella natura*, senza brigarsi di ricercare nello Spirito, qual *cognizione ideale*, alcun nesso, che riannodi specialmente le antecedenti estetiche Dignità; e serbansi a tenere discorso, nella teoria dell'arti, del *dramma*, come specie di poetica composizione, che abbia le radici nella *tragicità*, o *comicità*; onde tragedia e commedia, sole legittime parti di ogni drammaturgia.

Ora, il fatto incontestabile, che il sentimento dei moderni intercala, da Shakespeare in poi, un nuovo prodotto scenico fra le fatture di Melpomene e Talia: prodotto, che indarno adopereresti ad eliminare dalla discussione, appuntandolo d'ibridismo, e che piuttosto va riguardato quale antesignano dell'arte avvenire; tal fatto stimiamo altamente significativo. Esso prova che, nell'organismo dell'Idea, è un elemento trascurato, da restituire in costruzione coscienziosa. Noi lo addimandiamo la *drammaticità*. E siamo tanto convinti di non male apporci, denunziandolo all'attenta considerazione degli investigatori, che, dove anche, come pur troppo abbiamo ragione di temere, riuscissimo superficiali e frammentarii nello studio, che intraprendiamo; ci piace che il lettore attribuisca a nostra incapacità l'insuccesso, anzichè a insignificanza dell'argomento, o a lassità alcuna, in questo punto, del logico ordito.

Rifacendoci, dunque, daccapo, per un momento, rammentiamo che procedemmo sinora per cicli; ciascuno de'quali dalla duplicazione del punto di partenza sospingevasi più appresso al centro; onde partiva l'irradiazione ideale, ed ove tornata, l'occhio della mente vede alfine sè stesso, e compiesi il sapere. L'economia costante di siffatta *rifluenza alla suprema visione* apparve nell'articolarsi de'momenti. La loro legge, cioè il cominciare da una *potenzialità* astratta, il procedere ad una *esistenzialità* fenomenale, ed il terminarsi in *concretezza;* desumevasi dall'essenza stessa del pensiero.

Ora, il primo di codesti cicli determinavaci la cerchia massima della disciplina, e la divisione ne' tre libri dell'*Idealità astratta*, dell'*Idealità esistenziale*, e della *Idealità concreta* del Bello. Non istaremo a ricalcare, una per una, le tracce della evoluzione metodica. Quello che importa delucidare è la duplice sembianza, che, nel processo, pare che abusivamente assuma la bellezza: una volta apparendo come equilibrata nella Idea, ed un'altra volta appresentandosi, nello squilibrio degli elementi, quasi fuori di sè, ed estranea a quanto ci sublima, allegra, o costituisce in drammatico atteggiamento.

Ma non equivocherà chiunque pensi, non cessare il *Concreto ideale* di essere bellezza, pel suo organico complessionarsi a totalità. Una tragedia ed una carnascialata non le giudicheremo meno belle, dove si riguardi al loro contenuto, di una statua greca, che non transige col brutto, perchè non versa tra condizioni fattive. Il Concreto, a differenza dell'Esistente, *mediato in guisa immediata*, SI MEDIATIZZA NELLA MEDIAZIONE; onde il valore *della sintesi estetica* delle preponderanze del *Comico* e del *Sublime*. Le quali, quindi, se da un lato dichiaravamo Dignità primigenie, e non *bellezze magnificate o menomate*; dall'altro lato, non possiamo non congiungere in suprema unità, che armonizzi le loro separate apparizioni. L'apice dell'arte rimarrebbe, come a dire, tozzo, se le due inequazioni di Forma e Idea, rimanessero in un oscillare eterno. Ecco la necessità del *Drammatico*. Esso esprime la bellezza della bellezza, o la bellezza attuosa, e non più sonniferante nella innocenza de'suoi tipi. Così la verace, cioè la necessaria Idealità, si elabora ed appura nel crogiuolo del Drammatico, nel quale si fluidizza la immota esistenzialità della bellezza pura; che rifulge, alfine, in atto, e da tutte le sue faccette.

La trattazione nuovissima della nostra disciplina rasenterà, dunque, il centro. Incapace a dividuarsi di vantaggio senza trascendere nella natura, si arresterà al fenomeno drammatico, ivi dimostrandosi definitivamente conchiusa.

Le osservazioni, che stimammo mandare innanzi all'ultima fase della coscienza estetica, tendevano a legittimare una determinazione, riguardata da molti come intrusa. Speriamo che ogni discreto consentaci la necessità della innovazione. Abbandoniamo all'esplicarsi del concetto la cura di meglio assodare il nesso con le precedenti dottrine.

Aggiungeremo, intanto, un'avvertenza, non inutile forse a risparmiarci le incriminazioni della critica.

I momenti del *Drammatico* gli verremo desumendo principalmente dagli abiti di rappresentazione scenica de' principali teatri di Europa. Senza presumere divinare le caratteristiche modificazioni dell'arte avvenire, possiamo, con sufficiente plausibilità, supporre che il gusto, prevalente nelle classi gentili, metterà sempre più in luce la tecnica della *drammaticità*. Il *sentimentalismo*, p. e. che, inteso senza esagerazioni romantiche, è una preziosa conquista del fare odierno, non divenne altrimenti di pertinenza del teorista. Nè altrimenti si manifestarono alle osservazioni del critico altre forme originali dell'artistico pensiero. Un apriorismo, puro di ogni esperimentazione, dove anche non sia reo di subrepsioni dolose, non può non lasciarsi andare alle allucinazioni de' cervelli bugi, che gabbano sè stessi senza addarsene. Somigliano il sarto, che rubava la stoffa al proprio giubbetto, e pensavasí acquistare ciò, che avea prima pagato. Ed in nessun caso appresentasi così flagrante la sterilità della cognizione pura, quanto in questo di un'arte, ch'è in sul formarsi, e che, urgente alla fantasia popolare, pure non peranco smascherò il misterioso suo organismo. Il perchè, la modesta attenzione a'dettati dell'esperienza, sarà vie-maggiormente necessaria a noi, che adoperiamo, non che a studiare una creatura, non interamente viva, un embrione, dalla vitalità tuttavia problematica. Ciò, tuttavolta, non dee scoraggiarci; appunto perchè accettiamo le determinazioni dalla mano del gusto contemporaneo, non letteralmente interpetrato con rabbinica superstizione, sibbene riguardato qual germe di scienza avvenire. Così s'intrecceranno simultaneamente le metodiche energie; e potremo sperare che la investigazione non perdasi nel vuoto, e segni almeno le colonne milliarie della via, da seguire da più fortunati trattatisti.

Facciamoci ora più dappresso alla relazione estetica, le cui generalità indicammo. E primamente rendiamoci conto della sintesi, cui abbiamo a por mano, e che, certo, deesi in qualche guisa diversificare dall'ultimo annodarsi delle fila della *comicità* e del *Sublime*, nell'*Umore*, se è pur vero che contenga un conoscitivo incremento.

Quando esponemmo l'*Umorismo*, accoppiando serietà e celia, e facendone provvenire una malinconica venia per le incoerenze umane; non dimenticammo di accennare all'elemento della bizzarria. Per tal guisa dimostravamo *la persistenza nel Comico* appo le scappate umoristiche; la colorazione policroma delle quali ha luogo sul fondo unico della risibilità, anche quando ci strappa una lagrima di compassione. Ciò manifestamente rendea claudicante la produttività nel momento, che immediatamente precede quello ora in quistione. Qui, per contrario, cioè nella *drammaticità*, fondonsi i due ingredienti compiutamente, e nel tutto insieme di un fenomeno ideale, che vada riguardato qual degno obbietto dello *Spirito drammaturgico*, equilibransi tragico rigore e comica lassità. Trasformansi ora coturno e socco; e si confutano vicendevolmente Destino e Caso, nella libertà, Destino a sè stessa, e non più ironicamente, ma sinceramente conciliata con la propria ed altrui frivolezza. L'*Umorista* recide le gordiane complicanze esistenziali, sostituendo al trascendente « Iddio lo vuole »; l'immanenza uggiosa, che dice »: l'uomo non può, o vale più di tanto ». L'ingegno *drammatico* risolve il problema senza ipotesi abusive nell'un senso, o nell'altro. Esibendo l'uomo qual'è all'altrui ammirazione, e non commiserazione, esclama: « Ecco l'uomo! »

In una parola, il genio, *drammatizzandosi*, abbandona la postura subbiettiva, la quale l'*Umore* avea scelta, facendo spiccare quali bravure gli scorci della vita. Il *Bello puro* delinea, a mo' delle scuole pittoresche del XIII secolo, figure incantevoli; locate, tuttavia, sur un sol piano, e senza mossa. Il *Bello umoristico* piacesi a notomizzare con michelangiolesca, ed a convellere con correggesca valentia forme e pose. Il *Bello drammatico*, infine, imita il sapiente disegno romano, che sobriamente maneggia atteggiamenti svariati, *quali scopreli genialmente nella natura*. E la stessa sincresi di Tragico e Comico, che giustamente urta gl'istinti armonici di noi italiani, in alcuni lavori scenici di Shakespeare, o baroccamente alla Shakespeare; non è che il riflesso della indicata disposizione dello *Spirito drammatico*. Shakespeare, che, come bene osserva Göethe, sacrificava l'esterno costume al costume dell'uomo interno, che premevagli d'indicare all'occhio della mente, anzichè esporre al corporeo; — non iscandalizza, appaiando buffone ed eroe, che per farci valutare la *fusione drammatica* de'due tipi. Indi nasce la impossibilità di classificare alcuni capilavori: p. e. *la Tempesta*, che male battezzeremmo tragedia, o commedia, tuttochè parzialmente presenti brani qua e là di que' due generi.

Passiamo ora a meglio definire i principii del nostro vedere.

Il *Comico* adoperava a riparare l'*abuso ideale* del *Sublime*; ma con *abuso* più flagrante. L'eccesso di un *Idea-fenomeno* mal rettificasi con un *Fenomeno-idea*; e l'amplificarsi del finito, a capere l'Infinito, riesce a ridicola autonomia di lui. Ciò obbligavaci a venirne risolutamente a una sintesi compiuta e finale degli squilibrati elementi. L'*Umorismo* eraci punto di passaggio, e non fermata, per l'innegabile sua subbiettività. Che se il Bello avea pure a riuscire alla concretezza: e ciò importa immobilità nel moto; il subbiettobbiettivarsi estetico dovea compiersi in assoluto nesso del *vario e dell'uno*, nella massima energia di *deforme e formoso;* cioè dovea *drammatizzarsi*. Così solo integransi lo squilibrio e l'equilibrio parziale; e producesi un'armonia, analoga alla musicale, che molte dissone relazioni non risolve eliminandole, *ma facendole sussistere in reciproco compenso*. E così il pensiero, costantemente cupido di *caratteristicità*, alfine, non pure intuisce la bellezza, ma la intende, cioè la possiede qual *bellezza della bellezza*, oltre le formosità pure, che divengono, non che elementari, indifferenti.

La quale sommaria indicazione dottrinale ci autorizza a segnare, anche qui, in una definizione, i tratti più salienti dell'obbietto. Eccola:

Il Drammatico è la bellezza in azione, o veramente la ideale concretezza di lei, a rincontro della potenzialità del Formoso, e del parziale esistere del Sublime e del Comico.

In tali termini, facilmente intendesi perchè e come il genio del dramma si diversifichi dal genio, che creava la Venere medicea, e le Madonne dell'Urbinate, secondo uno de'contrarii, che Göethe aggruppava così:

« Moderno — antico,
Sentimentale — ingenuo,
Cristiano — pagano,
Romantico — classico,
Ideale — reale,
Libertà — necessità,
Volere — dovere; »

ai quali aggiungiamo *Democratico—aristocratico*, che compendia gli altri, e chiarisce, meglio che tutti, la *popolarità* attuosa dei drammatici intenti, a fronte della *patrizia* schifiltà delle belle forme. Ancora, in ordine al binomio *Volere — dovere*, che il critico alemanno registra quasi a complemento dell'altro *Libertà — necessità*, sorge un generale riguardo, onde di per sè derivansi alcune note specifiche, che più sotto indicheremo.

In fatto, il *Destino*, che opponevasi esternamente alla tragica attività dell'eroe, non perdeva il carattere di *dato* nel *Caso*, il quale atomizza i comici fini. Dura necessità prevale in ambedue. Ora, alla libertà vera non perviensi che balzando, dal limitare delle determinazioni, nella loro cerchia, quando l'attore umano ponsi Destino a sè stesso. Ciò interviene nel dramma, che giustifica tutti, piccioli e grandi, formosi o deformi che sieno. L'*espressione*, che ogni mediocrità può elaborare alla propria stregua, le assicura un'aliquota d'importanza nell'arte moderna. Il *dovere* (il *Sollen*) era antinomico pe'coturnati elleni; epperò incatenava l'umano Prometeo alla rupe fatale. L'uomo di oggidì, per contrario, riconciliato con la natura, ma padrone della suá volontà, individuasi nell'antinomia, divenuta ritmo di libero esplicarsi in lui. Si sente e sa sempre più fuso nell'uomo storico, o nell'UMANITÀ, che DEE QUANTO PUÒ, E PUÒ QUANTO VUOLE; e conseguentemente non ha remore da un lato, e non più accidentalità perturbatrici dall'altro. Anzi, è tale e tanta l'evanescenza, nel dramma, dell'eccentricità del Sublime e del Comico, che alle volte la stessa necessità si *drammatizza;* e lice parlare con giustezza, non solo con G. Paolo de'*tratti di Spirito* del Destino, sibbene de'*Colpi di scena* di lui. Del che, del resto, più sotto.

Avendo, in forma generale, contrassegnato l'obbietto, possiamo farci ad indicare le sopramentovate note specifiche della sua apparizione. Le quali tratteggiando, il più brevemente che per noi si potrà, ci apriremo la via a fissare i momenti della ricerca. Ridurremo a tre principalissime quelle note, esprimenti tre abiti del subbietto nel produrre *drammatico*. Esse paionci:

I. L'Umanismo;

II. La Gnosi;

III. La Policromia;

che meritano essere, per un istante, partitamente considerate.

I. Intendiamo per *Umanismo* l'estetica indifferenza a' motivi di scelta, desunti dalla maggiore o minore idoneità di un argomento a soddisfare alle pretensioni del *buon gusto*. E non c'indugeremo a dimostrare, circa tale proposito, ciò, che parci ovvio; cioè l'illegittimità della legislatura convenzionalista delle scuole. Solo faremo osservare, essere la pura elezione de'tipi esclusiva, come quella, che provviene da supposte disuguaglianze estetiche. Indi l'impossibilità di trascendere in lei le condizioni della bella naturalità, e di concepire una perfezione, come a dire, autogenita; cioè nata del libero maneggio de'dati, senza subirne la dominazione.

Ora, ciò affettua il *Drammatico;* e siffatto trionfo, parallello alla socialistica emancipazione da'legami di ceto, cui tende lo stato moderno, è l'*Umanismo*, di che parliamo. Il dramma, quale opera di arte, non dà sol libero accesso, come la sagrestia, a santi e santussi. Nè tampoco, come la bettola, ricetta accattoni e barattieri di preferenza. Ma, non altrimenti che il foro, o l'anfiteatro, invita tutto il popolo, e quanti ha spettatori, o attori, delle sue glorie e follie l'Umanità. La *drammatica* efficienza risolve il problema della bellezza; ma accettando specioso e deforme, l'atteggiarsi dignitoso ed il rusticano, la frase forbita e la inculta. Non indugiasi a scrutinare gli elementi estetici; ed aspira ad un compiacimento non illustre, non plebeo, ma democraticamente complessivo. E così sembraci che l'arte, elisia fanciulla, si *umanizzi*, senza perdere di efficacia; anzi operando lo stremo della potenza; cioè convertendo, mercè l'alchimia delle sue combinazioni, in seconda aurea natura, la stessa belletta della naturale rappresentazione volgare.

E valga il vero, riguardo a ciò. La razza teutonica, i cui istinti di multilateralità rappresenta Guglielmo Shakespeare; fu la prima ad entrare, e la più costante a difendere, facendo e dissertando, il drammatico arringo; checchè altri si pensi delle aberrazioni dei romantici, esageratori e manieristi della scuola. Noi italiani, dalla vita svariatissima: noi, che avevamo poste salde basi al *Drammatico*, non che del perituro, dell'eterno, nella *Divina Commedia;* fummo straniati dal retto intuito dalla malaugurata recrudescenza dell'*erudito Umanismo*, tanto differente dall'*Umanismo estetico*, in proposito, quanto un imbratto da bettola, che pretenda riprodurre una *gloria* di angeli del Correggio, si differenzia in male da un *Interno fiammingo*, figurante tramescolati uomini di ogni risma, ed animali, condotti con verità e vivezza. Se diverremo moderni, compiendo, anche in ordine alle geniali discipline, la nazionale trasformazione, che felicemente siamo in via di compiere, nelle relazioni politiche; se, a dispetto di retori e sofisti, avremo alfine idee ed idioma de'tempi nostri, e costume patrio, e fantasie impressionabili dalle variazioni di esso; se il democratismo del secolo dalle menti de'pubblicisti si travaserà ne'cuori delle moltitudini; — vedremo incontanente inalberarsi il drammatico gonfalone tra noi, in segno di vita popolare, ed arte rimodernata. Ogni fattore della coscienza, non meno che della realtà, può farsi valere emancipato, e così assunto al cielo delle glorie e delle bellezze italiane.

II. In secondo luogo, contraddistingue la *drammaticità* la *Gnosi*, o significanza dottrinale, che, a guisa di appendice o glossa, invariabilmente commenta le impressioni di lei.

Una postura, un gesto, un proposito, sono *drammatici* in quanto significativi. E la significazione non è, siccome nell'opera semplicemente bella, un valore ideale non enunciato, ma sentito; sibbene una maniera di motto esplicativo, che l'estetica aforistica annette al fenomeno, simultaneamente all'apprenderlo, che facciamo. Una sorpresa s'ingenera qui nello spettatore, radicalmente diversa dalla sorpresa, che accompagna i fatti del Sublime. Stantechè la seconda provviene dalla incomprensibilità, e si commescola col dolore; dove che la prima pullula, con nostra soddisfazione dall'aver facile ed inopinato comprendimento di una relazione nuova. Si diversifica pure dall'elettrico balenare del senno dell'*Arguzia*; in quanto non *una dottrinale squisitezza, espressa in modo consueto*, ma le *triste verità del buon senso, significate in foggia pellegrina*, ci fanno inarcare le ciglia. La *drammaticità* ci agevola la lettura del gran volume dell'esistenze, non altrimenti che adoperino tanti trovati della Pedagogia moderna, intesa a rendere piane, e quasi impercettibili a'bimbi, le fatiche della sillabazione. Ecco il valore dell'oraziano consiglio dell'*in medias res*. Trattasi di economizzarci noie euristiche, e renderci ovvia la sapienza, inviluppata nella vita, col metodo degli esopiani apologhi; alla grafica evidenza de'quali il favolista non ebbe uopo di annettare alcun *epimitio*, o morale staccata.

La quale ricchezza intellettiva dà luogo alla sciende' segni ed alla *Gnosi*, di che stimammo dovere tenere discorso. Essa ha l'ufficio di chiarirci la *drammatica telegrafia*. E l'Ideale della *drammaticità*, cioè il dramma moderno, inspirasi talmente di codesto genio scienziale, che potrebbe bene denominarsi: un SISTEMA ARTISTICO COMPIUTO DI ESEGESI DEL MONDO E DELL'UOMO. Le sentenze della tragedia erano un fuor di opera filosofico, e quasi una poetica decorazione. La parabasi della commedia riusciva ad un abusivo notabene. Solo in un vero dramma l'aforistica del pensatore s'immedesima con gli stati ed i moti, ed, in altri termini, con la scena dell'attore. P. E. l'anacronistico marchese di Posa di Schiller non è *Gnosi drammatica*, ma pretta pedanteria; in quella che l'abboccamento di Elisabetta e M. Stuarda, nello stesso autore, esprime l'istinto profondo di drammaticamente elucidare l'argomento.

III. Spenderemo poche parole intorno alla *Policromia*, cioè varietà di colorazione, nello stile drammatico.

Consegue all'*Umanismo*, ed al riguardo di buon senso, pur tanto negletto dagl'idillici nostri padri, che ad ogni individualità si convenga parlare il linguaggio del suo ceto, e che tale idiomaticità poliglotta permetta la mistione della prosa col verso, dello stile purgato con l'incolto, della ricercatezza con la volgarità. Il *costume* vuol essere una realtà, non un mito. Non dee somigliare l'unicolore metrica, e l'uffiziale abbigliamento alla Luigi XIV, che produceva il Nerone Talma in parrucca, profferente la tabacchiera a madama Agrippina; e svenevoli innammorati, dialoganti alla foggia, che Lessing giocosamente chiamava: « lo stile di cancelleria dell'amore ». Il che riconoscendo eziandio nell'astratta *drammaticità*, facciamo notare, essere *Policromia* in tutto, che dipenda dalla prospettiva aerea, che aggruppa, in multiforme guisa, posizioni e punti di veduta. È *Policromia*, del pari, in tutto, che giovisi della mimica, linguaggio più determinante il contegno, che i concetti de'personaggi. Parci drammatico, in questo senso, il popolo assai più delle persone bennate, che parlottano, anzichè parlino, *per buona creanza*; che muovonsi tutte di un pezzo, e con automatica invariabilità, anzichè gesticolino, *per buona creanza*; che preferiscono gastigare col morso delle labbra la naturale debolezza del riso, anzichè ridere; e ciò sempre per la disincantatrice *buona creanza*, nemica capitale del *Drammatico*. E tra'popoli più spettacolosi primeggia il nostro, che dice la metà di ciò, che significa con gli atti e con l'uso de'criterii di convenienza comica; e sa al tacito piglio dare significazioni grafiche, cui di rado giunge la stilistica orale.

Dalla enunciata genesi delle *modalità* possiamo passare, alfine, allo studio de'*momenti* organici dell'obbietto.

In tale ricerca, che primi inauguriamo, con piena coscienza della pochezza delle nostre forze, e dello scarseggiare de'sussidii, onde suole giovarsi la maturità speculativa; noi pure conforta il pensiero, che le categorie, cui ci faremo incontro, sonoci rivelate, siccome ognuno potrà verificare, dalla esplicazione logica di quanto sinora esibimmo.

In fatto, reputammo drammatica l'attitudine di un

operante in guisa, che l'azione abbia significanza teatrale. Precipua, dunque, sarà la relazione di *luogo*, poi la *movenza* in quello, infine lo *spettacoloso* tutto insieme de'mezzi e fini. A denotare le quali parti ci serviremo della denominazione, usata da' coreografi, se male non ci apponiamo, a classificazione de'fattori de'loro quadri viventi. Il perchè, chiameremo *stataria* la *drammaticità*, intesa nel primo modo; *motoria* quella intesa nel secondo; e *scenica*, da ultimo, la riassumente le due anzidette. Al che, del resto, siamo certi che l'arte avvenire presterà materia di meno lineari determinazioni. I momenti, adunque, della trattazione, saranno:

§ I. Del *Drammatico statario*, o della situazione;

§ II. Del *Drammatico motorio*, o dell'azione;

§ III. Del *Drammatico scenico*, o dell'effetto.

§ 1.º

Del *Drammatico statario, o della situazione.*

Situazione vale determinazione della determinazione di luogo; ossia le nebbie dell'intuito, dissipate e vinte in un punto da un raggio di pensiero. Cotale intellettività muta vedemmo costituire il Drammatico, nel primo appresentarsi alla coscienza. Essa, peraltro, appunto perchè drammatizza incipientemente, non offre elementi mediatizzati, cioè il Sublime ed il Comico, che in modo confuso, e non ancora svolti liberamente. È, in somma, il Drammatico allo stato di natura, ed implicante, in guisa immediata, i suoi fattori. Ecco perchè siede, a dispensiero delle significazioni di lei, l'istinto, più che il chiaroveggente discorso; e, senza quasi avvedercene, siamo da un obbiettivo impulso tratti a collocare noi e le cose in guisa spiccata, a denotare, col semplice posto, dominazione, o subordinazione, rispetto, amicizia, disdegno, o altre disposizioni dell'animo, riguardo alle persone, che ci circondano.

E notisi che non intendiamo parlare della Mimica, dall'alfabetica precisione della quale la geroglifica complessità de'sensi della *Posizione* si diversifica troppo, per ingenerare dubbiezze di sorta. Il senso comune non erra mai quando trattasi di fermare il valore di un posto, e, che è più, di farlo spiccare esteticamente. Così comprendiamo a maraviglia perchè il trionfo del *Figliuolo dell'Uomo* facciasi consistere nel sedere *alla destra del Padre*; perchè si dice de' fedeli, che rifugiansi *sotto il manto* della *Regina de'cieli* ec: E quantunque innegabilmente la convenzionalità prevalga in molte di codeste popolari abitudini esegetiche del *collocamento*; pure non si può sconoscere in esse alcuni tratti di costante ricorrenza. P. E. del *sopra* e del *sotto* non ci ha chi non riguardi il primo, siccome segno di dignità ed impero, ed il secondo quale indizio di subordinazione. Ed anche nella cangevole relazione locale del *prima* e del *dopo*, pare attribuirsi universalmente la primazia operante al *prima* di posto, e quella di onoranza al *dopo*.

Che, peraltro, sia nella *Posizione*, così considerata, la *drammaticità* quale sintesi del Comico e del Sublime, conchiudesi dalla indifferenza del Bello immediato, propria della *Posizione*, in quanto forma, unita al valore ideale, che la contraddistingue, in quanto significato. Tale duplicità rende grafica, e connessa alla sua scena, la bellezza. Se perde la solitaria autonomia di una statua, non ha nemmeno l'astrattezza di lei; ma si nutre di realtà, abbarbicando, a certo modo, le radici alle circostanti esistenze. Diremmo quasi, in questo senso, che il genio dell'uomo comunichi al *Drammatico* la sua *socievolezza*.

Nulla depone, a più chiare note, contro la compitezza estetica della natura, quanto il difetto assoluto di *collocamenti* a disegno, ne'grandi quadri della terra e del cielo. L'albero, che pende sulle acque; il monte, che sovrasta al piano; il mare, che cinge amorosamente la nostra Sirena, non hanno nesso cosciente, ma accidentale, epperò simile alla simultaneità di sfolgorati colori sulla tavolozza, che attendono la mano dell'artista ad essere ordinati in dipintura. Per contrario, la *bellezza drammatizzata*, è *bellezza umanata*. La *Situazione*, frutto dell'intervento della individua libertà dello spettatore, avviva la scena, natura anch'essa in azione; epperò originasi la seconda più alta naturalità, scopo supremo dell'arte.

A denotare, intanto, le particolarità della categoria della *Situazione*, diciamo che varia, a seconda del numero e della qualità degli elementi, che coordina.

La *più bassa* maniera di valutare esteticamente il *posto* è la consuetudinaria, sopraindicata, dell'annettere una certa significazione alle relazioni locali. Una seconda, più alta, consiste in tenere conto della *seguenza*, cui l'arbitrio illuminato dell'individuo costringa le parti di un tutto in modo, che possa reputarsi *irreprensibile* in un primo esperimento, e *maraviglioso*, anzi affascinante, in un secondo, ordinato dalla genialità, di cui parliamo. Così la *Gotiade* del Trissino, l'*Affrica* del Petrarca, le *Tragedie* del Gravina, i *Drammi sacri* del Klopstock, giudicherai gelide infallibilità, e compagini di narcotica simmetria. Per converso la *Gerusalemme* del Tasso, il *Paradiso perduto* del Milton, le *Tragedie* di Shakespeare, a guisa di belle peccatrici, travolgerannoti la fantasia in un vortice, bendando il giudizio indiscreto. Cotale seconda foggia di *Drammatico*, non attagliasi più al popolo; ma richiede il genio dell'artista. Non comprendesi istintivamente, sibbene scorgesi mercè analisi critiche, che faccianla valere. La felicità di una protasi poetica depone dello spirito drammatico del poeta. Fra' moderni, a servirci dell' esempio di un famoso romanziero, non ha picciola parte alla impressione magica di molti de' racconti di Gualtiero Scott, il modo magistrale, onde il lettore, senza lungherie, trovasi nel centro dell'azione sin dal cominciamento.

Ma la terza, e più precipua guisa di *Topica drammatica*, quella è, che fa collidere *Situazione* con *Situazione*, e dal loro urto prodursi scintille di luce, che rischiarino uno stato di cose, non altrimenti visibile, che con lo spettacolo del contrapposto. Così dall' artifizioso preludere con dissonanze si cava, in musica, il fascino d'inaspettate armonie. Così può affermarsi che, nella natura universale, ebbe a precedere un cozzo caotico di forze elementari, perchè i nessi posteriori potessero avere luogo.

Con le indicate gradazioni del divenire della *drammatica Situazione*, noi implicitamente denotammo il modo di specificarne lo studio. Se riguardisi ad un individuo solo, senza, a certo modo, dialogizzarne la *Situazione*; l'ovvio valore drammatico non merita accurata interpretazione, e la cosa va abbandonata al buon senso e alle abitudini del popolo. Il *primo momento* estetico davvero, in tale materia, si ha quando più individui, in guisa immediata, si collochino artisticamente. A rincontro di ciò il *secondo momento* nasce dall'intervenire di una volontà subbiettivate esclusiva. Da ultimo, l'animazione diviene *totale*; ed inchiudendo, in germe, il *Drammatico motorio*, ci manodurrà al secondo paragrafo della investigazione. Noi, conseguentemente, ragioneremo:

A) Del Gruppo;
B) Del Risalto;
C) Del Contrasto.

A) Entrando a parlare del *Gruppo*, quale sistema di relazioni locali, conferenti a drammatizzare plasticamente un'Idea, facciamo astrazione dalle norme, secondo le quali l'esperienza della pittura e della statuaria, sentenzia doversi di preferenza coordinare le figure. Norme di tal fatta sono il *piramideggiare*, che dà unità al tutto insieme; e le disposizioni *semicircolare* e *bilaterale*, euritmiche per sè, ed accomodate ad accarezzare l'occhio e l'apprensiva, pascentisi di ordine. Non richiedesi molto acume a discernere, in codesta tecnica, un principio direttore, al tutto diverso dal principio, che consiglia l'artista ad *aggruppare* in un modo, anzichè in un altro, quando il suo genio sospingalo a drammatizzare le impressioni. Nel secondo caso, non vuolsi blandire un senso, sibbene eccitare il sentimento in forma, che acuiscasene l'intelligenza di recondite significazioni. Colà disposavamo le parti, in obbligata rispondenza ad uno, o a pochi tipi di bellezza architettonica. Qui, partendo da una certa indifferenza del Brutto e del Bello, creamo una espressione polisensa, e quasi un' abbreviatura variissima di ciò, che intendiamo. Laonde è giuocoforza restringere le considerazioni in ordine a' *Gruppi*, a quelli tra di essi, che più specialmente suggerisce la *inspirazione drammatica*, o il bisogno di significare con prontezza ed energia.

Parlando, adunque, dell'*aggruppare*, onde giovasi la *drammaticità*, diciamo dovere per lo meno connettere tre azioni diverse, compendiando siffattamente, in unica impressione, tre impressioni, che nè più breve, nè più efficace possa altramente ottenersi l'effetto. Queste due circostanze del *minimum* di via, e del *maximum* di forza, sono tanto essenziali, che, senza di esse, si avrà composizione, ma non *dramma*, o composizione vivificata. P. E. quando, nell'*Inferno* di Dante, leggiamo l'incontro de'due poeti con Farinata degli Uberti, tratteggiato mirabilmente a tocchi rapidi così:

« I' avea già il mio viso nel suo fitto,
Ed ei s'ergea col petto e con la fronte,
Come avesse lo 'nferno in gran dispitto.
    E le animose man del duca e pronte,
Mi pinser tra le sepolture e lui ec: »

comprendiamo subito dal fascino, cui soggiaciamo, che non potevasi più brevemente trarci al centro della *Situazione*, che facciamo nostra.

Lo *Spirito drammatico*, in somma, *tende a convertire lo spettatore in attore*. Nel caso del *Gruppo*, ciò fa eccitando la nostra simpatia, e, lei mediante, complicandoci nel sistema di determinazioni, che presceglie a simbolo di una qualsiasi intuizione.

La plastica, tra le arti, concentra in tale simbolica il più di sua possanza. Ma, per ordinario, limitasi alle combinazioni a ternarii, che, come notammo, riescono le più semplici: per non dire de' *Gruppi* ciclici, p. e. lo speciosissimo della favola di Niobe; appo i quali la ripetizione del tipo non partorisce tecnica alterazione alcuna. La pittura drammatizza assai meglio la simultaneità di figure, dal numero illimitato. Pure la moltitudine stessa convertesi qui in barriera agli ardimenti. Imperocchè, non dovendosi tutto collocare artifiziosamente (chè tutto non è, e non può divenire drammatico); nasce l'obbligo di sceverare, tra gli attori, i protagonisti, da *aggruppare* e graduare convenevolmente. Cominciando dalle turbe, che fanno corona, a loro basterà fare giungere un eco di *Drammatico*, se possiamo così esprimerci, disponendole a grandi masse all'orlo della composizione. Un quadro, che pretendesse darci pretta natura niente coordinando, reputeremmo tanto *incomportevole fatuità* pittoresca, quanto *ridicola braveria* il volere atteggiare uomini, donne, bimbi, ed anche animali all'espressione di qualche affetto. Finalmente la coreografia, varietà della danza, assai meno che dell'architettura, quella è, tra le arti, che più realizza il concetto del *Drammatico statario*, della cui incipienza ragioniamo ora. Il ridurre ogni azione in *Situazioni*, ed ogni *Situazione* in *Gruppi*, contraddistingue un processo artistico, che giovasi dell'ausiliaria musica e della pittura, a parlare per quadri e dipingere per mosse. Che, del resto, la poesia non abbia *Gruppi* veri, non potendo che descriverli, lo comprenderà chiunque studii l'indole della regina delle arti nell'immortale monografia, intitolata il *Laocoonte*, che ne dettava il Lessing. Quando Virgilio canta:

« *Conticuere omnes, intentique ora tenebant* »

non dipinge punto il banchetto cartaginese; e l'immaginazione supplisce a sua guisa, se pure sente il bisogno di supplire al difetto. Ma quando, per contrario, nel *Cenacolo* del Vinci, l'occhio erra dall'uno all'altro di que'maravigliosi *Gruppi*, che con quadruplice nesso incentransi nella immagine di Gesù, il pittore imbriglia l'immaginazione, che, se fa via lunga d'interpetrazioni, la fa a posta di lui. I grandissimi poeti hanno, anzi, sempre sfuggito il tratteggiare le situazioni, non cosa da loro. Ciò, del resto, non faccia dichiarare a sproposito poco drammatica la poesia; chè nessun'arte, od artifizio, è più di lei. Solo non patisce immobilità *Stataria*; ed il *Gruppo*, che ben diresti lo *Statario* dello *Statario*, ripugna affatto alla poetica fluidità. A misura, che c'inoltreremo nel *Drammatico*, ci si farà incontro il musagete, che finirà per dominare la scena.

A riassumere, intanto, in termini meno vaghi il carattere della modalità in proposito, notiamo lei valere un riposo nel moto. Somiglia, presso a poco, quel petrificarsi instantaneo dell'agitarsi cittadino, narrato fantasticamente nelle *Notti arabe;* ovvero il diacciarsi di un'onda della vita, in sul rovesciarsi alla sponda. Se non che, la sosta del multiplo non dee potere reputarsi accidentale; ma ha da dominare un intero sistema di contingenze. I punti della circonferenza drammatica nel *Gruppo* non s'isolino dall'Idea comune; e codesta Idea non si eterizzi di là dalla partecipazione de'fattori. Intervenga, in somma, un *individuarsi nel multiplo*. Il *Gruppo* del Laocoonte esemplifica a maraviglia tal concetto. Senza presumere di ripetere le osservazioni lessinghiane, consideriamo che i due figli, presi per sè, sarebbero figure belle, per chiunque ne studiasse isolatamente i tratti. Pure quelle pose conviene subordinarle alla posa prominente del padre, e questa loro preordinarla, a penetrarsi di tutto il valore della scena. Tentate di collocare, altramente che l'artista fece, braccia e teste. Non ve ne risulterà mai la stupenda impressione di un cordoglio ed uno spasimo, subiti senza bassezza, epperò renduti eloquente rimprovero alla ingiustizia de'Numi.

Dalle precedenti osservazioni emerge una chiara distinzione del falso nell'*aggruppare*. Essa ha luogo in due imperfezioni: una in difetto, l'altra in eccesso, che riduciamo

 a) Al Capannello;
 b) Alla Posa esagerata.

 a) Il *Capannello* è accozzaglia di elementi, che hanno bensì attezza drammatica, ma usata a casaccio, e quale suole appresentarsi sulle vie, in effetto di curiosità transitoria ed inartistica.

Si fanno non di rado *Capannelli*, e non *Gruppi* di

figure, quando manca l'energia nell'apprensiva. Così interviene negli organici nessi dell'animalità inferiore, dove la natura peranco non ha nerbo da domare la materia inorganica. Que' personaggi potevano figurare con identico intento in tutt'altra combinazione; ed ecco, con la necessità del vincolo, venir meno la *drammaticità*. Il languore, che nasce nell'opera, che, del resto, soventi raccomandasi, ed anche ingraziasi, per altri pregi; è manifesto. Le prime scuole, in tutte le arti, peccano per questo lato. Avvegnachè il cominciamento, anche appo i sommi artisti, di rado contraddistinguasi per virtù tecniche, confini alla perfezione, quali richiedonsi al compiuto drammatizzare delle pose. Le figure della italiana scuola religiosa della prima epoca, paiono processionali, e piuttosto concepite a *Capannelli*, che aggruppate.

b) L'eccesso, opposto al difetto accennato, hassi nell'*esagerata Posa*, che domandasi l'atteggiare teatralmente.

Il *Teatrale*, che anche su' teatri, va oggidì, grazie al cielo, cessando, in omaggio di una scelta natura; tiranneggiò le fantasie de' volgari modellatori, e dipintori a dozzina, per lunga pezza. Essi avvisavano drammatizzare, come chi avvisasse comporre un coro musicale, facendo che ogni individuo corista cantasse senza badare alla cantilena del vicino, ed altutto di suo capo. Il cattivo gotico, in architettura, che sminuzza troppo ed atomizza gli accessorii, fa anche meno male; chè non si contraddice nelle parti, e non perde di vista l'intendimento comune. Le braccia artifiziosamente inalberate, le gambe gareggianti in un grottesco eroico di postura, le teste anarchicamente ambiziose di preoccupare ciascuna l'attenzione dello spettatore; finiscono per operare su costui, per bene intenzionato che sia, a mo' di uno de' famosi *recipe et fac bobam* dell'antica Farmacòpea, che neutralizzavano i principii curativi, e non generavano che imbarazzo ed indigestione.

Ripetiamo, conchiudendo, essere tutto il segreto della *drammaticità*, e, quindi, del valore artistico del *Gruppo*, nella sintesi, che sappiasi in esso ottenere tra *la individua animazione ed il concetto comune*. Un *Gruppo*, che permetta varietà e dimolte, senza che l'Idea patisca detrimento, non parci un Gruppo estetico in guisa veruna.

B) Quando dal fondo ideale del *Gruppo* una figura sporgesi all'attenzione in guisa, che il rimanente non paia che la potenza, e quasi il sostrato di lei, hassi ciò, che chiamiamo *Risalto*.

La subbiettiva efficienza del Drammatico s'isola qui dai dati d'intuizione, in che implicavasi. Se governava purora i nessi una ferrea convenienza, vedesi prevalere alfine una libertà, non ostile al vario nella posa ed espressione. Il *Gruppo* s'individua. La vita investe le combinazioni, ed il carattere accentua sempre meglio le forme di lui. In una parola, il *Risalto* è, in germe, l'azione nell'aggrupparsi: l'azione, tuttavia aderente al presupposto statario di un'attitudine fissa, ma pure modificantela a libito, secondo le infinite fogge della subbiettività. Bene concepiamo una unione di sembianze tanto omogenee, che nessuna proiettisi oltre le condizioni della totalità, a figurare per proprio conto; a significarcisi, stavamo per dire, in un *a solo*, artistico, che riduca le altre allo stato di coro. La pittura, anche nella massima esplicazione del suo tipo, presenta non pochi casi irreprensibili di siffatta *idillica ingenuità dell'aggruppare;* e la scoltura, p. e. nel bellissimo gruppo delle *Grazie*, trovasi tanto nell'astrattezza, che ne diremmo più puri i concetti, quando non aspirano alla individualità dell'espressione. Ma, da tali rare eccezioni in fuora, non può disconvenirsi essere più profondità di pensiero, e maggiore compenetrazione con la vita colà, dove il Drammatico non è solo incipiente, ma giunge al grado di animazione fattiva. La figura, che *risalta* sulle altre, non le oblitera, cacciandole nell'ombra, sibbene le fa valere più, che sole non potessero, nell'indeterminatezza elementare. Somiglia il chiaroscuro, che vivifica il disegno con l'equa distribuzione della luce. Il che ci scaltrisce, senza più, su'limiti naturali de' *Risalti* non abusivi. Ecco il primo canone, che stimiamo, conseguentemente, dover fermare:

« Non venga a *Risalto*, in un Gruppo, un attore, scelto a caso; ma l'attore, che, concentra in sè, epperò individua la totalità ».

In effetto di codesto aforisma la composizione avrà la dose di Drammatico, a lei propria. Le contorsioni alla Bernino, marinismo della statuaria, verranno cansate convenevolmente. Dappoichè, l'artista genialmente ponderando una situazione, non vorrà esprimere più e meglio, che non faccia la natura, che, secondo le condizioni ritrose o favorevoli della materia, la complessiona ad animalità. Anche nell'estasi di una santa, per soverchio di *Risalto*, può risultare effetto a rovescio, e rendersi immagine del delirio della voluttà, anzichè della composta stupefazione religiosa. I francesi, ne' famosi loro *croquis*, trascorrono all'opposto estremo. Le parti secondarie non solo, ma anche le prominenti, spesso, toccate con troppa imprecisione, rendono i loro piccioli lavori bozze, non che di esecuzione, di concetti.

Il secondo canone, ch'emerge da siffatto riguardo, formoliamo così:

« La figura, destinata ad effettuare il *Risalto*, non trascenda in leziosità individuali, l'ambito dell'intuizione del Gruppo; e tanto meno le contraddica, a titolo d'ideale rettificazione ».

Il dualismo, cui accenna il monito, non è raro. Nella *morte di Marco Bozzari*, dipinto di un nostro contemporaneo, il protagonista, imprudentemente cacciato ad agonizzare in un angolo, in quella che, nel centro, ferve la zuffa, rende lo spettatore perplesso sul vero argomento. Ad attenuare il quale sconcio l'artista ha condotta l'immagine del morente con singolare maestria di *Risalto*; il che, del resto, non serve che a chiarirci dell'equivoco, ed a bipartire la composizione, con iscapito manifesto delle parti; anzi con innegabile loro antinomia. La misura, nel prediligere una forma tra molte, non è da pigliare a gabbo; e potremmo, senza paradosso, restringere in essa il segreto massimo dell'artifizio. Parci modello perfetto in tal genere il *Sileno* dello Spagnoletto, locato tra' capilavori della nostra pinacoteca. Il giacente ministro del Dio del vino concentra nel posto, negli atti, nella prolassa ventraia, negli occhi rimbambolati, le idee, e, stavamo per dire, le virtù bacchiche de'circostanti satiri « cotti come monne »; e forse, e senza forse, del suo stesso somiere. Una linea più in là da tale sobrio

Risalto, nell'omaccione, o più in qua, nel suo codazzo capribarbicornipede; addio bellezza del *Gruppo*, e del quadro.

Aggiungiamo alle due indicate norme dell'acconcezza del *Risalto* ad ottenere il *quantum* di drammaticità, che gli compete, un ricordo.

Par che non possa *risaltare* che un punto solo. Avvegnachè non discendasi che in un modo di espressione unico ad un singolo; e singolarità implichi semplicità. Ciò posto, sarà egli lecito di bipartire l'effetto, senza uscire delle condizioni estetiche normali?

Ammettiamo la possibilità della cosa, in grazia di alcuni capilavori dell'arte moderna. P. E. nella *Transfigurazione* del divino Urbinate, i critici non potettero sconoscere la dualità, prodotta dal *Risalto* simultaneo di due parti, egualmente speciose; cioè della *gloria* di Gesù, e della scena dell'ossesso. Tuttavolta, il pensiero del maraviglioso dipinto non dimezzasi, in effetto della duplicazione de' centri. Piuttosto se ne vantaggia, ad armonizzare l'intuizione del Supremo Taumaturgo, che intendea comunicarci. In pari guisa, nel *re Lear* di Shakespeare, corronci parallele dinanzi due azioni; dalla peripezia e catastrofe, e, che fa più al caso nostro, dal *Risalto* drammatico de' protagonisti, che riscontransi a capello. Eppure nessun critico osò reputare bicipite l'opera del drammaturgo inglese. Stantechè quelle due correnti di luce sgorgano da fonte, idealmente superiore alle sceniche vicissitudini. Anzi rischiarano la stessa immagine della ingratitudine filiale, cavata della immobile universalità astratta, ad unificare le multiformi esistenze. A ogni modo, tale bravura, essendo rarissima, ognuno vede come non vada fondata su di essa alcuna regola di magisterio. È da consigliare, pertanto, a'giovani artisti, il non avventurarsi in difficultà, che, pari alle chiuse delle Alpi, la sola mente degli Annibali e de'Bonaparte, può riguardare come non impervie affatto. S'attengano al consueto; cioè al drammatizzare per *Risalti*, che compendino l'energia di una composizione in un *centro* solo; e lascino le *eccentricità* al genio, che solo sa integrarle, senza rimanerne squilibrato.

Passando a dire, secondo il solito nostro, del poco o troppo di aggiustatezza, nell'uso del *Risalto*, limiteremo il discorso a due imperfezioni, state precipue, a questo proposito, nella storia delle arti belle. Esse sono:

a) Il Tritume;
b) Il Barocchismo.

a) E ci affrettiamo a dichiarare che non intendiamo, per *Tritume*, la soverchia finitezza degli accessorii; quale suolsi rimproverare, p. e. allo stile gotico dell'architettura, o alle minuterie della scuola pittoresca de'Fiamminghi. Nell'accezione, che vorremmo far valere in correlazione al Drammatico, si censura il modo di arieggiare la posa e la mossa di un protagonista, meno mercè lo Spirito, che mercè le *vesti*, i simboli, ed altri amminicoli vani. Codesto modo plebeo d'individuare, che pone lo stremo dell'arte in contraffare sete ed armellini, e si glorifica di avere contato i peli di una barba, o i capelli di un ricciolo; ignora, per lo meno, che solo drammatico è il pensiero. L'augello, o la capra, che quattro tocchi di animatore pennello collocavano nel bel mezzo di un paese, parlano con maggiore enfasi alla fantasia, che quell'imperadore, la porpora della cui clamide gareggia di verità con la vera, senza menomamente animare la volgarità cadaverica del volto. A codesti *Risalti* fatui, e fantasmagoriche bravure da artigiano, calzerebbe a rimbecco il *ne ultra crepidam sutor*; se si limitassero alle corregge, e non presumessero di porre l'assisa alle Idee, e di specializzare un contenuto divino a mo' di bottiglie, con cedolini, appiccativi su. Non pochi francesi ebbero ed hanno tal vezzo. Tra' nostrali, un valoroso maestro dell'ultima scuola pittoresca napolitana si perdè, per isfoggi imprudenti d'inartistico *Tritume*.

b) Il *Barocchismo* è una maniera di grandigia di *Risalto*, e quindi sta al polo opposto del *Tritume*.

Le figure hanno qui pretensione non naturale, ma bislacca ed inaspettata. Lo sproposito, l'assurdo, loro non mettono paura; basta che riescano a farsi notare. Al freddurismo delle leccature succede la gelida indifferenza per ogni esattezza tecnica, vituperata quale pedanteria. Il protagonista non *risalta* più per *Tritume*, sibbene per trascuranza, che non si maschera, e credesi geniale. Le scuole pittoresche del passato secolo, appo noi, soggiacquero alla incursione di un popolo barbaro di barocchisti, che fecero il mal governo, che ognuno sa, degli artistici criterii più incontestati. E manomisero il castigato modo di condurre i *Risalti*, che ridussero a convellimenti epilettici, ed a vere caricature. Lo stesso Correggio non parci irreprensibile, per questo verso; ed i suoi scorci, notoriamente esagerati, quantunque magistrali, non servono che a neutralizzare, anzichè rinvigorire gli effetti, che la prominenza naturale di una forma avrebbe partoriti. I romantici della più crassa maniera, e, tra tutti, i pretesi imitatori di Shakespeare, peccano simigliantemente di *Barocchismo*. Ed, in tesi generale, non possono non peccarne tutti i guastamestieri, che, sventuratamente, hanno recettività bastante a provare le impressioni del Bello, e non bastante produttività ad elaborarle in nuova creazione.

Conchiuderemo con avvertire, intorno alle imperfezioni, proprie al *Risalto*, che il Drammatico pecca facilmente in esso, perchè ha piglio *unilaterale*. Ciò ci sospinge alla investigazione della *bilateralità*, che interviene nel *Contrasto*, ultimo momento del modo puramente statario di concepire, e produrre drammaticamente.

C) Il *Contrasto* è il *Risalto*, in quanto riverberato in sul *Gruppo*, onde proiettavasi.

La enunciazione semplice dell'Idea di un multiplo non implica che alterità formale, o subbiettività del sistema di relazione di luogo. Ma vi ha un modo più alto, e compiuto, di drammatica versione del senso delle esistenze. Questo è il fare che rappresentato e rappresentante collidansi in guisa, che guizzi dallo scontro, come scintilla da focile e pietra focaia, il vero significato del fenomeno. I *Gruppi* erano gittati nell'ombra in effetto del *Risalto*. Ora reagiscono, a certo modo; e, rilucendo di luce propria, fanno concorrenza alla forma più insigne. Se non che, l'antinomico tuono, che la situazione assume, indurrebbeci in sospetto d'incompitezza, e di non peranco integrata varietà; se non distinguessimo diligentemente i *contrarii* logici dal *Contrasto* estetico, di cui ragioniamo. I primi sono la *esistenza dell' Uno*, in cui hanno a riannodarsi man mano nella conoscitiva testura. Il secondo è la effettività, e quasi lo sfioccarsi di una energia, a meglio espandersi dinanzi all'apprensiva. Quel processo individua, perchè comprende, e, quindi, raccoglie le sparse fila della contraddizione. Questo dividua; perchè effettua, epperò passa dalla semplicità idealistica alla realistica multiplicità.

Ogni pratico di prodotti di arti, e massime di drammi, sa che ne' *Contrasti*, intesi come qui gl'intendiamo, non che attenuamento, notasi intensivo invigorimento d'impressioni. Operano sull'animo con doppia radianza; non altrimenti che, nelle pirotecniche dilettazioni, que' punti di fermata, ne' quali ottengonsi figurazioni, ed emblemi significativi, dallo incrociamento de' fuochi.

I francesi, maestri nell'uso di tali drammatici partiti; ma non di rado abusatori, sino a rendere tutta la scenica testura una serie di *Contrasti*; esemplificano abbondevolmente il concetto, che analizziamo. P. E. stimiamo *Contrasto* bellissimo, in Vittore Ugo, quello della cortigiana *Marion de l' Orme*, moralizzata, a suo dispetto, dall'amore e dal cavalleresco amante, che la stima fanciulla ingenua, e maledice con lei delle dissolutezze, di cui ella era tuttavia corifea. Non meno drammatico sembraci, in *Casemire de la Vigne*, il *Contrasto* tra l'efferato sicario, in sul punto di perpetrare la sua opera di sangue, e le carezze de'regali figliuoli di Eduardo, che lo tengono loro protettore. Le mirabili scene di *Merope ed Egisto*, in Maffei, di *Mirra e Cinira*, in Alfieri, di *Tito e Sesto*, in Metastasio ec: ec: fondansi sul *Contrasto* degli affetti, magistralmente renduto strumento di psichica illustrazione. Che se, in luogo della reciprocità drammatica, si miri ad una bizzarria di postura, non capace di partorire che vuota maraviglia: come, a mo' di esempio, nella *Zingara* di Vittore Ugo, quell'ultima simultanea agonia di Claudio Frollo penzolante, e della sua vittima in sul patibolo;—o, ch'è peggio, si equivochi sul significato de' *Contrasti*, e loro si sostituiscano i facili comici *qui pro quo:* l'effetto magico se ne va in fumo.

Anche un'arguzia ben diresti verbale *Contrasto*. Ma la partecipazione a'fini degli attori, cui è strascinato l'uditorio, non può avere luogo per contrapposizione di eloquii; sibbene provviene dallo scorgere coscienze intere, che collidonsi nell'azione. Allora comprendesi l'uomo meno lupo all'uomo (*homo homini lupus)*, che augello augurale, ed interpetre di lui.

La quale movenza, che il *Contrasto* comunica ai *Gruppi*, e da' *Gruppi* riverbera simpaticamente sullo spettatore, conchiude il *Drammatico statario*, che trasformasi in lei, ed acquista una mobilità, che, a prima giunta, avresti dichiarata incompatibile col suo carattere. Ciò dimostra esaurita la ricerca; e che abbiamo a seguire più in alto le determinazioni, proprie alla varietà di Bello, che ci occupa.

Passiamo, senza più, a considerarle dappresso.

§ 2.°

Della drammaticità motoria, o dell'Azione.

Alcune arti, e, per tacere della musica, la poesia stessa, operano successivamente sulla sensibilità, non meno che sulla intelligenza. Codesta esplicazione, che ha fatto classificare siffatte estetiche energie, subordinandole alla intuizione del *tempo*, in opposizione al ciclo plastico, che connettesi di preferenza allo *spazio*; non è menomamente quella, cui alludiamo, quando facciamo motto della *drammaticità motoria*, e la facciamo consistere in mobilizzare le nostre impressioni. Nel primo caso, la seguenza, imposta da condizioni tecniche primitive, non che innalzarsi al grado di virtù, va piuttosto riguardata quale organica debolezza, od obbiettiva limitazione. Nel secondo, per contrario, discendendo dall'arbitrio, e producendosi in effetto della più incontroversa genialità, diviene maravigliosa, e vuolsi considerare come uno dei più grandi trionfi dello Spirito artistico. Ed offronsi ad esempii dell'accennata differenza, Esiodo, raffrontato ad Omero; ed anche più il pellegrinaggio, che cantasi nel *Dittamondo*, raffrontato al viaggio, argomento della *Divina Commedia*. Ne' due poeti minori, bene scorgi ciò, che l'arte del poetare non può pretermettere; cioè l'esplicare in serie il contenuto. Ma ciò avviene senza la drammatica foga, che travolge argomento e lettore, appo i due Signori altissimi del canto antico e moderno.

In somma, la *drammaticità*, che stimammo dovere chiamare *motoria*, dall'azione, che prende a strumento; riposa sul principio, già accennato di sopra, che la forza dell'artista abbia a dispiegarsi, meno a mo' di rappresentazione, che qual vita; meno da generatrice di apparenze esterne, che come afflato interno, creatore della illusione d'una seconda natura. In quella guisa, lo stremo dell'artifizio consiste a riprodurre ingentiliti gli abiti, ed i processi consueti della fenomenia. Ciò contrassegna la sospensione, e quasi stupefazione dell'intendimento, nell'assistere passivo agli spettacoli del percepire. In quella guisa, per converso, troncansi gl'indugi, abbreviansi i transiti, si moltiplicano i partiti, ch'espugnano, per subita incursione, il successo. Originasi in noi qualcosa di più dell'ozioso ludo delle facoltà, onde parlano i kantiani: qualcosa, pregnante di novella esistenza, di novello interesse. Ed eccoci in attiva-passività, se lice di così denominarla. Eccoci in una passività, sotto la quale apparisce l'uomo ideale, nel mondo di libertà del dramma. Siate ingenuo spettatore, o che torna allo stesso, non preoccupato di sistemi critici, in una rappresentazione scenica di alcuno de'capilavori di Shakespeare. Voi subirete issofatto il fascino di non reputarvi uscito del vivere giornaliero, e dell'uso della ferrea sillogistica, che governa le volgari esistenze. Eppure comprenderete, ad ogni piè sospinto, che l'andare della fantasia somiglia il volo paradisiaco dell'intuito dantesco, e che, credendo passeggiare la bassa terra, movete, a vostro iusciente, di stella in istella.

La quale seconda economia del conoscere, cui l'intendimento idealizzato mira, come a scopo supremo; farà della Musa drammatica l'unica Musa, non tanto erede delle gassiformi pompe eliconie, che instauratrice di viva e vera incarnazione dell'artistico verbo. L'azione, così concepita, importa immobilità della mobilità; un roteare universo, effettività dell'universo stare; una naturalità, ch'esce di sè, *appunto perchè compiesi in sè*, ed abbraccia in circolazione unica il fenomeno e l'occhio, che lo specula, il prodotto dell'inventiva ed il pubblico osservatore, l'uomo automatico del meccanismo sociale, e l'*antropos* autonomo del geniale dinamismo.

Chi amputasse, per pedanteria, quali generi ibridi (mal vezzo pur troppo tradizionale nelle scuole), *dramma* e *romanzo* dal moderno sistema artistico; darebbe prova di crassa ignoranza del significato di cotali due segni de'tempi. Ancora, predeterminando l'avvenire alla stregua del passato, falserebbe storia e critica a un colpo. D'altra parte, chi dal *dramma* e dal *romanzo*, facesse opera di sottrarre il carattere *motorio*, quale abbiamo tentato di tratteggiarlo, somiglierebbe colui, che volesse il nome e non la cosa. A costui potrebbesi esclamare, come faceva Rousseau a'giovani musicanti, nel suo famoso *Va, cours à Naples:* « Va, corri ad una rappresentazione Shakespeariana, alla lettura d'un romanzo di G. Scott. Se non provi commozione in te, se non cedi all'impulso di quei grandi, scrivi tragedie uffiziali, o commedie, galvanizzanti una società, che più non è. Scrivi *musica francese*; siccome consigliava l'atrabilare Ginevrino ».

I momenti del *Drammatico motorio*, che verremo sponendo, conterranno, conseguentemente, il graduale convertirsi del subbietto da spettatore in attore. Avverrà dapprima immediatamente, poscia nella parziale, ed infine nella totale partecipazione dell'artistica energia. Essi saranno:

A) La Movenza;
B) L'Interesse;
C) L'Espressione.

Alla considerazione de'quali è oggimai tempo di applicarsi.

A) Quando Quintiliano, nelle *Istituzioni*, parlando dell'Oratoria dice: *quae stupere immobili rigore non debebit*; allude all'elemento importantissimo del Drammatico, che gli artisti denominano *Movenza*. Essa propriamente anima le rappresentazioni; e quantunque la giudiziosa distribuzione delle parti, la proporzione, l'armonia delle linee, nelle figure, sieno commendevoli cose; pure riesciranno al tutto inutili, se non sommuoveranno, alla guisa di convergenti forze motrici, le inerti masse; o non faranno fluire, per gli aridi calami della plasticità, una vena di vita.

Lo *Spiritus*, che *alit intus*, e differenzia il magisterio artistico dall'opera del manovale, non esprimesi in nulla più a chiare note, che in codesta animazione, che solo condiziona le Pandore del genio a sentire e ricambiare il bacio di amore. Ecco il punto, in che il germe della bellezza, tante volte caduto in sulla pietra infeconda, accolto da vivace fantasia, rende, al pari del granello di senapa, il cento per uno; cioè centuplicato l'effetto dello impulso avvivatore. Sedete dinanzi al *Gladiatore morente* del Campidoglio; e vi chiamiate Byron, o comechessia, figgendo lo sguardo in quel marmo, non che insensato, palpitante; vi sentirete anche voi, a poco a poco, rapito nel delirio dell'agonizzante; e vedrete una rude capanna, ed una barbara famigliuola, in riva al Danubio, da cui il pensiero paterno si accomiata per sempre. L'Apollo, l'Ercole, l'Aristide, operano in pari modo sullo spettatore. Dirò anzi che la strana leggenda del quadro, che avvivavasi, narrata da Giorgio Sand, nello *Spiridione*, potrebbesi concepire vera, spiegandola in modo naturalistico; ed attribuendo alla *Movenza*, saputa dare dal dipintore al ritratto, le misteriose allucinazioni di chi contemplavalo. La fervente fede de'popolani, da una parte, ed il drammatico carattere di alcuni dipinti, dall'altra, quanti miracoli non ha creati di Vergini, piangenti, o sorridenti, o accennanti, che pure non erano mosse che dall'immaginazione prestigiatrice? E non *sine quare* i pittori vi parlano di composizioni calde, quando intendono denotare, a un tempo, la vivacità de'Gruppi, e la magnetica comunicazione della loro mossa agli astanti. Il genio non parci dissimile da'fuochi vulcanici, che cominciano con sotterranea conflagrazione, e, dopo avere smosso il basaltico tegumento, finiscono per travolgerlo fluidizzato.

La *Movenza* assume varii aspetti, secondo i varii mezzi, onde la trae l'artistico magisterio. La luce, ammessa a grandi proporzioni dalle superficie, non frastagliate, ma composte con nobile semplicità, dà a molti prodotti della statuaria, sveltezza, leggerezza da trionfare dell'inerte materia; e ti fa quasi attendere l'andare dall'*Apollo*, il salto dalle *Danzatrici*, il colpo dal *Pugilatore* ec: La stessa luce, dirotta ne'colori e nel chiaroscuro, ed associata alla fascinatrice prospettiva, rende possibili alla pittura i prodigii di animazione, che simulano le convulsioni della natura, nelle tempeste, ed i furori dell'uomo, nelle battaglie. Riproduce gli svolazzi delle vesti, l'agitarsi delle foglie, e sino l'ondeggiare aereo delle incorporee sostanze sovrannaturali.

La musica ha due *Movenze:* una tecnica, elemento tutto suo, quale arte appunto del tempo, e quindi del moto; e l'altra, *drammaticamente artistica*, cioè quella, onde ragioniamo, consistente nella concitazione, che i ritmi possono comunicare al sentimento. I suoni, ora ascendenti, ora discendenti; ora atti ad investire l'udito con cromatica volubilità, ora ad accarezzarlo con intervalli maestosi; sanno diversificare tale *Movenza* in infinito.

La poesia, infine, drammatizza in guisa *motoria* quando, disdegnosa del descrivere, non fatto suo, e maestra e signora della seguenza narrativa, ordina le immagini in modo, che l'apprensiva se ne sente consigliata a fornire, per conto proprio, il viaggio in Idea, che vuolsi sostituire alla realtà. Il Calsabigi, nella nota lettera a Vittorio Alfieri sulla tragedia, propone quale spediente infallibile, secondo lui, ad asseguire la efficacia, nella testura del tragico argomento, il dividerlo in una serie di quadri, ognuno dei quali, abbia la ragione di essere nell'antecedente. Tali quadri, che in altri termini, costituiscono le situazioni, o i *Gruppi* drammatici, esprimono, in fatto, la serie organica de'momenti della esplicazione, quale può governarla l'indole della poesia. Se non che, non basta la logica subordinazione dell'uno all'altro, a ingenerare la *Movenza* del tutto; ed è giuocoforza ricorrere, anche in simile caso, alle scorciatoie degli effetti inopinati, se vuolsi vincere la prova, e dare moto all'altrui simpatia. L'Alfieri stesso, cui osavasi dirigere la lezione, è maestro non comune di siffatto processo vivificatore. Veramente fa maraviglia come, tra le pastoie del convenzionalismo classico, egli muovasi ad agio, e traggaci con lui difilati alla meta. Il Manzoni, tanto superiore all'Astigiano per correttezza, non che di stile, di tragico intuito, riesce narcotico e claudicante in sulla scena. Ma il sommo della *Movenza*, possibile al poetare, l'aggiungono Dante e Shakespeare: il primo con la inesauribile varietà di elementi successivi, che padroneggia; e l'altro con la quasi caotica simultaneità di essi, che sa organare in modo, che ne risulti non una macchina, sibbene una vera creatura vivente.

Tralasciamo di parlare delle arti secondarie; p. e. della *Coreografia*, del *Giardinaggio*, che deggiono alla *Movenza* i più felici effetti; e che la trattano ciascuna co'mezzi a lei proprii, in guisa diversa. È fuori quistione, dovere ogni lavoro artistico, che aspiri al Drammatico, esordire, per tale guisa, avvivando i concepimenti primitivi della fantasia. Anche il padre della Chiesa Tertulliano sel sapeva, nel suo secolo di ferro, allorchè sentenziava: « *Imago, cum omnes lineas exprimat veritatis, vi tamen ipsa caret, non habens motum* ».

La *Movenza* ha varii gradi, che indicheremo in breve.

1° Si può animare obbietti naturalmente animati; p. e. i bruti, l'uomo. In questo caso il tocco del maestro farà risaltare sull'automatismo la vita della Psiche, da'battiti non percettibili da tutti. Il cavallo, che, nel libro di Giobbe, fiuta la battaglia, sembraci magnifico esempio di ciò. In Dante è un luogo di non minore bellezza, quanto a *Movenza*, nella similitudine delle pecorelle, che il Tasso proclamava non seconda ad alcuna in Omero. Mi sia lecito rammentarla al lettore:

« Come le pecorelle escon del chiuso
Ad una, a due, a tre, e l'altre stanno
Timidette atterrando l'occhio e 'l muso,
　E ciò che fa la prima e l'altro fanno,
Addossandosi a lei s'ella s'arresta,
Semplici e quete, e lo 'mperchè non sanno ».

Che se trattisi del re della natura, dell'uomo, la difficultà cresce a più doppii, per la stessa agevolezza di vedere il pensiero sul volto di lui, sede del pensiero. A tal punto, imponsi all'arte il problema di sceverare, e quasi appurare, nel mezzo intellettivo, quanto ha *drammatica* intellettività: ciò, ch'è più significante, tra le significazioni moltiplici della fisonomia e del corpo umano. Il Mosè di M. Angelo davvero sorprende per questo rispetto. La *Movenza* dei tratti di lui è la *Movenza* della inspirazione, che comprendevalo il dì, che scendea dal monte,

« E gran parte del Nume avea nel volto ».

2° Può, in secondo luogo, volersi animare obbietti inanimati: i sassi, le piante; i paesi, in somma, campestri, o silvestri che sieno.

A ciò si riesce per due vie. L'una è ovvia, e presso che volgare; e fa dipendere l'avvivamento dalla giunta, usata in modo decorativo, di alcuni *Gruppi* di bruti, o uomini; che ci parvero sempre implicare una falsità, simile all'altra degli amuleti, che reputavansi fecondare per applicazione. La seconda, più sapiente e pellegrina, cava l'azione dalle stesse cose insensate; p. e. dalle acque, dalla luce, dalla felice distribuzione delle masse di verde, delle lontananze ec: Più che tutto, operano in ciò alcune picciole circostanze significanti, indicate ingegnosamente: come a dire, una viola sur una tomba, un alloro, travolto dal torrente; che, *senza giungere al simbolismo*, danno l'andata all'almanaccare dello spettatore. La quale impellenza estetica non rade volte coordinasi all'antecedente; e con l'abbigliamento bene scelto, con la **suppellettile**, con le **armi**, concorre a vivificare la composizione. Siaci di esempio lo stupendo dipinto dell'Urbinate, ch'effigia Leon X e due porporati: il quale dipinto, condotto quasi tutto in rosso, e sfoggiante gli ori ed i drappi gemmati della lussureggiante Roma, ci tira alla contemplazione, non gradevole certo, di uomini e tempi fortunosi per Italia nostra.

Anche la *Movenza* dà soventi nell'esorbitante, o difetta di vigore. Nel primo caso, si ha il convulso della scuola berniniana in iscultura, e di alcuni romantici alla Kleist, nelle arti della parola. Nel secondo, fanno la loro suburbana apparizione gli arcadi, con le flosce loro pastorellerie. La mossa oltracotante, in quelli, partorisce, maraviglia a dire, lo stessissimo disgusto che il muoversi *tutte di un pezzo*, come dice il Giusti, delle figure azzimate di questi; cioè il disgusto, conseguente a impertinenti prosunzioni. E non confondasi il *convulso* col *barocco*, col quale ha tratti comuni. La differenza è nell'aderire alla sola *mossa*, serbando soventi irreprensibile la Idea, che il *Barocchi-*

smo contamina per prima. Il Correggio, che sarebbe bestemmia il chiamare *barocchista*, convellesi, non rade volte, di là dal limite di una bene intesa *Movenza*. Il quale sforzo eccessivo ad avvivare, più che non faccia la vita stessa, deplorasi nella contemporanea scuola poetica francese. Vittore Hugo, p. e. fa dipendere la catastrofe del romanzo *Notre Dame de Paris*, o della *Zingara*, da incomprensibile, e non naturale esclamazione, che tradisce al carnefice l'asilo della sua vittima; e che, perciò, sembraci una vera *Movenza esagerata*. Vizio notevole, e più frequente del suo arcadico contrapposto! Poichè connettesi alla forza, e non alla debolezza, e conseguentemente seduce la fantasia, camuffandosi a più geniale disposizione.

B) Parlando, molto sopra, della grazia, rammentammo, lei essere stata nelle scuole definita « la bellezza del movimento ». Una simigliante determinazione, applicata al primo momento del *Drammatico motorio*, pure ora studiato, parrebbe importare, l'*Interesse*, bellezza della *Movenza*, costituire la grazia di lei. Nè mancherebbero, a convalida di ciò, speciose considerazioni ed autorità di riguardo. P. E. il Goethe dice, con la solita sua precisione; « il Bello rimane beato in sè, la grazia opera irresistibilmente ». Ciò accenna all'irresistibile fascino, cioè all'*Interesse*, proprio di quel Bello, che non permane, ma si muove. Se non che, non dobbiamo perdere di vista, che soventi aggiunge il carattere e la potenza dell'*interessante* anche il brutto. Un deserto, orrido a vedere, l'agonia di una sitibonda, che ci fa raccapricciare, ne'*Lombardi* del Grossi; l'ultima notte di un condannato nel capo, tanto terribilmente tratteggiata nell'*O liver Twist* di Dickens, tendono l'arco dell'*Interesse* sino alla cocca; eppure non le dirai certo speciosità e fioriture. La determinazione, adunque, caratteristica della categoria, che ora esaminiamo, non parci l'indicata; e conviene desumerla altronde.

Stimiamo, lei essere, in breve, e senza preamboli dottrinali, la risultante di tre fattori, cioè: della *Coincidenza* delle forze nell'azione, della *Preponderanza* di un sol lato del tutto insieme finale, e della *Omogeneità* de' fini col nostro sentire.

Il genio, in fatto, divina energia, non può non giovarsi del coincidere degl'impulsi all'operare. La *Movenza*, non sarebbe che fermento languido, per non dire morta stagnazione, sempre che mancasse di direzione unica. Per contrario, l'accordo de' principii, non altrimenti che l'organica coordinazione delle parti in natura, inizia ogni verace vita artistica. Inoltre, innegabilmente l'individuo, trasformandosi, non ha ad obliterarsi, ed a perdere l'accento distintivo del suo divenire. Così non in arte, ma risolverebbesi nel nulla. Ciò comunica alla *Movenza drammatica* quell'abbrivo, che chiamammo *Preponderanza*. Il protagonista del *Gruppo* diviene attuosa realtà. Che se prima difettava di personificazione, ed ora aspira a nettamente enunciarsi; la diversità provviene dall'accresciuto nerbo drammatico sul terreno *motorio*.

Infine, l'*Interesse* riguardando lo spettatore, sulla cui simpatia fa assegnamento, comprendesi la necessità di *omogenee* disposizioni tra popolo ed artista. Per loro è possibile quel compromesso cogl'istinti, gli abiti mentali, le morali convinzioni, senza il quale repugneremo sempre a secondare le fantasie altrui.

L'oraziano *si vis me flere*, ed il significativo motto di Voltaire: *tous genre est bon excepté le genre ennujeux*, accennano alla riverenza, ch'hassi ad avere delle popolari predisposizioni, a cansare il pessimo degli ostracismi, cioè l'indifferenza pei prodotti delle Muse. Essi somigliano la moneta, il cui valore principia e finisce nel traffico, e vilificasi nel disuso del nascondiglio. La quale subordinazione di ogni magisterio geniale agl'intendimenti dell'uomo, quando non degradisi a servilismo, e mantengasi ossequente solo alla eletta sensibilità, serve di poderosa leva ad ogni successo, ed è di base alle drammatiche edificazioni. La trasformazione della *Movenza* nell'*Interesse* consumasi in lei definitivamente.

L'*Interesse*, adunque, inteso qual elemento drammatico, offre l'addentellato tra le costruzioni dell'arte e la subbiettività, in un punto, dove la *Preponderanza*, in che s'individuano le *Concomitanti* forze ideali, *incontrasi* cogli affetti, in che s'individua lo spettatore. Vogliamo dire il punto, in cui l'individualità dell'artista e degli astanti tendonsi la mano.

Cotale definizione issofatto ci abilita a non confondere il concetto in proposito col concetto, significato nell'aforisma kantiano, che sentenzia *il bello essere ciò, che piace e muove senza* Interesse.

Manifestamente il Koenisberghese intendeva dell'utile. Però bene stabiliva il *disinteresse* qual norma di estetica legittimità; ogni altra legislatura riuscendo eteronoma. Ora l'utile che ha esso a far con noi, che designiamo all'artista le vie di riuscire alla piacevolezza, senza fuorviarsi nella piacenteria, i metodi da umanizzare le Idee, senza volgarizzarle? Appunto a questa svolta è l'aguato magistrale, che il Drammatico tende alla prosuntuosa astrazione, scorazzante con inani prove su e giù per l'erta di Parnaso. O s'ha a sbalestrare così all'ingrosso da contraddire alla *drammaticità*, come ad intrusa, ogni ingerenza nel maneggio delle artistiche bisogne; o, se pure discendesi a riconoscere i titoli di lei, non si può snaturarli, interdicendole il volerci muovere, venendoci incontro.

Il Kantianismo fece, del vedere del maestro, un domma di estetica scolastica. Ne fece un'arma, fortunatamente simile all'*imbelle telum* virgiliano, che pretese ferire a morte ogni produrre, che adoperasse ad ingraziarsi, con casto lenocinio, se lice di così esprimerci, l'altrui benevola attenzione. Noi non crediamo dovere nè ammirare, nè imitare codesta austerità. Stimiamo massimo dei trionfi il trionfo della *Movenza drammatica*; e risultamento di lei l'*Interesse*, vero ammaliatore de'cuori. Che sia difficile tenersi in bilico tra il vizioso, ed il geniale uso di esso; non nuocegli menomamente. Avvegnachè il magisterio sia tanto più pellegrino, quanto maggiori ostacoli da vincere presenti alla fantasia.

A toccare, intanto, delle anormalità dell'*Interesse*, le ridurremo a due, al solito; secondochè si trasmodi in condiscendenza, o schifiltà, nell'aspirare all'altrui simpatia. Esse sono:

a) Il Freddurismo;
b) Le Raffinature.

a) Diciamo *freddurista* colui, che tiene a insulse pratiche, a futili propositi, nelle brigate; perchè stima di rendersi, con tale piaggeria degli andazzi del bel mondo, avvenente e festeggiato.

La tecnica dell'assentatore non retrocede nemmeno dinanzi all'assurdo, e non conosce altro canone che il piacere *quand-même*. La moda è la sua autocrata, assoluta e capricciosa; e quando avventurasi all'arte, fa il pastore cogli Arcadi, il trovatore co'Romantici, lo sconfortato con Leopardi, il pinzocchero con Manzoni. Una figura, che disegni di rendere *interessante*, somiglia a un bel circa, a una civetta, che ammicchi a tutti augelli, per farsene beffare. Ed in effetto, i successi della fuggevole attualità non riferendosi all'uomo vero, sibbene all'ombra di lui, impalpabilmente proiettata sui salotti galanti; il *Freddurismo* non *interessa*, per troppo volere *interessare*. Affacchinandosi ad imbottare importanza, ei non avvedesi che imbotta nebbie ed illusioni.

Le arti contemporanee offrono sintomi in buon dato di codesta smania piacentiera. P. E. è un *Interesse*, non di buona lega, quello, che sovraccaricò di paradossali inverosimiglianze il romanzo, che ha per titolo: il *Giudeo errante*. I *rugiadosi Padri* ebbero bel giuoco a difendersi da tanti spropositi, falsanti la più facile prova del mondo. Uno sciupinio di dotte contumelie di occasione deplorasi parimente nell'Aristarco Scannabue, nel Bue Cipriotto, ed altrettali galanterie delle dispute di Baretti; il cui *Interesse* sfumò via oggidì al tutto.

b) Le *Raffinature* avvengono quando, a rendere *interessante* un personaggio, o un evento, si sforzano le condizioni naturali del suo essere, e componsigli un artifizioso piglio straordinario.

P. E. è *raffinata* prova di sentimentalità coniugale, e di esaltazione nel sentimento dell'amicizia quella, che un romanziero moderno fa dare ad un marito; il quale, avvedutosi del ricambiato amore dell'amico per sua moglie, si precipita, come per caso, nelle Alpi, a far luogo all'unione de'due platonici amanti. Ma la più *raffinata*, anzi lambiccata combinazione di elementi eterogenei, a produrre un *interessante* sgorbio, la ravvisiamo nel *Roberto il Diavolo*. Qui si arzigogola un demone, che ama; e l'oggetto del suo amore sendo suo figlio, desidera che il figlio si danni, ad averlo seco all'inferno. Della quale assurdità non crediamo che mai fosse fantasticata una più madornale.

In conclusione, l'*Interesse* cessa quando, a mo' dei tuoni, che per soverchia acutezza non proporzionansi all'organo acustico, non puoi più avvertirlo. Il segreto, e la difficultà restano sempre gli stessi in arte, e sono: L'INNALZARSI SENZA USCIRE DELLA NATURA, ed il DETERMINARE ECCEZIONALITÀ, CHE NON FALSINO, MA CONFERMINO LA LEGGE.

C) L'*Espressione* è l'interno, renduto estrinseco; l'essenza, irraggiante l'entità; il carattere, fatto visibile e figurativo.

I pittori sanno che il pieno prospetto d'una fisonomia poco conferisce a farcene rilevare le bellezze; e che la parziale lateralità giova al *Risalto* de'lineamenti. Winckelmann sentenzia, in vero, una certa compostezza di tratti doversi ammirare più dell'agitazione, che non incontrasi mai sul volto de' virtuosi uomini, che appunto perciò riescono, il più delle volte, i più belli. Tuttavolta, tal vedere, manifestamente prodotto, nell'illustre critico, dal predominante intuito del tipo ellenico, sembraci angusto, e sconoscente ciò, che ha di specifico il genio moderno.

Quello, che mai non seppe la sapienza anticristiana, è il valore dell'INDIVIDUO, non meno dal lato pratico, che dallo speculativo. Il pensiero dell'età nostra, per contrario, incentrasi sempre più nell'INDIVIDUALISMO, tendendo a tutto comprendere in codesta rifluenza al subbietto. E l'arte, fedele specchio della coscienza, non converge anch'essa oggidì che all'Io, e non pregia che le forme più individuali. Indi il prevalere della mossa, nel corpo, e dell'enfasi, nella parola. Non rammentava il Winckelmann, che ogni sembianza piace oggimai, purchè dimostrisi espressiva? Quasi illumina il brutto medesimo un estetico raggio di sole, quando serve di spiracolo agli affetti. Al quale proposito, non abbiamo uopo che di citare Mirabeau, la cui deformità abbellivasi tanto nella foga del perorare, che una dama di gusto ne fu presa di amore.

Dal fin qui esposto ognuno vede, contenere il *Drammatico espressivo* i due anteriori momenti della *Movenza*, e dell'*Interesse*.

L'una troppo obbiettivamente straniasi dallo spettatore; l'altro troppo subbiettivamente piaggia gl'istinti di lui. L'*animazione perfetta* non può che risultare dalle due *parziali* anzidette. L'*Espressione* mobilizza l'*Interesse*, nell'interessante. L'*Espressione*, adunque, tiene il colmo dell'arco, che ha *impremeditazione*, ed *intenzionalità* a' due capi. Essa è la interprete uffiziale della Musa moderna. L'*omne tulit punctum* si appartiene alfine a' felici rivelatori de' misteri della Psiche. Un lavoro *inespressivo* è un anacronismo; e somiglia la statua, appunto perciò non più nostra contemporanea, perchè non ha pupilla. E la musica, arte dell'*Espressione* per eccellenza, da codesta predominanza della simpatia, trae argomento appunto a bene augurare del suo avvenire di gloria.

Passando a particolareggiare, almeno sommariamente, l'*Espressione*, diciamo coi tecnici, lei potere essere *parziale* o *totale*, *istantanea* o *successiva*.

Nella prima guisa, una figura, o *Gruppo* di figure, manifesta in calma, ma significativa postura, in modo parlante, l'Idea, che animala; o una modificazione di siffatta Idea, confidata alla opportunità di un gesto, di un motto. Abbiamo inteso narrare di Modena, l'attore tragico, che nel rappresentare il *Filippo* di Alfieri, quando giungea al terribile monologo del tiranno, che termina nella buia esclamazione:

« Alma siffatta
Nasce ov'io regno, e dov'io regno ha vita? »

atteggiavasi a perplessità. Poi, gittando uno sguardo, come per accaso, alla spada, rassicuravasi, ed usciva di scena con passo concitato. Un esempio di *Espressione totale* hassi nella bellissima statua di Aristide, che ammiriamo nel museo nazionale. La posa, il braccio involto nel manto e sporgente, il volto benevolo e soffuso di lusinghiero sorriso, rivelano l'oratore, e producono quasi la commozione, che certo producea la sua facondia.

Nella seconda guisa, ottiensi l'*Espressione momentanea* quasi sempre con un cenno, o accento incisivo; con la precipitazione della voce, con l'inaspettato sussulto del corpo ec: Lo stropiccio della mano della sonnambula Lady Macbeth concentra, in un attimo di tempo, tutto il Drammatico della scompigliata coscienza di lei. Parimenti la parola «Cinira!», sfuggita alla infelice Mirra, rischiara come baleno il tenebroso mistero, che inviluppa l'argomento, e genera la catastrofe del capolavoro dell'Astigiano. Riguardo alla *Espressione successiva*, faremo notare la crescente disperazione, che il Metastasio dipinge, nell'ultimo atto della *Didone abbandonata*; la gelosia, che, nell'*Otello* di Shakespeare, producesi a grado a grado, ec:

Anche dell'*Espressione* ben si dirà ciò, che degli altri momenti di Drammatico; cioè che le arti la trattano ciascuna a suo modo.

L'architettura, p. e. non può chiamarsi *espressiva*, che nella chiara significanza degli scopi delle strutture; la statuaria, ne'partiti, che con novità dieno risalto alla bellezza della forma; il magisterio pittoresco, nel plasticizzare gli affetti, mercè i colori; la musica, nell'accentuare co'ritmi il pensiero passionato; la poesia, infine, nell'individuare con l'eloquio metrico. Affermeremmo, anzi, l'elezione, che la fantasia fa del mezzo più accomodato ad enunciarsi, dipendere dalla guisa originaria di *Espressione*, onde offronsele compresi gl'intuiti. L'Alighieri, che avea a dare tante lezioni a'suoi tempi, non potea volere pitturare la *Divina Commedia*, che fortunatamente non parvegli nemmeno a bastanza intelligibile in latino. Michelangelo, per contrario, la cui mente avea vagheggiate le immagini d'ira e di gioia de' *Nuovissimi Divini*, non avrebbe avuto che poetare nel *Giudizio Universale*. Esso, con altra forma, e con diversa *Espressione*, è pure lo stesso argomento dantesco. Perciò, p. e. sostituisce al poetico *conoscitor delle peccata*, la stupenda figura arcigna di lui.

Le esagerazioni del fare *espressivo* sono frequenti oggidì. La scena ne presenta di molto palpabili, e manifestamente prodotte dal morboso sentimentalismo, che tormenta, per solito, il vivere troppo artifiziato delle metropoli. Chi, a mo' di esempio, non reputerà eccessivo il volere drammatizzare il delirio di una idrofoba, l'agonia di una tisica; ed esprimere, per tale guisa, il ributtante ed odioso, non a commozione, sibbene a strazio gratuito dell'uditorio? E notiamo che siffatta esagerazione, nella musica, quantunque meno appariscente, comincia a divenire offensiva, in effetto della predilezione de' tuoni acuti, de' moti soverchio concitati, proprii de' maestri, poco felici trovatori di melodie, eppure desiderosi di esprimere esaltazione passionata e drammatico eccitamento.

Conchiuderemo la feconda materia, che brevemente trattammo, con una osservazione. Non si argomenti di apparare a scuola alcuna il drammatico *esprimere*, chi non sortì da natura il profondo *sentire*. L'*Espressione* non s'insegna, e non s'impara. Il quale innegabile vero c'illumina a bastanza il terreno, al quale cominciamo a pervenire. Noi già ci veggiamo grandeggiare incontro *la naturalità dell'*Incoato *estetico*. Essa ci accompagnò sinora; ma fu sempre vinta dallo Spirito conoscitore. Ora assume l'aspetto d'irreducibile ed ingovernabile impulso all'*Espressione*. Ciò ci obbligherà ad uscire della regione ideale; dimostrando esaurito, nel suo principio, l'assunto nostro.

§ 3.°

Della drammaticità scenica, o dell'Effetto.

Indichiamo, innanzi tutto, il movimento intellettivo, che ci sospinse al punto attuale.

Giustificato il concetto della *drammaticità*, rimanevaci a seguirne l'esplicazione: la organica, bene inteso, e non l'artifiziosa ed accidentale. Ora, in ciò non potevamo non esordire da un *porre immediato*, e contenente gli elementi delle forze motrici. Nel *Gruppo*, scorgevamo lo *Stato* di tale *stare* del drammatico movimento. Nel *Risalto* interveniva il subbietto, e nel *Contrasto* il MOTO DELLO STATO; se potessimo così esprimere la contraddizione, inerente allo *Statario drammatico*, eversiva, quando esplicita, della prima forma di lui. Seguiva, con metodico rigore, il drammatizzare *motorio*; ed, in esso, la *Movenza*, nella schiettezza del tipo di azione; l'*Interesse*, siccome indirizzo all'azione stessa, dato dall'esclusivismo del subbietto; l'*Espressione*, infine, quale mobilità, al tutto individuata: val dire quale sintesi della *mozione astratta*, e dell'Io. Dal quale vedere, manifestamente antitetico, non meno del *Muoversi*, raffrontato allo *Stare*, occasionasi un ultimo nesso, che conchiude la cognizione del Drammatico, e con lei la ESTETICA IDEALE.

Codesta sintesi importerà un *drammatizzare*, *che muovaci movendosi*, ma pure in guisa *stataria*, cioè architettonica, stando a rimpetto dell'apprendere, quasi stabilità figurativa del moto. E poichè la fantasia solo subbiettivamente può raccorre gli sparsi elementi della bellezza; il subbietto apparirà di nuovo, irrompendo in rivelazioni, non più laterali, ma accennanti alla totalità, di un modo, anzichè di un altro. Il che, da ultimo, ci metterà innanzi un fatto, meritevole di essere reputato il *maximum* della potenza pura dello Spirito produttore.

Con le cose dette implicitamente indicammo i momenti della *Drammaticità scenica*, che compie le due già discusse, cioè la *Stataria* e la *Motoria*. Ci attenemmo, in preferenza di molte, alla denominazione di *Scenico*, perchè volemmo, fino dal bel principio, far risaltare il carattere sintetico, dominante nell'attuale ricerca. Quel carattere riducesi a presentare in un *apparato*, o con iscenica *stabilità*, la *mobile* seguenza dello intuito. I momenti, pertanto, ne'quali ci si suddividerà l'obbietto, saranno:

A) Lo Spettacoloso;
B) Il Colpo di Scena;
C) L'Effetto.

A) E per toccare delle condizioni del primo, cioè dello *Spettacoloso*, diciamo non consistere, qual genuino elemento della vita drammatica, nelle pompe e nelle gale, come comunemente intendesi, con accezione quasi dispregiativa. Le grandige, cui sospinge altrui una boriosa vanità, non hanno che fare con lo Spirito estetico. Non offrono che il comico contrasto tra gli sfoggi senza Idee, e

« La tozza e burbera Dea della festa »,

come dice il Giusti. Pure, quando il popolo ordina e

governa gli spassi, e dispone le masse in modo artistico; sa, col mirabile istinto, che lo manoduce al bello del movimento, drammatizzare i giuochi, alternare le scosse acustiche delle artiglierie plateari con lo scampanio, col rombo della fiera; e far risaltare ogni cosa sopra un fondo, pavesato quasi di bizzarre fogge contadinesche. Ciò avviene nelle annuali esultanze da villaggio, in onore del Santo patrono: e non può negarsi al tutto insieme una notevole dose di Drammatico, nel senso dello *Spettacoloso*, che ora consideriamo. La quale tendenza popolare il Cattolicismo usò ed abusò, come ognuno sa, nella pompa delle processioni, e nelle chiesastiche gale, onde teatralmente, tra dorati doppieri e paramenti, e le orchestriche armonie, non sempre edificanti, ed il fumo degl'incensi; mira ad ottundere, con unanime assalto, l'aculeo critico della riflessione, ed a lasciare ál Drammatico genio libero campo a sorprendere ed abbacinare il sentimento, a sua posta.

Non meno che nell'incosciente produrre, nell'arte più riflessa, incontriamo, a quando a quando, lo *Spettacoloso*, usato a mo' di leva irresistibile sulle mozioni, e sull'ammirazione del lettore, e dell'uditorio. Non senza motivo, nè con lieve pro della efficacia, il padre Omero s'indugia tanto a narrare la mostra degli Achei, imitata dal nostro Torquato. Di simil fatta sono i giuochi sulla tomba di Achille, imitati da Virgilio; il consesso de' Numi, parodiato dal Tassoni ec: ec: Sulla scena tragica e comica, l'apparato de'cori, delle danze, a guisa di decorazione, conferì non di rado al successo del poeta. Ma quale interna energia, che assumesse di sommuovere gli animi, cominciando dalla stupefazione di essi; non incontrasi punto, o non incontrasi che in germe, nell'arte antica. E ciò non potea stare altrimenti. Stantechè, l'*energia drammatica della intimità* era impossibile nella coscienza, non peranco giunta a possedersi.

Il vero regno dello *Spettacoloso* comincia con Shakespeare. Ne' drammi di quel precursore dell'arte moderna, tutta la Umanità è in iscena dal zanni all'eroe. Le turbe, quasi in anfiteatro, dispongonsi secondo la loro importanza relativa. Scorgi l'argomento svolgertisi, siccome in panorama, dinanzi. Le mostre, le battaglie, le auliche pompe, e sin la tempesta, che affatica le ciurme marinaresche, non odonsi narrate, ma veggionsi date in *ispettacolo;* e, non che atleti isolati, ceti e sodalizii misuransi in sull'arena teatrale. Dal che ognuno arguirà quanto sia felice la vantata innovazione dell'Alfieri, che riduce al *minimum* i tragici interlocutori, che così divengono quasi geroglifici rappresentanti della vita, in quella che l'Idea, senza polpe di realtà, sopperisce sola alle spese dell'azione.

Nel *Drammatico Spettacolo*, il multiplo si poetizza in complesso; e gli elementi, isolatamente inartistici, concorrono, a mo' di chiaroscuro in bene condotto dipinto, a ingenerare l'illusione, stata impossibile all'incolore disegno. Gl'imitatori dell'idealismo alfieriano, riducendo a scheletri i personaggi, che pure avvivava l'afflato potente del maestro; e tarpando le ale all'eloquio, sino alla caricatura; dimostrano, senza bisogno di ulteriori svolgimenti, l'importanza della ricchezza de' particolari, e dello *Spettacoloso*, nel drammatico movimento.

Badisi, peraltro, a non confondere lo *Spettacoloso* con lo *Sfoggiato*.

Che s'abbia a sceneggiare il contenuto; perchè la fantasia dello spettatore adeguisi alla poetica, che vive nell'opera, non importa, nè punto nè poco, che tutto divenga mostra, nel reame delle Muse. La seguenza, soventi precipite, delle impressioni, non ci anima meno, che non faccia il loro sostare, e riassumersi in un sol quadro. Lo *spettacolo* non ha a lussureggiare di accessorii, del pari che lo stile gotico in architettura. Anche la folla conferisca alla vivificazione drammatica; ma disposta a grandi masse, e non con la inutile finitezza delle quattro migliaia di statue del Duomo di Milano; tra le quali i capilavori del Canova incontransi, come principi *in incognito*. La Coreografia, che vive di *spettacolo*, va soggetta all'abuso indicato. Ma l'assenza della parola, surrogata dalla Mimica, parola, a certo modo, *spettacolosa*: scusa in parte l'esagerazione del mezzo; che sarebbe imperdonabile, nelle arti più genuine.

B) Il *Colpo di scena*, o colpo di teatro, che si voglia chiamarlo, avviene quando interrompesi, con impreveduta e subitanea rivoltura, la naturale esplicazione degli eventi; e, senza che l'esito finale rimangane leso, si dà una smentita alla prudenza, consueta direttrice dell'azione.

Argutamente G. Paolo parla de'*tratti di spirito* del Destino. Codesta razionalità dell'irrazionale fortuito; codesti fendenti, che non troncano, sibbene sbrogliano inopinatamente i nodi gordiani dell'umana attività; segnano il più saliente Drammatico, e gli diresti quasi centri d'individuazione in lui. In fatto, il

movimento rettilineo ed equabile, se non eccita, e
perciò non drammatizza; il Drammatico stesso non si
perfeziona, a sua volta, se non investe altrui con la
sorpresa, ed accontentasi di mostre ed apparati. La
quale sorpresa, anima de' *Colpi di scena*, rendegli,
come dicevamo, individuali nel senso, che rialzano
l'originalità di una vicenda. Aspettavamo a un modo la
realtà, e riesce di un altro. E quando la consuetudine
fallisce, e la ricorrenza de'casi simili, dalla quale
desume i suoi canoni il sapere de'meccanici, non ricorre che nel loro capo; l'intendimento rimansi stu-
pefatto all'apparire della libertà, che si beffa di lui.
In tal caso fa ridere l'attitudine del preteso dottore,
che, comprendendosi discepolo, esclama con Dulca-
mara:

 « Ah, dottore, è troppo scaltra,
 Più di te costei ne sa! »

E l'evento, che partorisce il disinganno, sendo in sè
una rettifica della opinione, vedesi come lo Spirito,
non insistendo sulla situazione comica della sorpresa
del subbietto, può trasformarla nel giocondo ammirare, che ricreaci nelle fauste congiunture, e non
manca al tutto negli ammaestramenti, che caviamo
dalle infauste. Il *Colpo di scena*, così concepito, è
una fase subbiettiva nel senso che, agli *Spettacoli*
del Drammatico, dà l'enfasi del maraviglioso.

Si declamò molto contro gli accidenti dell'Amleto,
che, apparentemente senza necessità, perturbano,
con reiterati *Colpi di scena*, l'aspettazione della catastrofe, generata dal probabilismo dell'uditorio. Ma

era intento del poeta appunto codesto scompigliare le fila del giudizio, ed il mostrare drammaticamente, come il mondo e l'uomo procedano incespicando, e gli schemi pratici facciano mala prova; il successo sendo, non rade volte, la consacrazione di un errore fortunato. Il romanziero alemanno, che novellava di un mercatante, sventurato per troppo arzigogolare su'traffici, e di un altro, faciente grassi guadagni, perchè abbandonavasi alla fortuna alla cieca; avea pure in mente la energia drammatica, che risolve le difficultà dell'esistenza con l'improvvisa rivoltura di condizioni e dati.

Il noto proverbio di Mosca degli Uberti, che predica del fatto, *lui avere un capo*, od essere individuo « cosa fatta capo ha »; si attaglia al proposito attuale. Noi esteticamente lo commenteremo dicendo, che lo *Spettacolo*, cioè il divenire, in quanto evento, sarebbe il divenire di nulla, se non avesse originalità individua. La quale, in cospetto di un esterno giudicante, enunciasi col carattere di novità. Prevediamo che tale deduzione parrà sforzata a tutti, che veggiono, nelle sorprese drammatiche, de' partiti di tecnica teatrale, atti a mantenere desta l'attenzione, ed a solleticare la svogliatezza dell'uditorio. Costoro ammirano un *Colpo di scena*, come un sutterfugio da cavarsi d'impaccio ne' viluppi scenici, non meno che nelle peripezie della società civile. Ma le accezioni, che l'uso sostiene; non sempre rispondono al valore ideale de'concetti. Noi dovevamo insistere sul secondo riguardo, proprio della scienza; e riconoscere, nell'inopinato, la *drammatica individuazione*. Esso è incentrarsi di moto geniale, che assume i diritti ed i doveri di una creatura viva; e merita rispetto, e ammirazione dallo spettatore; quando non fu capricciosamente eteronomo, ma legge a sè stesso, e quindi *eccezione e normalità ad una*.

Dall'esposto fin qui s'inferirà, essere due maniere di *Colpi di scena*: una illegittima e facile a maneggiare, a mo' di tecnico meccanismo, l'altra legittima e malagevole a ordinarsi.

Lasciamo di declamare contro la prima, che rende alcune moderne fatture teatrali una specie di giuochi a gatta cieca, ne'quali la bendata attenzione, picchiata di qua e di là, ha a risolvere l'insolubile problema delle indovinaglie. Notiamo (che porta più il pregio), essere cagione delle difficultà della seconda, il dovere il *Colpo di scena* parere *fondato*, nell'atto stesso, che sorprende per la novità, ovvero reputasi *infondato* e subitaneo. E il fondamento, cui alludiamo, hanno a porlo il carattere dell'azione e l'indole de'personaggi; da'quali, quasi da sotterranee sorgenti, è avvivato un argomento, languente nella trivialità. Il *Romeo* di Shakespeare non poco concorre al terribile *Colpo di scena*, che conchiude il dramma con la morte di lui, mercè un carattere passionato e visionario. Con altra tempra di uomo e più tepidi affetti, la catastrofe sarebbe riuscita un vero nonsenso.

In ordine al predisporre alla sorpresa, che si voglia non passaggiera, alla guisa del torrente, ma perenne, eppure sempre nuova, come l'onda del fiume, conformemente al motto del poeta:

« *Flumine perpetuo torrens solet acrius ire,*
Sed tamen haec brevis est, illa perennis aqua: »

in ordine, diciamo, a siffatta gradazione, in virtù di cui il *Drammatico* distinguesi dal bislacco; è da consultare i migliori esemplari. Vedasi come, a goccia a goccia, distillasi il veleno nel cuore di Otello, perchè concepiscasi lo scoppio di furore, che causa la tragica fine del geloso moro. Parimenti, nel Guglielmo Tell, i quadri del rusticano vivere degli svizzeri apparecchiano l'impressione, che produce da ultimo l'acciecamento del padre di Melchtal sulla popolare coscienza. E, per conchiudere con un esempio italiano, non dissimigliante reputiamo il concorso di circostanze, che il Metastasio accumula nell'*Olimpiade*, quando intende di strascinare il protagonista all'aggressione del re; ec:

Notisi come questo macchinismo de' *Colpi di scena* venne di fresco in voga, ed incontrasi con frequenza ognor maggiore ne'romanzi e ne'drammi. Un fare, prossimo a divenire consuetudinario, e tanto festeggiato dall'universale, non è da pigliare a gabbo. Esso sempre più ci conferma nell'aspettazione della vittoria del Drammatico, nell'arte avvenire.

Di esempii di bene immaginati *Colpi di scena* ne incontri ad ogni piè sospinto. Gualtiero Scott ne offre di molto belli; p. e. quello, nell'*Iwanhoe*, dell'abbattersi del sassone Cedric, travestito da frate confessore, nella sassone dama, druda di un barone normanno. La *Spia* di Cooper conchiudesi con un tratto, che può chiamarsi il *Colpo di scena*, cui converge tutta la favola. Poichè la lettera di Washington, che illumina alfine il misterioso carattere dell'eroe, determina la vacillante ammirazione del lettore. Nell'*Isnardo il milite* del nostro Colleoni, immaturamente rapito da morte alle Muse italiane, in pari guisa bellamente descrivesi la morte d'Isnardo, che poi appresentasi redivivo.

A ogni modo, ripetiamo ciò, che accennammo testè. Val dire che, con tutta la vivacità, che risulta dalle improvvise rivolture, vuolsi andare ritenuto sul terreno sdruccevole degli scenici macchinismi. Sia canone normale per gli esordienti nelle drammatiche prove, il già discusso: ovvero il doppio requisito, ne'*colpi di scena*, dell'avere a essere giustificati dalla indole dell'argomento e de'personaggi, e del sopravvenire non precipiti, ma apparecchiati come che si voglia.

C) Chiunque facciasi a raffrontare una tragedia di Manzoni, ed una di Alfieri; ed abbia sufficiente discernimento da scorgere, nel primo, accanto all'irrepressibile condotta e felicità delle innovazioni nella tecnica teatrale, una innegabile languidezza, nell'esplicarsi dell'azione; in quella che l'Astigiano, impastoiato nel pessimo dei convenzionalismi scenici, ha tanta foga da trascinare seco gli animi dell'uditorio: chiunque, diciamo, meditò, ne'due grandi italiani tale notevole discrepanza dei mezzi col fine, comprende che intender debbasi per *Effetto* drammatico, e che arduo assunto sia il padroneggiarlo. Le bellezze metriche più sfolgorate, la sapiente tesura degli episodii, l'archeologica fedeltà al costume, alla verità storica, favoriscono al più, ma non causano menomamente l'elettrica trasmissione dell'entusiasmo, cui mira ogni artistica energia, e che la *drammaticità* governa in modo assoluto, come cosa di sua pertinenza. Le obbiettive pecche stilistiche, le subbiettive predisposizioni in contrario, non le nuocciono nè punto nè poco. Al quale proposito giova rammentare il caso, occorso al giovane Rossini in Napoli, il quale fu strepitosamente applaudito, nel melodramma *la Cenerentola*, da coloro medesimi ch'erano stati prezzolati a fischiarlo.

L'*Effetto drammatico*, insomma, importa l'impressione favorevole, che un'opera inspirata sa far risultare da circostanze impercettibili. Importa il fascino, che incatena l'attenzione, esagita gli affetti, domina le simpatie, nelle narrazioni e nelle rappresentazioni, senza che possiate dire

« Ond'esta oltracotanza in *lor* s'alletta ».

Il genio è il negromante, che vi costringe in magico cerchio; e costui non appagasi che quando, con l'ultimo colpo di bacchetta, vi fece suoi anima e corpo. Se potete tranquillamente chiudere il libro, uscire di teatro a mezza scena; se l'oratore, che vi vede in punto di sbozzare uno sbadiglio, non sa drammatizzare in un attimo la sua perorazione, con un apologhetto in sul fare di quello dell'*asinaio e dell'ombra*, col quale Demostene puniva la sbadataggine degli ateniesi; siete perduti, e riduconsi a un nonnulla gli sforzi dell'ingegno e della fantasia, che fallirono all'*Effetto*, loro meta. L'aforisma barocco, *nisi utile est quod facimus, stulta est gloria*, manifestamente inestetico, diverrebbe un domma, se, in luogo d'*utilità*, si ponesse *efficacia*, e si predicasse che, senza di lei, non che stolta, ogni gloria geniale riesce equivoca al tutto.

Pertanto, note culminanti nella nozione di *Effetto*

paionci : l'*Originalità* del principio produttore, ed il *Mistero* della scaturigine.

Il Drammatico in tanto compiesi, nell'imporsi sullo spettatore, in quanto, oggimai, in Idea almeno, s'identificano i due termini del binomio eterno di obbietto e subbietto, e lo Spirito diviene AMORE; ossia si fa e dà in un sol punto, e quindi LA LIBERTÀ ARTISTICA RIESCE A PIENA E NOVELLA NATURA. Nell'*Espressione* notammo i prodromi di siffatta libertà maravigliosa; dappoichè riconoscevamo non impararsi, o insegnarsi a scuola veruna. Ogni artista vero assoggetta ad una tecnica, non che esterna, interna, le facoltà produttrici, ad ottenerne l'esprimersi vivamente. Ma l'energia, che ingenera l'*Effetto*, non patisce rudimentalità scolastiche di sorta; ed o non opera punto, o balza adulta ed armata, come Pallade dal capo di Giove. Gli stessi grandi maestri non saprebbero indicarvi perchè di due opere, condotte con pari amore, una riesca fredda, e l'altra inebbriante. P. E. perchè l'*Atalia* del Racine, che tutti esaltano siccome capolavoro, riesce di tepido *effetto* a fronte della *Fedra*, non parimenti magistrale? — Ancora, per qual ragione la *Sposa di Messina* di Schiller, tanto piaggiata dall'autore medesimo, può dirsi un vero oppiato, a petto dei *Briganti*, drammatico aborto, che pure fanatizzò la gioventù alemanna? In nessun cantuccio della poetica coscienza spira tanto il *Deus in nobis* del vate, quanto in questo della dominazione del successo e della popolarità. Bene può assegnarsi un certo numero di criterii, secondo la norma dei quali discrezionalmente suppongasi infallibile l'*Effetto*. Di tal foggia è il monito oraziano *si vis me flere*;

che allontana, ma non supera la difficoltà. Avvegnachè resti sempre a spiegarsi il magisterio, non tanto ovvio, di commuoversi a libito, e piangere davvero, a fine di fare che altri pianga con noi. Tanto valeva dire tautologicamente: « Siate capaci di una gran cosa, a sicuramente produrre una cosa grande ».

Batte più al chiodo il consiglio, che impone il padroneggiare l'argomento, perchè possa trattarsi in guisa da operare magicamente sull'attenzione, a predominio dell'approvazione altrui. In ordine a ciò stimiamo giusto e bellissimo il motto di Tullio: *Nisi res subest percepta et cognita, inanis et irridenda verborum volubilitas*. Pure, anche qui occorrono due fatti, soliti bensì a mostrarsi congiunti, pure tuttavolta di rado connessi. Ed, in verità, che la scienza d'una materia ne agevoli l'esposizione, e quindi conferisca al probabile successo felice de' prodotti, non è chi il neghi. Ciò nondimeno, in quanti casi non veggiamo, soprattutto in alcuni drammaturghi ultimi della scuola, così detta *naturalista*, conseguire ai più coscienziosi studii dell'argomento, non che la drammatica vita, cioè l'*Effetto*, la drammatica morte, cioè la *noia*?

Finalmente, bene si osserva, essere la libertà politica costante coadiutrice, massime nelle arti della parola, dell'entusiasmo, che il Drammatico comunica agli animi. Imperocchè, conforme alla sapiente osservazione dello storico: *Augustus eloquentiam, sicut omnia, pacavit;* niente riesce più esiziale alla movenza passionata, necessaria ad asseguire l'*Effetto*, che il brivido di avversione, che genera la prossimità del tiranno, come quella del serpe. Ma anche in ciò obbiettasi, che non sempre i tempi di massima libertà furono più geniali; e che, soprattutto le sceniche maraviglie, proprie della maturità delle nazioni, si ottennero sovente in paesi, p. e. Weimar, ne'quali le Muse non arrossivano del patrocinio di un reggimento assoluto.

In conclusione, l'*Effetto* appartiene alla classe delle conseguenze, che non hanno premesse assegnabili; al numero de'casi della partenogenesi della fantasia, che chiamiamo genio inventore. E quantunque coincida con circostanze esterne il più delle volte, il concorso delle quali facilmente registrasi nel ricettario rettorico delle scuole, pure non ne dipende nè punto nè poco. Ripeteremmo sino alla sazietà, che il musagete giunge, a tal punto, A SENTIRSI ED IMPORSI QUAL SECONDA NATURA. Quindi in lui, e nella scienza, che lo studia, si formola il bisogno di esaminare, in qual guisa il BELLO possa riguardarsi quale efficienza naturale: cosa che trovasi manifestamente di là dall'assunto nostro.

Innanzi, peraltro, di accomiatarci dal benevolo lettore, giova conchiudere la escursione pe'campi della IDEALITÀ ESTETICA, con alcune osservazioni. Delle quali le due prime si riferiranno al controverso tema del fare popolare, e della necessità della scena ne'prodotti drammatici. L'altra toccherà del rapporto in genere del vedere scientifico alle libere attività dei produttori. Al quale proposito mentoveremo la conciliazione, che gli Herbartiani sentenziano dovere aver luogo, e non altrove potere aver luogo che nelle loro teorie, tra il filosofo ed il critico, e tra costui e l'artista.

OSSERVAZIONE 1.ª

Quando il Leopardi, con tanto sconforto, ponderava la frivolità della fama, e la nessuna guarentigia di persistenza, che offre ai reclusi delle biblioteche e dei gabinetti; insegnavaci a prudentemente diffidare della *popolarità* di un'artista, cioè dell'*Effetto*, trionfatore dell'indifferenza e dell'invidia, del quale sa rendere capaci le opere. E valga il vero. Se potè correre tale ferrea stagione per le lettere, che gl'italiani giunsero a disistimare, ed ignorare quasi il Dante; gioverà non istar pago agl'inani giudizii contemporanei, come a documento del valore reale de' lavori di arte.

Il quale dubbio critico non volendo esagerare, sino alla negazione di ogni immutabilità dell'*Effetto* delle creazioni geniali; tuttavolta riconosceremo due sembianze, nel culminare del Drammatico: una falsa e passaggiera, e l'altra verace e duratura. Ora, quale criterio farà discernere quella da questa, ne'casi singoli, e come giudicheremo a quale delle due categorie si subordini il favore popolare?

Non sapremmo, nel mutevole ambiente delle affezioni della moltitudine, che avventurare un canone di gusto, passabilmente sicuro. Eccolo:

Se la maraviglia, destata in lettori, o spettatori, va man mano attenuandosi; riguardate tal serie decrescente di *Effetti*, come indizio quasi certo di poca genuinità di fama, e della presenza di eterogenee, cioè inestetiche cause, a produrla. Se, per converso, l'impressione diviene sempre più profonda, e giunge, in processo di tempo, fino a ingigantirsi, conchiudete della geniale creatura alla guisa, che solevano gli spartani, dei bimbi torturati senza detrimento, essere degna di vivere ed onorare la patria sua.

Il Metastasio, festeggiato a rompicapo dal secolo de'cicisbei, vedesi cadere in un rinvilio, forse esagerato a sua volta, nel secol nostro. Leopardi ed il Giusti, ammirati molto sobriamente da'contemporanei, guadagnano terreno ogni dì più sull'entusiasmo universale, rivelando nuove bellezze all'occhio del critico, non meno che al sentimento ingenuo delle persone gentili.

Del resto, in ordine alla saldezza della *popolarità*, non si trasandino mai due avvertenze. La prima rammenti, il popolo non pure non importare plebe, ma nemmanco maestranza, o consorteria di affiliati ad una forma fissa di gusto. Sibbene importa la lunga tratta di genti, che seguono l'insegna del buon senso, esclamando col Venosino:

« *Nullius addictus jurare in verba magistri*,
Quo me cunque rapit tempestas deferor hospes ».

La *popolarità* dello spagnuolo Lopez de Vega parci equivoca, perchè piacentiera troppo delle rozze turbe. L'altra di molti nostri contemporanei francesi equivoca non meno, pel soverchio omaggio alla dittatura de'salotti parigini. Il *Pubblico*, definitore di un accettabile dommatica estetica, non è un essere semplice. Non è un secolo solo, un ceto solo, una nazione sola. È il rappresentante del normale sentire umano, in tutti i tempi, ed appresso tutti i popoli, la cui approvazione nessuna critica può trascendere. Quando un'opera, p. e. l'*Iliade*, ognor più depurasi in codesto immenso crogiuolo, avviene caso notevolissimo. Le parti dello scienziato e del poeta invertonsi; e costui diviene maestro del primo, e l'altro obbediente costruttore di teorie, secondo i dettami di lui. In effetto di tal criterio, senz'altra prova, terremmo insipiente a ragione il retore, ché si argomentasse di rivedere le bucce ad Omero.

L'*Effetto* compiesi irrefragabilmente solo in tal guisa, o in guisa non molto diversa. Le altre approssimazioni vanno abbandonate alla discrezione dei conoscitori.

OSSERVAZIONE 2.ª

Negli ultimi tempi, fecesi un gran disputare in Alemagna intorno alla necessità della scena, nelle scritture drammatiche. Ciò importa: se abbia a reputarsi inevitabile una rappresentazione di fatto, con tutte le sue convenienze e disconvenienze; e se l'intento del drammaturgo deggiasi misurarlo a tale rigida stregua.

Coloro, che non si peritano di commentare la seconda parte del *Fausto* di Goethe qual modello di dramma fantastico, parci dimentichino, non potersi fantasticare l'azione sino a snaturarla; e che snaturasi quando non esprime cosa possibile o immaginabile, ma un ghiribizzo, o un logogrifo dialogizzato (1).

Tuttavia la controversia ha un senso più ristretto.

(1) Il Rosenkranz (*Estetica del Brutto*), pensa *rappresentabile* la *seconda parte* del Fausto. Noi osiamo dire che, anche la *parte prima*, abbia mestieri di un pubblico, che sappia e possa *montarsi all'alemanna*, ad essere tollerata sulla scena.

Si può supporre una condotta regolare e piana; una peripezia, una catastrofe naturali ; eppure dare al lavoro tali proporzioni, innalzarlo ad esplicazioni tanto prolisse,che cessi di potere divenire più *Scenico*, cioè rappresentabile qual simulata realtà a noi dinanzi. Già le trilogie de'Greci, ed a loro imitazione, degli alemanni, sembra accennino al bisogno di uscire delle angustie di una sola trattazione, in argomenti molto ampii. Se non che lo scrivere drammi, destinandoli al silenzio incompromissivo dello studiuolo, e sottraendoli alle zarose vicissitudini teatrali, non che giustificato, rimane confutato e condannato da tale esempio. Imperocchè lo *Spettacolo* non si elimina da sistema alcuno di amplificazione ; le stesse bizzarrie aristofanesche sendo state rappresentate, in virtù di un macchinismo ingegnoso. Che le unità di tempo e luogo non meritino la stretta osservanza, loro prescritta dalla superstizione de'retori, non include che debbasi trasmodare nell'impossibile di forme, sceneggiate e dialogate, a dispetto di ogni intuito locale o cronologico. Tanto varrebbe chiamare drammi i dialoghi di Platone, che muovonsi nell'astrattezza della Idea.

Ma, dalle fantasticherie della seconda parte del *Fausto* in fuora, non pare che i propugnatori della *leggibilità* de'drammi, a danno della *rappresentabilità*, mirino ad altro vantaggio che a rendersi possibili le lungherie, che chiamano svolgimenti ; e che spesso, non che esprimano vigoria di genio drammatico, provano torpidezza inventiva, e floscia attitudine a vincere, con disinvoltura, le asperità della via, e gl'intoppi, che il drammaturgo incontra. Or quando una quistione riducesi su questo terreno neutro della convenienza, cessa di essere scientifica; e come non abbiamo che dire della bontà delle norme di una letteratura mercantile, così non ci crediamo competenti ad apprezzare i comodi e le agevolezze, che sappia procacciarsi la mediocrità industre, usando gli stili a mo' di vesti da gala, con le quali si appare da più, che non si è, nelle solenni congiunture.

OSSERVAZIONE 3.ᵃ

Gli estetici Herbartiani aspirano al vanto di conciliare l'artista con la scienza, saturando quest'ultima di quanta esperimentazione sia compatibile, o meno incompatibile con la universalità de' principii di lei. Essi riguardano quale screzio scandaloso un'irta teoria metafisica, da un lato, ed un' oste di pratici, dall'altro, repugnanti ad ogni astrattezza, ed alla estetica in massimo grado. A udire il Zimmermann, non s'ha a poter dire solamente, nella scienza del Bello, che cosa esso sia, e come geneticamente deducasene il concetto dalle categorie fondamentali del pensiero; ma deesi, per giunta, sapere riconoscerlo ovunque, nella natura o nell'arte.

Ciò parci confondere al tutto la funzione teorica con la pratica, e pretendere che si abbia de'criterii, indipendenti dalla capacità individuale di applicarli; i quali, in mano di un baggeo, siccome in mano di Winckelmann, abilitino a sentenziare della bellezza singola di un artistico lavoro.

La distinzione tra sapere puro, e sapere prammatico, hassi a rispettare in tutte le sfere dell'attività;

che sdoppiasi, e passa dal conoscere al fare, in Politica, in Giurisprudenza, in Pedagogia; e costituisce, in arte, una fondamentale bipartizione, oltre la quale tutto perturbasi e si snatura. L'ESTETICO non ha a volere mostrarsi perito, alla foggia di un rivendugliolo, del valore, spesso convenzionale, degli obbietti belli. Egli è il METAFISICO DELLA BELLEZZA; e, senza volere spacciarsi maestro del produrre, dee limitarsi a giudicarlo nelle Idee; lasciando al CRITICO il tatto del gusto, senso in gran parte, e ritenendo per sè la speculazione, che, senza maggiore inconveniente, può l'artista ignorare, di quello che importerebbe l'ignoranza del sapere fisiologico, in ordine al processo digestivo, appo i ben pasciuti gaudenti della vita.

CONCLUSIONE

L'ESTETICA IDEALE, che, nel nostro convincimento, rimane sempre la METAFISICA DELLA BELLEZZA, checchè obbietti in contrario l'acribia critica de'moderni riformatori di lei; prendea le mosse dalla IDEA BELLA, quale ipostasi dell'INNOMINABILE, nello SPIRITO; e compieva il suo corso nel DRAMMATICO, suprema concretezza dell'ideale organarsi delle estetiche efficienze.

A questo punto, l'ORIGINALITÀ DELLA VITA, che successivamente erasi attraversata alle logiche esplicazioni, sotto varie forme, senza potere al tutto arginare mai l'*apriorismo intellettivo*, affluente alla meta; alfine vince la prova, appresentandosi quale *genialità drammatica*, impossibile a dominare senza modesta esperimentazione, PERCHÈ PRETTA NATURALITÀ, LIMITAZIONE, DATO, NEL SENO STESSO DELLA IDEA. Ciò dimostraci, il *mondo estetico*, in tutta la sua ampiezza, complettere il *microcosmo del Bello Ideale*, e conterminarlo, urgendo alla FANTASIA con un sistema d'incoati, affatto indipendenti dalla INTELLIGENZA, e dalla VOLONTÀ. E ciò obbliga la scienza a venirne, alfine, risolutamente alla ricerca de'*Primi* del sentimento, non più logicati, ma effettivi; ed alla compiuta *Fisiologia* delle potenze produttive, sollecitate dalle *cosmi-*

che *elementarità estetiche*, e da' *tipi della Fisi*, nell'animo nostro.

Ognuno comprende che, su questo terreno, non possiamo che tendere la mano a'contemporanei trattatisti, novatori a tutta prova, appunto nel senso, testè indicato. Il Köstlin, che, non ha guari, entrava animoso nel nuovo arringo, è prova luminosa della giustezza de'postulati di riforma, nella disciplina, che elabora, come egli stesso dice, *in modo concreto*: cioè partendo dallo studio della vita della fantasia in genere, a desumerne le categorie, moderatrici della bellezza, e quasi la idiosincrasia di lei. Solamente ci diversifichiamo dal vedere del dotto investigatore di Tubinga in questo, che stimiamo cosiffatto studio dovere succedere, non sostituirsi alla *Dialettica della pura Idea Bella*: Dialettica, che, LIMITATA ALL'AMBITO SPECULATIVO, ha sempre, per noi, incontestabile valore. Operando altrimenti, ci parrebbe degradare il nostro sapere a scienza finita, che presuppone il suo obbietto; ed al metodico andare a capo volto di chi parla di fatti, che *sono pur sempre una esternità al conoscere specialista*, senza predeterminare *se e come* abbiano ad accettarsi da noi.

Ci sia lecito di ripetere, in un enunciato finale, le convinzioni, alle quali alludevamo, qua e colà, nel precedente trattato; e che irresistibilmente ci trassero all'indicato concetto dell'estetico sapere.

Lo SPIRITO è *suivisione* nel senso, che, nel *maximum* di sua energia, cioè nella SPECULAZIONE, comprendasi LIMITE DI SÈ A SÈ. Codesta *limitante medesimezza* risolvesi in un moto, non proprio motore che *ab extra*; o veramente, IN UNA ASSOLUTEZZA, NON AS-

SOLUTA CHE IPOSTATICAMENTE, e riverbero di una REALITÀ, INACCESSIBILE ED INNOMINABILE. E diciamo IPOSTATICAMENTE, ad indicare la indipendenza compiuta, nella stessa compenetrazione compiuta, de'primigenii aspetti spiritali, che nessuna filosofia riuscì, o riuscirà mai, a dedurre l'uno dall'altro.

Il SENTIMENTO non è il meno libero di quegli aspetti. Se la scienza, a ragione, lo riguarda quale IDEA, alla guisa, che sopra venimmo sponendo, cioè quale TOTALITÀ D'INTUITO PRIMITIVAMENTE DETERMINATO; esso non è, conseguentemente, per nulla esaurito da intellezione siffatta. L'inventario delle vere maraviglie sentimentali ha a redigerlo una esplorazione coscienziosa delle latebre del cuore, ove si originano i misteriosi riguardi della bellezza naturale, e le leggi della produzione artistica. La *logica face*, rischiaratrice della via, non può e non dee qui *abbacinarci a dialettiche costruzioni*, che alla INCOSTRUIBILE REALITÀ sostituirebbero tragelafi e larve.

Che al *geniale sincretismo estetico kantiano*, l'Idealismo Assoluto facesse succedere il rigore metodico di un *Monismo inesorabile*, è da reputare indubitato *filosofico* progresso. Tuttavolta, non si arrsiichi il *metafisico della bellezza*, armato di quel Monismo, ad abbandonare la sua acropoli ideale. Gl'interverrebbe come al costruttore dell'*automa vivente*, nello strano romanzo di Mrs Schelley, che ha per titolo « Il nuovo Prometeo ». Egli, inorridito del mostro, da lui creato, non volle se ne perpetuasse il tipo, e s'interdisse ogni nuova *violazione dommatica delle sante leggi*, e della *infinita* ORIGINALITÀ DELLA NATURA.

F I N E.

INDICE

PREFAZIONE . . . . *pag.* 5

PROPEDEUTICA

SEZIONE 1ª

Quistioni preliminari 14
    A) Denominazione e definizione 15
    B) Metodo 16
    C) Limiti 22

SEZIONE 2ª

Della topica dell'estetica 25
    A) Secondo la filosofia antikantiana . . . 26
    B) Secondo il Kantismo 27
    C) Secondo l'Idealismo assoluto 28

SEZIONE 3ª

Della divisione dell'Estetica 30

LIBRO I

DELL'ASTRATTA IDEALITÀ DEL BELLO

CAPO I

Della cognizione . . . . *pag.* 35
  A) Monismo. . . . . *id.*
  B) Infinità 36
  C) Effettività 37

CAPO II

Della Vita 38
  A) Il genere. . . . . *id.*
  B) La specie 39
  C) L'individuo 40

OSSERVAZIONE 1ª

Intuito ontologico 42

OSSERVAZIONE 2ª

Proposizione leibnitziana della differenza . . . 43

CAPO III

Dello Spirito 44
  A) Perfezione in Idea. 45
  B) Perfettibilità 46

C) Bellezza . . . . *pag.* 48
 a) Il Bello, pura Idea 51
 b) Il Bello, puro fatto naturale. . . . 52
 c) L'Ideale 53

OSSERVAZIONE 1ª

Relazione dell'Ideale col Vero e col Bene. . . 57
 I. Relazione dell'Ideale con l'appetito . . 59
 II. Relazione dell'Ideale con lo scopo supremo del Bene 61

OSSERVAZIONE 2ª

Definizioni varie del Bello. 63

LIBRO II

DELLA ESISTENZIALE IDEALITÀ DEL BELLO

CAPO I

Della Idea nella Bellezza 73
 A) Tipicità . . . . *id.*
  a) Le categorie 75
  b) Le formole 76
 B) Speciosità 77
  a) L'intuito 79
  b) La vocazione . . . . *id.*

OSSERVAZIONE

Potere, dovere, e volere . . . . . . *pag.* 81

   C) Caratteristicità. 83
      a) Evidenza 87
      b) Interesse 88

CAPO II

Della Forma nel Bello 91
   A) Plasticità 92
      a) Materialità 94
      b) Meccanicità 95

OSSERVAZIONE

Arti plastiche 97

   B) Misura 99
      a) L'Inadeguato. 101
      b) L'Esagerato 103
   C) Accidentalità 106
      a) Il Modellare 109
      b) Il Ritrarre. 110

CAPO III

Dell'attuazione, ossia dell'unità d'Idea e Forma nel Bello. 113
   A) Lo Scopo. . . . . *id.*

a) Il Gradevole	*pag.* 118
b) Il Dignitoso	121

OSSERVAZIONE

Tendenza	123
B) L'Immagine	124
a) Genere naturalistico	126
b) Genere fantastico	128
C) L'Individuo	129
a) Classicismo	132
b) Romanticismo	133

LIBRO III

DELLA CONCRETA IDEALITÀ DEL BELLO

CAPO I

DEL SUBLIME	140
A) Teoria dell'empirismo inglese	*id.*
B) Teoria del Criticismo	142
a) Il Truculento	150
b) Lo Sfoggiato	151
§ 1° — *Del Sublime naturale*	152
A) Sublime dell'estensione	154
B) Sublime della successione	158
a) Parti del tempo in sè	161
b) Parti del tempo in rapporto alla nostra vita	163
C) Sublime della Forza	165

a) Organo, che sovérchia la forza . *pag.* 166
b) Forza, che soverchia l'organo . . . 167
c) Organo e forza equilibrati. . . . 169

OSSERVAZIONE

Sublime naturale, in quanto asiatico . . . 171

§ 2° — *Del Sublime morale* 174
   A) Sublime delle passioni . . . . . *id.*
   B) Sublime del vizio . . . .
     a) Il conte Cenci 185
     b) Il Sardanapalo 186
   C) Sublime della virtù 188
     a) Il Fanatismo. 191
     b) Il Quietismo 193
§ 3° — *Del Sublime sociale* 198
   A) Il Destino 201
     a) L'Invidia de'Numi 204
     b) La Morte de'giovani 206
   B) Il Tragico 207
     a) Saul 211
     b) Caio Gracco . . . . *id.*
     c) Napoleone. 212
   C) La Provvidenza. 213

OSSERVAZIONE 1ª

Della preponderanza ideale nel Sublime . . 218

OSSERVAZIONE 2ª

Divenire storico del Sublime. 219

OSSERVAZIONE 3ª

Sublime nelle arti . . . . *pag.* 222

CAPO II

Del Comico . . . .
    I. Condizioni subbiettive 227
    II. Condizioni obbiettive. 229
§ 1° — *Della Buffoneria* 242
    A) Scurrilità 248
    B) Burlesco 254
        a) Il Maccaronico 258
        b) Il Furbesco 259
        c) L'Eroicomico. 260
    C) Caricatura 261
        a) La Parodia 265
        b) Il Grottesco 266
§ 2° — *Del motteggio* 267
    A) La Facezia 272
    B) Il Sarcasmo 279
    C) L'Epigramma 285
§ 3° — *Dell' Umore* 292
    A) L'Ironia 303
    B) Il ghiribizzo 309
    C) L'Umore, propriamente detto 315

OSSERVAZIONE 1ª

Della varia disposizione nazionale al Comico . 323

OSSERVAZIONE 2ª

Del Comico nell'avvenire . . . . . . *pag.* 326

CAPO III

Del Drammatico . . . .
    I. L'Umanismo 337
    II. La Gnosi 339
    III. La Policromia 340
§ 1° — *Del Drammatico statario* 342
    A) Il Gruppo 346
        a) Il Capannello 350
        b) La Posa esagerata 351
    B) Il Risalto 352
        a) Tritume 356
        b) Barocchismo 357
    C) Il Contrasto 358
§ 2° — *Della Drammaticità motoria* . . . 360
    A) La Movenza 364
    B) L'Interesse 370
        a) Il Freddurismo 373
        b) Le Raffinature 374
    C) L'Espressione 375
§ 3° — *Della Drammaticità scenica* . . . 380
    A) Lo Spettacoloso 381
    B) Il Colpo di Scena 384
    C) L'Effetto 389

OSSERVAZIONE 1ª

Della Popolarità 394

OSSERVAZIONE 2ª

Della Rappresentabilità scenica . . . . *pag.* 396

OSSERVAZIONE 3ª

Estetica e Critica 398

CONCLUSIONE

ERRATA — CORRIGE

pag.	6	ver.	6 da s.	estetico	leggi	ecletico
»	44	»	7 »	canzare		cansare
»	104	»	6 »	concepile		concepibile
»	108	»	8 »	de'Miti		di Miti
»	219	»	10 »	al vecchio Starke		al vecchio Timm
»	280	»	11 da sotto	mammasatque		mammas atque
»	295	»	8 da s.	organanandosi		organandosi.

www.ingramcontent.com/pod-product-compliance
Lightning Source LLC
Chambersburg PA
CBHW022112290426
44112CB00008B/644